Elisabeth Ströker
Husserls transzendentale Phänomenologie

ELISABETH STRÖKER

# Husserls transzendentale Phänomenologie

VITTORIO KLOSTERMANN · FRANKFURT AM MAIN

*Hermann und Margarete Noack*
*in Dankbarkeit*

CIP-Kurztitelaufnahme der Deutschen Bibliothek

*Ströker, Elisabeth:*
Husserls transzendentale Phänomenologie / Elisabeth Ströker.
– Frankfurt am Main : Klostermann, 1987.
ISBN 3-465-01773-0

Satz und Druck Druckerei Richard Mayr, Würzburg
Printed in Germany

# INHALT

Abschnitt C
SUBJEKTIVITÄT UND WELTERFAHRUNG
IN DER TRANSZENDENTALEN PHÄNOMENOLOGIE

# Abschnitt D
## TRANSZENDENTALE PHÄNOMENOLOGIE ALS ERSTE PHILOSOPHIE

# VORWORT

Eine Gesamtdarstellung der Philosophie Husserls sei längst fällig, lautet seit Jahren das Diktum der einen – eben sie könne, wenn überhaupt, so doch in absehbarer Zeit nicht geschrieben werden, konstatieren andere, die es nicht weniger gut als jene wissen müssen. Die hier vorgelegte Arbeit hält sich gleichermaßen diesseits von solchen Ermunterungen und Warnungen.

In der Tat wäre bereits die Absicht, Husserls Philosophie, also Husserls transzendentale Phänomenologie, auch nur in Grundzügen hier geschlossen darbieten zu wollen, zum Scheitern verurteilt gewesen. Sie wäre allein an den einzigartigen Besonderheiten, in der uns Husserls Philosophie vorliegt, wie auch an ihrer editorischen Dokumentierung, die derzeitig noch unabgeschlossen ist, zerschellt.

Andererseits zeigt sich jedoch – nun beinahe genau fünfzig Jahre nach Husserls Tod – eine bedenkliche Lücke in der Aneignung und Weiterverarbeitung der transzendentalen Phänomenologie. Die lebendige, vor allem auch außerhalb der europäischen Philosophie in West und Ost außerordentlich wirkungsvolle Rezeption Husserls hat sie nicht nur nicht verdeckt, sondern allererst empfindlich gemacht. Gilt allgemein, daß die Präsentation einer Philosophie in der Form der Edition die Kontinuität in der Arbeit ihres Autors weit in den Hintergrund geraten, wenn nicht gar verschwinden läßt, indem zwangsläufig in distinkte ‚Bände‘ zerstückt wird, was doch allemal über größere Strecken ungeteiltes Band des dokumentierten Philosophierens gewesen ist, so trifft dies für Husserl in extremem Maße zu. Nicht allein die außergewöhnlichen Umstände der Verfügbarkeit seines Werkes, sondern auch charakteristische Eigentümlichkeiten des Werkes selbst, die Arbeitsweise Husserls, seine Art und Form, zu publizieren – oder auch nur zu planen zu publizieren, haben vielfach einer nur parzellierten Aufnahme seiner Philosophie Vorschub geleistet. Sie läuft indes gerade Husserls Philosophie nach Idee und Verfahren besonders zuwider.

Diese Darstellung ist als Versuch gedacht, dafür einen Ausgleich zu schaffen. Ihr wurde zum Ziel gesetzt, für die Husserlsche Philosophie diejenige Kontinuität und Stetigkeit, Beständigkeit und Unablässigkeit des Husserlchen Philosophierens wenigstens andeutungsweise wieder sichtbar zu machen, wie sie die *Husserliana*, zwangsläufig, nur schwer vermitteln, wie sie jedoch Husserls Forschung wie kaum eine andere bis in alle Einzelinhalte hinein geprägt haben. Damit sollte zugleich wenigstens einiges aus der Perspektive des einstmals tätigen Entstehens der Phänomenologie Husserls deutlicher zur Geltung gelangen, als es das vorliegende edierte Werk insbesondere für diejenigen deutlich machen mag, denen Zeit und Gelegenheit für die erforderliche Mühe seines eingehenden Studiums fehlen.

Dazu wollten Ansatz, Vorgehen und Grenzen des hier Möglichen sorgfältig bedacht sein. Vor allem war der Tatsache Rechnung zu tragen, daß Husserls Werk nicht erst in seinem Nachlaß, sondern daß es im ganzen Entwicklungsschrifttum ist. Denn auch von seiner eigenen Hand liegt keine Publikation vor, die als systematische Darstellung seiner Philosophie angesehen werden könnte. So hatte das Hauptaugenmerk der ‚Entwicklung‘ der transzendentalen Phänomenologie zu gelten – wenn diese genuin organologische Kategorie erlaubt ist für den Hergang und Fortgang einer permanenten und über mehr als dreißig Jahre unausgesetzten philosophischen Problementfaltung, die im übrigen, vielfältig gebrochen im Medium stets wachgehaltener Selbstkritik und mehrmals unterbrochen auch durch Rückkehr und Neubeginn zumal, biologische Analogien weitgehend ausschließt. Von dem jedoch, was eine derartige Analogie bestenfalls nahelegen könnte, vermögen die folgenden Seiten eine hinreichend eingehende Darstellung nicht zu geben: Husserls Ausgestaltung seiner transzendentalen Phänomenologie aus der einen Grundidee einer Philosophie als strenger Wissenschaft mit dem Ziel der strukturellen Aufhellung des universalen Korrelationsgeflechts von Subjektivität und Welt; die dazu beständig weiter und weiter fortgetriebenen Ausgliederungen und Verzweigungen konkreter Sachprobleme in intentionalanalytischer Einzelforschung; die einheitsbildende Kraft dieser Grundidee aus der sehr bewußt-kritischen Handhabung einer eigens dazu entwickelten und an gegebener Stelle sachgemäß weiter differenzierten Methode –

alles dieses im einzelnen nachzuzeichnen müßte einer ausführlichen problemgeschichtlichen Interpretation Husserls vorbehalten bleiben.

Davon ist hier entschieden Abstand genommen worden. So war auch der Verzicht in Kauf zu nehmen, auf Einzelanalysen Husserls genauer einzugehen. Er ließ sich insoweit rechtfertigen, wie damit dem transzendental-phänomenologischen Vorgehen Raum gegeben werden konnte, an dem sich Leistung und Grenzen des Husserlschen Unternehmens insgesamt bemessen. Vornehmlich der methodischen Entwicklung Husserls zu folgen, in ihr Husserls eigenem Weg des Philosophierens einmal zusammenhängend nachzugehen, konnte freilich, bei aller auch problemgeschichtlichen Rücksicht, eine streng chronologische Schrittfolge nicht bedeuten, wenn nicht, wie es die von Husserl selber gern verwendete Metapher des ‚Weges' anscheinend zuweilen suggeriert hat, historische Daten fälschlich für philosophische Problemstationen genommen werden sollten.

Dementsprechend wurde auch die Frage der Periodisierung nicht eigens behandelt. Sie schien mir sekundär für ein Vorhaben wie dieses, zumal annehmbare Lösungsvorschläge dazu seit längerem vorliegen.

Der Leser wird ohnehin finden − und vielleicht auch bedenklich finden, daß das Schwergewicht dieser Arbeit auf der gewöhnlich als Husserls Spätphilosophie angesehenen Forschung Husserls liegt, auch wenn jene hier relativ früh, nämlich mit dem Beginn der zwanziger Jahre, angesetzt wurde. Dem liegt die Überzeugung zugrunde, daß erst die um jene Zeit von Husserl in Gang gebrachte genetische Phänomenologie mit ihrer nun konsequent durchgeführten konstitutiven Analyse Husserls Schlüsselbegriff, den Begriff der transzendentalen Konstitution, phänomenologisch angemessen explizierbar macht und daß ferner mit ihm und durch ihn allererst Husserls transzendentalphilosophische Position hinreichend verstanden werden kann.

Darüber hinaus aber macht auch erst die genetisch-konstitutive Phänomenologie die Weite des Abstandes sichtbar, den Husserl, der nach eigenem Bekunden und Begehren lebenslange philosophische Anfänger, in einem Prozeß dauernden Lernens mehr und mehr zu seinen eigenen Anfängen gewonnen und in seltener Freimütigkeit eingeräumt hat. Unverhältnismäßig selten ist dieser Abstand jedoch bisher wahrgenommen worden, während nicht eben selten Äußerungen über Husserl immer noch an frühen Mißverständnissen, auch Selbstmißverständnissen Husserls von 1913, beharrlich haften – sei es etwa an Husserls Auffassung von Evidenz und Wahrheit, an seiner frühen Wesenskonzeption; sei es im Hinblick auf die transzendentale Reduktion oder auch auf Husserls angebliche Geschichtsfremdheit, um nur einige der immer wieder anzutreffenden Fehldeutungen zu nennen. Deshalb sollte hier versucht werden, jene Spannweite Husserls möglichst deutlich hervortreten zu lassen.

Zugleich möchte jedoch dieser Versuch auch solchen Interpretationen des Husserlschen Spätwerks entgegenwirken, in denen, gleichsam spiegelbildlich zu den eben erwähnten, Husserl lediglich auf die vieldiskutierte Lebenswelt-Problematik verengt wird und gar so, daß er, nach einer nicht selten irrtümlich ausgelegten ‚Wende‘, dabei als Transzendentalphänomenologe ganz aus dem Blickfeld gerät.

Der Preis, der für einen gedanklich wie räumlich begrenzten Versuch wie diesen zu zahlen ist, wurde, wie ich hoffe, nicht zu niedrig veranschlagt. Seine Hauptsumme fordert natürlich die ‚Sache‘ Husserls selbst ein und hier insbesondere seine ganz späten, letzten Analysen: Nach dem Grundsatz prinzipieller Nachprüfbarkeit des hier Ausgeführten durch die philosophische Öffentlichkeit durfte von ihnen, die noch unediert sind, keinerlei Gebrauch gemacht werden. Nicht weniger mißlich war, daß aus dem gleichen Grund auch noch unausgeschöpft zu bleiben hatte, was an grundlegend wichtigen Zeitanalysen Husserls aus den mittleren Jahren für eine seit langem geplante Edition allgemein erwartet wird. So darf sich also diese Darstellung gewiß nicht nur, aber auch nach dem derzeitigen Stand der editorischen Husserl-Forschung und über alle allbekannten Mängel eines Erstversuchs hinaus nur als eine einstweilige und vorläufige verstehen, der es nur bekommen könnte, bald von einer besseren überholt zu werden.

Ein weiterer Betrag ist an alle diejenigen Autoren in nicht geringer Zahl zu entrichten, welche kommentierend und interpretierend, kritisch weiterbildend und selbständig weiterdenkend am Werk Husserls und im Geiste seiner Philosophie seit langem gewirkt haben. Die Literatur zu Husserl droht längst unübersehbar zu werden. Selbst einige herausragende Titel muß aber der Leser hier missen. Ihm mag der rigorose Verzicht auf die Auseinandersetzung mit Sekundärliteratur fragwürdig erscheinen. Doch möge er nicht mißverstanden werden: Er hat seinen Grund allein in dem Vorsatz, hier ein handliches Buch vorzulegen und auf seinen begrenzten Seiten deshalb Husserls Philosophie allein das Wort zu lassen. Das hatte füglich auch für die eigenen Abhandlungen zu Husserl zu gelten. Daß gelegentlich auf die eine oder andere dennoch verwiesen wurde, geschah nur, damit Selbstwiederholungen eingespart und Weitschweifigkeiten vermieden wurden.

Selbstverständlich steht auch ein solcher Vorsatz der Kritik offen – wie denn der verbleibende und vielleicht nicht gar so spärliche Rest jenes ‚Preises‘ allenthalben für einzuhandelnde Kritik bereitzustellen ist. Angriffspunkte, soweit sie mir selber merklich wurden, habe ich nicht zu tarnen versucht – gewärtig, daß der kundige Leser, ist er zugleich kritikwillig, sie allemal finden wird, und wissend auch, daß durch sachlich-konstruktive Kritik aus einem Blickwinkel, welcher der eigene nicht sein kann, sich vieles und nicht nur für den Augenblick lernen läßt. Dafür sollte freilich die ‚Währung‘ allein die transzendentalphänomenologische sein und – im Dienste vornehmlich der Philosophie Husserls – der Wechsel jenes „Kleingeld“, wie Husserl es selber sich statt „großer Papierscheine“ als Antwort auf seine Fragen erbat.

Ein Wort noch zu dem fortgelassenen Untertitel, der in der Vorankündigung dieses Buch als einen ‚Leitfaden‘ kennzeichnete. Nicht bloß die wohl leicht mißverständliche Nachbarschaft zu dem von Husserl spezifisch verwendeten Begriff des Leitfadens hat mich schließlich von ihm absehen lassen. Er hätte überdies zum einen mehr versprochen, als hier eingelöst werden konnte und sollte: sichere problemgeschichtliche Führung und einen verläßlichen Kompaß für die Interpretation der transzendentalen Phänomenologie Husserls. Er hätte zum anderen aber auch, hier seinem Begriff nach allein den Gedankengängen Husserls verpflichtet, nicht gedeckt, was in dieser Darstellung nicht fehlen konnte: eigene kritische Distanz und manche Vorbehalte, die sich gerade auch bei aller Bemühung um Wahrung größtmöglicher Nähe zum Quellentext nicht ganz zurücknehmen ließen.

So gelange denn *Husserls transzendentale Phänomenologie* ohne schützenden Untertitel, der ohnehin das Wagnis dieses Versuchs schwerlich hätte mindern können, in die Hand des Lesers. Die längeren Vorbereitungen dazu fanden ihren Abschluß auch durch die Mithilfe an den Korrekturen von Mariangela Singer sowie Antje Willam-Drux, die auch wesentliche Arbeiten am Sachregister übernommen hat.

Köln, im Juni 1987                                   Elisabeth Ströker

## Abschnitt A

## DIE PHÄNOMENOLOGIE
## IN DEN LOGISCHEN UNTERSUCHUNGEN

## Kapitel I

### HUSSERLS IDEE DER NEUBEGRÜNDUNG
### DER REINEN LOGIK UND ERKENNTNISTHEORIE

Husserl hat seine *Logischen Untersuchungen* von 1900/1901 im Vorwort zur zweiten Auflage als ein „Werk des Durchbruchs" bezeichnet. Daß sie für ihn „nicht ein Ende, sondern ein Anfang" waren, zeigten bereits die ebenfalls im Jahr 1913 vorgelegten *Ideen zu einer reinen Phänomenologie und phänomenologischen Philosophie*. Mit der Rezeption dieses ersten umfassenden Versuchs einer systematischen Grundlegung der Philosophie Husserls verband sich jedoch vielfach die Auffassung, es stelle jenes Frühwerk dennoch Ende und Abschluß zumindest insofern dar, als die in ihnen entwickelte Konzeption von Phänomenologie nach Husserls Wende zur ,reinen' und gar ,transzendentalen' Phänomenologie keine Fortsetzung gefunden habe.

Mißdeutungen dieser Art ergänzten zudem die Meinung, daß Husserl mit der im Ersten Teil der *Logischen Untersuchungen* exponierten Idee der reinen Logik und der bündigen Widerlegung ihrer psychologischen Begründungsversuche zwar das fortan unerschütterliche Fundament für die Logik im Sinne autonomer, theoretischer Wissenschaft eines idealen Apriori gelegt, diese Errungenschaft jedoch alsbald wieder preisgegeben habe: In den sechs Einzeluntersuchungen des Zweiten Teils schien Husserl in eben jenen Psychologismus zurückgefallen zu sein, dessen Überwindung gerade den aussichtsreichen Neubeginn des Ersten Teils gekennzeichnet hatte.

Für das Verständnis des Durchbruchs, wie ihn Husserl seinem phänomenologischen Erstlingswerk rückblickend später mehrfach zugeschrieben hat, könnte aber seine Abrechnung mit dem Psychologismus in der Logik allein nicht zureichen. Auch lag deren besondere

Stärke nicht zuletzt darin, daß Husserl diesen Psychologismus mit seinen Fehlern und Schwächen nicht einfach unter der Menge schlüssiger Gegenargumente begrub und bloß ‚erledigte', sondern daß ihm die aufgedeckten Ungereimtheiten auch Anlässe zu einem eigenen, neuartigen Fragen wurden. Erst aus der Entfaltung der Kritik am logischen Psychologismus klärte sich für Husserl schrittweise der Sinn von Neubegründung und Neugestaltung der reinen Logik, verdeutlichte sich allmählich der spezifische Zusammenhang zwischen Logik und Erkenntnistheorie und ergab sich die Notwendigkeit, beide gemeinsam in eine fällige Neubegründung einzubeziehen.

Bisher nie erprobte Verfahrensweisen wurden dringlich. Sie mußten jedoch nicht nur allererst ausgearbeitet und sicher gehandhabt, sondern auch kritisch gerechtfertigt werden. Daß die so schließlich zum Durchbruch gelangende Phänomenologie Husserls vornehmlich als eine neue Art und Weise philosophischen Arbeitens Geltung gewann, dankte sie nicht allein einem Höchstmaß methodischer Ordnung, das ihr Vorgehen von Anfang an kennzeichnete, sondern auch dem ausgeprägt kritischen Methodenbewußtsein ihres Schöpfers. Es schloß selbstverständlich die Einsicht ein, daß die Entwicklung und Erprobung des phänomenologischen Rüstzeugs mit dem Studium der Sachprobleme Hand in Hand zu gehen hatte, wie es die Strukturen ihrer Gebiete vorschreiben (III, 144)[1]. Auch würde die ständig zu wahrende Nähe zu konkreten Einzelthemen fortlaufend Präzisierungen, Modifizierungen und Korrekturen der einzelnen methodischen Schritte notwendig machen. Daß die Phänomenologie jedoch nicht darin aufgehen konnte, lediglich eine neuartige philosophische Methode auszubilden, sollte allerdings erst später deutlich werden.

Die Sachprobleme der Logik, die Husserl zunächst aufgriff, stellten sich ihm sowohl aus der damaligen Situation dieser Disziplin als auch in der klaren Einsicht ihrer zunehmenden Bedeutung für die Philosophie. Um dem Mangel an begrifflicher Klarheit und Strenge in der überlieferten Philosophie der Logik abzuhelfen, mußte vorab eine grundlegende Unterscheidung getroffen werden. Die für Husserl in

---

[1] Zahlen im laufenden Text beziehen sich auf Band und Seitenzahl – diese ggf. in Originalpaginierung – der ‚Husserliana' (in Zitaten werden Druckfehler etc. stillschweigend korrigiert).

Frage stehende Logik war weder eine normative Disziplin für einwandfreie Begründungsverfahren in den Wissenschaften noch eine
allgemeine Kunstlehre vom richtigen Denken und Urteilen. Zwar
bleibt eine dergestalt praktisch orientierte, angewandte Logik unabdingbar für alles begründete Wissen und Erkennen: Sie regelt in den
Wissenschaften, über deren je spezifische Inhalte hinaus, die Korrekt-
heit des Schließens und normiert ihre allgemeinsten Formen begrün-
dender Argumentation. So bestimmt sie, was letzthin Wissenschaften
überhaupt zu Wissenschaften macht. Insoweit ist die Logik allgemeine
Wissenschaftslehre oder Wissenschaftstheorie (XVIII, 27,35). Auch
lassen sich die logischen Gesetze unstrittig für Anleitungen zu ihrem
Gebrauch im faktischen Denkablauf verwenden. In dieser Hinsicht
kann die Logik als Kunstlehre des richtigen Denkens genommen werden. Aber weder in dem einen noch in dem anderen Sinne wäre sie
als *reine* Logik begriffen.

Reine Logik ist auch nicht ergänzend neben ihre Anwendungen zu
stellen, als gäbe es sie bloß noch außerdem. Vielmehr bildet sie für
alle ihre Anwendungen das unverzichtbare theoretische Fundament.
Wie jede praktische Disziplin bestimmte theoretische Sachverhalte
voraussetzt, so beruht auch alle faktische Regelung des Denkens auf
reiner Logik mit einem von aller Normierungsfunktion unabhängigen
theoretischen Gehalt. Als dieser aber verweist er durch nichts auf reale
Denkprozesse und ist von Anwendungsmöglichkeiten prinzipiell unabhängig.

Die reine Logik ist ein Gebiet analytischer Wahrheiten. In ihr geht
es um die Erkenntnis von Gesetzen und Theorien, deren Wahrheit
sich ausschließlich auf die Bedeutung ihrer fundamentalen Begriffe
gründet und deren Gültigkeit allein in ihrer Form liegt. Die Gesetze
der Logik sind formale Gesetze, ‚Sätze' im spezifischen Sinn, von jeder
spezifizierten Erkenntnismaterie frei. Sie sind ideale Gesetze, in denen
zeitlich-kausale Existenz weder mitgegeben noch vorausgesetzt ist. Ferner bilden sie einen Bereich apriori, welcher erfahrungsunabhängig ist,
für erfahrbare Realität aber den Spielraum ihrer prinzipiellen Möglichkeiten umgrenzt und die auf sie bezogenen Wissenschaften hinsichtlich der formalen Typik ihrer möglichen theoretischen Systeme de-
terminiert.

Die reine Logik ist somit nicht bloß eine Wissenschaft unter anderen. Vielmehr ist sie Wissenschaft von den allgemeinsten, formalen Bedingungen der Möglichkeit von Wissenschaft überhaupt (XVIII, 238 ff.). Das bedeutet nicht bloß, daß die reine Logik die analytischen Wahrheiten bereitzustellen hat, damit ihnen entsprechend die Verfahren formalen Schließens in den anderen Wissenschaften gelenkt werden können und eine „Technologie des wissenschaftlichen Erkennens" möglich wird (XVIII, 214). Es bedeutet insbesondere auch, daß die reine Logik apriori bestimmt, was an wissenschaftlichen Systematisierungen in Gestalt deduktiver Einheitsbildungen und damit an wissenschaftlichen Theorien prinzipiell möglich ist, ja was ‚Theorie' im strengsten Sinne überhaupt bedeutet.

Sind die Gesetze der reinen Logik und ihre analytischen Wahrheiten apriorische Bedingungen der Möglichkeit von Wissenschaft, so können sie zugleich als ideal-objektive Bedingungen der Erkenntnis verstanden werden. Das heißt, daß die logischen Gesetze nur erkannt werden können, insofern sie gelten; nicht aber ist ihre Geltung davon abhängig, daß sie erkannt werden. So kann Husserl sagen, daß sie „abgesondert von aller Beziehung zum denkenden Subjekt und zur Idee der Subjektivität überhaupt" betrachtet und erforscht werden können (XVIII, 240).

Darin liegt zunächst ein deutlicher Hinweis auf die Art der Fragestellung in der damals erst in ihren Anfängen stehenden modernen formalen Logik, deren weitreichende Bedeutung Husserl früh erkannt hat. Auch wies er ihr als *mathesis universalis* die größtmögliche Extension ihres Gebietes zu (XVIII, 253). Als reine Mannigfaltigkeitslehre, welche die grundlegenden formalen Gesetze mit den für sie und ihre analytischen Wahrheiten konstitutiven Verknüpfungsformen erforscht, konnte sie für Husserl allein nach der mathematischen Methode untersucht werden. Für deren Anerkennung mußte damals das noch weithin herrschende Vorurteil überwunden werden, es läge die Eigenart des Mathematischen allein in Zahl und Quantität. Dagegen stellte Husserl deutlich heraus, daß die mathematische Form der Behandlung auch für die Logik die einzig wissenschaftliche ist (XVIII, 254).

Der mathematisch vorgehende Logiker ist jedoch nicht auch der Theoretiker der Logik im streng philosophischen Sinn. Einem ingeniösen Konstrukteur vergleichbar, der einzig im Blick auf formale Strukturen Theorien wie technische Kunstwerke aufbaut, blendet er die Frage nach dem Wesen von Theorie und der sie bedingenden Gesetze und Begriffe aus. Er bedarf ihrer Lösung für die Konstruktion logischer Systeme auch nicht. Überdies würden darin Probleme sich auftun, die er mit seinen Mitteln gar nicht zu artikulieren vermöchte. So kann ihre Behandlung nicht in die Logik selbst fallen. Sie gehört in die Philosophie der Logik. Dabei liegt auf der Hand, daß die Philosophie die Erkenntnisse, die in der formalen Logik zu erwerben sind, weder erweitern noch kritisch prüfen, sondern nur vertiefen kann, indem sie nach dem ‚Wesen' logischer Einsicht fragt. Diese Frage muß aber die Philosophie nach Husserl aufnehmen, damit die formale Logik begründet werden kann.

Wie soll aber formale Logik der Begründung bedürfen? Sind ihre Wahrheiten analytisch und mithin allein in der Bedeutung ihrer fundamentalen Begriffe ‚begründet', so kommt die Logik anscheinend für ihre Grundlegung allein auf und bedarf dafür einer anderen Disziplin nicht. Dennoch hat Husserl – und gerade im Hinblick auf die von ihm erst wieder zu klarer Einsicht gebrachte Eigenständigkeit der reinen Logik als einer autonomen, theoretischen Wissenschaft – eine Neubegründung der Logik für notwendig gehalten. Wenn er aber diese mit der Frage nach dem Wesen der Logik in Zusammenhang brachte, so mußte dem ein Konzept von Begründung entsprechen, das von demjenigen der formalen Logik selber deutlich abweicht.

Der erste Anlauf für einen derartigen Begründungsversuch konnte befremden. Indem Husserl sich sogleich gehalten sah, kritisch zu reflektieren „über das Verhältnis zwischen der Subjektivität des Erkennens und der Objektivität des Erkenntnisinhaltes" (XVIII, 7), geriet seine Auffassung, daß die logischen Gebilde nach Bestand und Geltung „ein Reich für sich" bilden, offenbar von vornherein auf schwankenden Boden. Doch war es genau diese Eigenständigkeit des Logischen, die Husserl in seinen Prolegomena zur reinen Logik entschieden vertreten und verteidigt hatte. Nichtsdestoweniger sollten nun die logischen Gesetze in „psychischen Akten ... ihre konkrete Grundlage" haben (XVIII, 189).

Die Auflösung dieses offenkundigen Widerspruchs wurde zum Movens für eine Grundlegungsarbeit Husserls, die weder logisch noch psychologisch, sondern phänomenologisch ausfallen sollte. Als diese galt sie auch nicht der fürs erste ins Auge gefaßten reinen Logik allein, sondern den Wissenschaften insgesamt. Die Phänomenologie Husserls gewann ihre wesentlichen Antriebskräfte aus dem Ziel einer philosophischen Grundlegung der Wissenschaften. Kühnheit und Spannweite eines solchen Vorhabens ließen rasche Ergebnisse nicht erwarten. Und der Autor der *Logischen Untersuchungen* konnte kaum voraussehen, daß seine phänomenologische Lebensarbeit ihn in Problemtiefen führen würde, deren Dimensionen schließlich weit über die eines philosophischen Fundaments der Wissenschaften hinausreichten. –

Erste Differenzierungen bestimmen die Richtung des langen Weges und lenken die ersten Schritte. Zu ihnen gehört vorab die klare Trennung von Subjektivem und Objektivem. Sie ist für Husserl unverzichtbar, und sie ist selbstverständlich zumal im Bereich des Logischen, da die ideale Objektivität der logischen Strukturen und die allzeitliche Wahrheit logischer Gesetze von keinem Denken eines Subjekts in zeitlich-realer Existenz betroffen wird. Mag ‚im‘ Denken ideal Objektives sich präsentieren und logische Wahrheit zu ‚erfassen‘ sein, so bleibt dies doch anscheinend nur eine Angelegenheit des Subjekts und gar lediglich seiner einzelnen, flüchtigen Akte des Denkens, durch welche logische Objektivität und Wahrheit nicht tangiert werden.

Die Unabdingbarkeit der in Rede stehenden Scheidung bildet aber gerade den Kern aller erkenntnistheoretischen Problematik: Wie ist es zu begreifen, daß ‚an sich‘ Bestehendes, subjektunabhängig Gültiges und mithin a fortiori Objektives im subjektiven Denken vorkommen, in ihm vor-stellig werden kann? Daß mit ihrer Vorstelligkeit im Denken und Erkennen die logischen Wahrheiten nicht relativiert, daß ihnen nichts entzogen und nichts hinzugefügt wird, unterliegt keinem Zweifel. Objektives – und sei es nicht nur ideales, sondern auch reales – büßt nicht dadurch seine Objektivität ein, daß es in eine Beziehung zu einem erkennenden Subjekt gerät; wie es denn in ihr und nur in ihr allererst in seiner Objektivität erkannt werden kann. Nicht ist denn auch diese strittig. Wohl aber steht jene *Beziehung* in Frage: welcher Art sie sei und wie sie genauer untersucht werden könne.

Nun mag ihre Untersuchung mancherlei wichtige Aufschlüsse liefern können. Ein erkennbarer Sinn von Begründung der Logik oder auch der mit ihr in eins geforderten Erhellung ihres Wesens dürfte sich damit jedoch schwerlich ausmachen lassen. Denn die logischen Wahrheiten haben in den Akten des Denkens nicht die Quelle ihrer Herkunft. Sie hervorzubringen, wären Akte jedweder Art als psychisch-reale Vorkommnisse im Bewußtsein empirischer Subjekte ganz ohnmächtig. Es ist nicht ihnen zu danken, daß es logische Objektivität und Wahrheit gibt; wohl aber muß diese prinzipiell im Bewußtsein vorstellig werden können, wenn das, was über sie und gerade auch, was über ihre Subjektunabhängigkeit auszumachen ist, überhaupt soll untersucht werden können.

Darin liegt für Husserl mehr als nur eine Betonung des trivialen Tatbestandes, daß wir von objektiv gültiger Wahrheit nur wissen können, wenn sie uns im Denken zugänglich ist. Es liegt darin der Grund seiner Überzeugung, daß nur und allein im Rekurs auf die den logischen Gebilden entsprechenden Erkenntnisweisen zu klären ist, was Wahrheit und Geltung, Idealität und Objektivität, was Subjektunabhängigkeit und Ansichsein überhaupt ist. Denn jedweder Versuch einer diesbezüglichen Bestimmung ist stets Bestimmung dessen, was jene Begriffe bedeuten, was genauer sie – nicht nach ihrem Wortsinn, sondern gegenständlich – *meinen*. Erkennen, was etwas ist, schließt stets einen bestimmten *Sinn* ein, in dem es oder dem gemäß es erkannt wird.

Dieses Moment der Sinnapperzeption in allem Erkennen bleibt in naiv gegenständlicher Zuwendung zu den objektiven Gebilden verdeckt; es kann erst in einer bestimmten Art von Reflexion vorfindlich werden. Eine derartige Reflexion auszubilden und immer weiter durchzubilden, sie weiter und weiter zu präzisieren und zu differenzieren, um zu erkunden, was es mit jenem gegenständlichen Sinn nach Art und Herkunft auf sich hat, wird einen wesentlichen Teil der methodischen Arbeit Husserls ausmachen, bis in ihre letzte Ausgestaltung hinein.

Daraus ergibt sich ein erstes und vorläufiges Verständnis, daß Husserl die Wesensfrage der Logik im Rekurs auf die Beziehung von Subjekt und Objekt des logischen Erkennens zu klären gedenkt, daß er mit ihr aber auch die Begründungsfrage der Logik gestellt sieht.

Zu berücksichtigen ist allerdings, daß Husserl den Wesensbegriff zunächst noch unexpliziert verwendet. Der in seinen Prolegomena noch weitgehend ungefestigte Wortgebrauch läßt jedoch erkennen, daß es Husserl nicht um mehr oder weniger strittige ‚wesentliche' Eigentümlichkeiten der formalen Logik geht, sondern daß es ihm um die Aufklärung des spezifischen Sinnes der logischen Gebilde und damit letzthin ihres Wahrheitssinnes zu tun ist. Wird somit die Wesensproblematik der Logik an ihre Sinnaufklärung gebunden, so kann Husserl in der in Frage stehenden Beziehung zwischen logischem Erkennen und Erkanntem auch einen Zugang zur Begründungsproblematik der Logik finden. Denn geht es darin um Gründe, die nicht schon in der Logik selbst liegen, sondern die als Gründe ihrer Wahrheit allen logischen Prämissen voraufgehen, so lassen sich Sinn und Rechtfertigung des Wahrheitsanspruchs der Logik und somit auch ihr Wesen im hier verstandenen Sinne nur im Rückgang auf die Aktivitäten des logischen Denkens klären, in denen sich die logischen Wahrheiten zur Geltung bringen.

Mithin kommt den „psychischen Akten" nicht, wie Husserls unbedachte Formulierung nahelegt, die Funktion der Grundlage der reinen Logik in der Weise zu, als müßten solche Akte fungieren, damit es so etwas wie logische Objektivität und Wahrheit geben kann. Derartige psychologische Prämissen, die nur einer verfehlten genetisch-kausalen Herleitung der logischen Wahrheiten aus subjektiven Denkprozessen dienen könnten, waren von Husserl in seiner bündigen Kritik am logischen Psychologismus ein für allemal abgetan worden. Was nunmehr erforderlich wurde, waren korrelative Untersuchungen zur Subjekt- und Objektseite des Logischen – so indes, daß psychische Akte nicht als Grundlage der Logik, sondern als Grundlage der Untersuchung des Wahrheitssinnes der Logik dienen.

In der herkömmlichen Erkenntnistheorie hatte diese Problematik im Zeichen der Frage nach den Bedingungen der Möglichkeit logischer Erkenntnis gestanden. Entsprechend sieht Husserl solche Bedingungen zum einen als objektive Bedingungen in der Geltung der logischen Gesetze selbst, in denen das Erkennen sein verbindliches Maß des Erreichens oder Verfehlens logischer Wahrheit findet. Zum anderen müssen Erkenntnisbedingungen des Subjekts notwendig hinzukommen, wenn Erkenntnis des Logischen und weiterhin alle durch sie bedingte vernünftige Rechtfertigung von Theorien möglich sein soll. Es sind dies Bedingungen apriori, die zwar fraglos subjektiv sind, die jedoch nicht als reale, empirische Bedingungen im Denken des Einzelsubjekts verstanden werden können. Vielmehr sind sie ideal-apriorische Bedingungen, die in der „Form der Subjektivität überhaupt" gründen (XVIII, 119).

Die überlieferten Formulierungen bedeuten jedoch nicht, daß Husserl mit ihnen an eine bestimmte erkenntnistheoretische Tradition anknüpft und sie für die vorgenommene Neubegründung der Logik in Anspruch zu nehmen gedenkt, im Gegenteil. Wenn nämlich dazu die genauere Analyse der Beziehung zwischen der idealen Objektivität des Logischen und den apriorischen Erkenntnisbedingungen der Subjektivität erforderlich ist, so bildet das so gefaßte Begründungsproblem für die reine Logik ohnehin nur eine spezielle Frage innerhalb einer sehr viel allgemeineren Problematik: wie objektive Gültigkeit von Erkenntnis schlechthin, und zwar von ihren prinzipiellen Bedingungen her, begriffen werden kann. So lautet denn auch Husserls Programm von Anfang an auf Neubegründung der reinen Logik und Erkenntnistheorie. Das aber kann nicht bedeuten, daß neben und außer der Begründung der reinen Logik zusätzlich auch diejenige der Erkenntnistheorie als einer weiteren philosophischen Disziplin neu zu leisten ist. Vielmehr muß allererst für die Erkenntnis im ganzen eine neue Grundlage geschaffen werden, die dann auch die spezielleren Fundamente der reinen Logik und weiterhin der verschiedenen Wissenschaften zu tragen hat[2]. Husserls Grundlegung der Erkenntnistheorie wird aber nicht nur in ihrer Methodik keinen Vorgänger haben. Sie wird auch darin gänzlich neu sein, daß sie sich nurmehr als Hülle eines Problemkerns erweist, dessen Freilegung alte Gebietsgrenzen der Erkenntnistheorie schließlich sprengt.

Die Grundlegungsarbeit ist im Ersten Teil der *Logischen Untersuchungen* noch nicht in Angriff genommen, sondern nur vorbereitet

[2] Husserl hat nach dem Erscheinen der *Logischen Untersuchungen* insbesondere über diesen Zusammenhang mehrere Vorlesungen gehalten. Für eine besonders wichtige dazu vgl. XXVI; (weitere für die ‚Husserliana' in Vorbereitung). Ferner dazu hier Abschn. C, Kap. III, § 1.

worden: kritisch durch die Widerlegung des logischen Psychologismus, konstruktiv durch etliche Feststellungen, die unmittelbar den Eindruck nur unzureichend begründeter Thesen erwecken könnten, die aber in den Einzeluntersuchungen des Zweiten Teils in überlegte Fragestellungen umgewandelt werden.

Dieser Zweite Teil, der für Husserl selbst „eine systematisch verbundene *Kette von Untersuchungen* war, aber nicht eigentlich *ein* Buch oder Werk im literarischen Sinne" (XVIII, 11), läßt seinen Zusammenhang mit dem Ersten Teil nicht leicht erkennen[3]. Jeweils thematisch eigenständige und in sich relativ abgeschlossene Untersuchungen, bieten sie nicht einmal eine sachlich zwingende Reihenfolge. Das gilt insbesondere für die ersten vier Untersuchungen, die zunächst auch in ihrer phänomenologischen Observanz schwerlich hervortreten. Es war Husserl hier zunächst wohl mehr an der Durchdringung einiger logischer und erkenntnistheoretischer Detailprobleme als an der Einführung seiner phänomenologischen Methode gelegen. Gleichwohl werden auch in den ersten Studien einzelne Fragenkomplexe mit seinen methodischen Mitteln behandelt. Ihre phänomenologische Qualifikation wird allerdings klarer erst aus den letzten beiden Untersuchungen erkennbar.

Die phänomenologische Thematik setzt erst mit der fünften Untersuchung ein. Sie ist die phänomenologisch grundlegende, während Husserl selber die sechste als die phänomenologisch wichtigste Untersuchung angesehen hat. Beide zusammen markieren den Übergang in eine Gestalt der Phänomenologie, die wenig später „reine oder transzendentale Phänomenologie" heißen wird.

---

[3] Daß der Erste Teil nicht nur eine Kritik am logischen Psychologismus ist, dem lediglich die Exposition der Idee der reinen Logik und Wissenschaftstheorie angefügt worden wäre, kann erst aus Husserls Grundkonzept der transzendentalen Logik verständlich werden. Dazu Husserl, unter nochmaliger Aufnahme der Psychologismus-Frage, z. B. XVII, 132 ff.

## Kapitel II

### ANSÄTZE ZUR PHÄNOMENOLOGIE DER ERKENNTNIS

### § 1 Deskriptive Phänomenologie – erste Grundfragen und Zielsetzungen

Die gesetzte Aufgabe, erkenntnistheoretische Klarheit über die reine Logik zu schaffen, läßt sich für Husserl nur durch genauere Einsicht in die dabei ins Spiel kommenden Erkenntnisweisen lösen. Das bedeutet, daß die Hinwendung zur „Phänomenologie der Denk- und Erkenntniserlebnisse" (XIX/1, 6, 12), die Husserl mit der fünften Untersuchung ziemlich abrupt vollzieht, nicht einer beiläufig gewählten Maßnahme gleichkommt, die bloß als eine unter mehreren möglichen das gesteckte Ziel anzugehen gestattete, sondern daß eine so verstandene Phänomenologie als die einzig angemessene Zugangsweise zur Problematik angesehen wird, da nur in der genaueren Durchforschung der Akte des Erkennens die logischen Gebilde angemessen nach Sinn und Wahrheit befragt werden können.

Nachdem in den Prolegomena zur reinen Logik jeder Versuch einer Zurückführung der logischen Gebilde auf psychische Denkabläufe strikt abgewiesen worden war, konnte Husserls Rückgriff auf eben solche Erlebnisse oder Akte des Denkens um so mehr irritieren, als er die damit einsetzende Phänomenologie als rein deskriptive Psychologie kennzeichnete[4]. Von der Psychologie im damals geläufigen Sinne sollte sich die Phänomenologie angeblich bloß darin unterscheiden, daß sie nicht wie jene auf kausal-genetische Erklärungen der Bewußtseinserlebnisse auszugehen hatte. Vielmehr sollte sie lediglich beschreibend und analysierend verfahren, und dies in der Erwartung, damit zu den „Quellen" vorzudringen, aus denen die Grundbegriffe und die idealen Gesetze der reinen Logik „entspringen", und bis zu denen sie wieder zurückverfolgt werden müßten, damit sie in ihrem Wesen

---

[4] Husserl hat diese Kennzeichnung später selber mehrfach kritisiert, so z. B. XXIV, 441. Sie blieb aber irreführend, solange sein Vorgehen noch nicht als eidetisches charakterisiert worden war.

erkennbar würden. Dafür sollte allerdings nicht das psychologische Urteil als konkretes psychisches Phänomen, sondern nur das logische Urteil interessieren, und die Analyse sollte demgemäß als „ideale" Analyse ausfallen (XIX/1, 8 f.).

Darin lagen befremdliche Zweideutigkeiten. Nicht von ungefähr begegnete Husserls Phänomenologie der *Logischen Untersuchungen* mehrfach dem Einwand, in den doch bereits abgewiesenen Psychologismus zurückgekehrt zu sein. Allerdings beruhte dieser Einwand auf einem Mißverständnis. Die konkrete Durchführung der Husserlschen Analysen ließ gewiß keinen Zweifel daran aufkommen, daß den Argumenten zugunsten einer psychologischen Begründung der Logik jeder neuerliche Zugang versperrt blieb. Andererseits hat aber Husserls eigene Darstellung seines Vorgehens jenem Mißverständnis mehr als einmal Vorschub geleistet. Wohl hieß es einige Jahre später: „Soll diese Besinnung auf den Sinn der Erkenntnis kein bloßes Meinen ergeben, sondern ... einsichtiges Wissen, so muß sie sich als reine Wesensintuition auf dem exemplarischen Grunde *gegebener* Denk- und Erkenntniserlebnisse vollziehen" (XIX/1, 25)[5]. So wurde erst Jahre später zum Ausdruck gebracht, was die phänomenologische Analyse als „ideale" Analyse von Anfang an, wenngleich inexplizit, bestimmt hatte: Sie wollte gar nicht eine psychologische Untersuchung von realen Bewußtseinsvorkommnissen psychologischer Subjekte sein. Vielmehr war sie als ,rein' *eidetische Analyse* zur Erforschung der Strukturen der Bewußtseinserlebnisse zu verstehen. Was immer aber eine solche eidetische Forschung demnächst an Problemen und Fragwürdigkeiten mit sich bringen würde, sie wies jedenfalls die Phänomenologie in eine andere als die psychologische Richtung.

Als Eidetik der Bewußtseinserlebnisse ausschließlich gerichtet auf die „idealen Möglichkeiten" der Erkenntnisakte und ihre wesensmäßigen Strukturen, ist Husserls Phänomenologie überhaupt keine – auch keine deskriptive – Psychologie[6]. Wohl muß sie allemal auch konkrete Er-

---

[5] So Husserl in der 2. Auflage 1913 mit bezeichnender Abweichung von der Erstfassung. Zur Wesensintuition Näheres hier Abschn. B, Kap. I, § 3.

[6] Husserl sah nach 1913 sogar *„prinzipielle* Gründe", die eine Zuordnung der Phänomenologie zur Psychologie ausschließen (III, 2). Das bezieht sich indes allein auf die transzendentale Phänomenologie, während eine eidetische Phänomenologie

lebnisse von individuellem, realem Bewußtsein in Anspruch nehmen. Doch ist es eines, diese psychologisch, etwa für die Klassifikation und Typisierung realer Eigentümlichkeiten des Bewußtseins, heranzuziehen; ein anderes, sie phänomenologisch nur als „exemplarischen Grund" für Wesenseinsichten in die Struktur des Bewußtseins zu verwenden.

Wurde aber von Husserl selber anfangs offensichtlich nicht erkannt, daß auch seine ersten phänomenologischen Analysen de facto bereits der methodischen Maxime einer reinen Eidetik gefolgt waren, so konnte auch seine spätere Selbstkritik hinsichtlich der Konfundierung von Phänomenologie und Psychologie nicht die empfindlichen Unstimmigkeiten in der einleitenden Darstellung des phänomenologischen Verfahrens beheben, die vor seiner konkreten Durchführung zwangsläufig unbemerkt bleiben mußten.

Hier tritt erstmalig eine Erschwernis zutage, mit der das Verständnis des Husserlschen Vorhabens auch im späteren Fortgang immer wieder einmal zu rechnen hat. Eine Methode zu entwickeln und auszuweisen, ist eines – ein anderes dagegen, sie zu beschreiben und darzustellen. Und wie die positiven Wissenschaften nicht allzu selten Beispiele dafür bieten, daß die erfolgreiche Handhabung und sichere Beherrschung des methodischen Instrumentariums mit erheblichen Inadäquatheiten seiner Objektivierung sehr wohl einhergehen können, so hat sich auch Husserls Ethos des reinen Forschens und seine selbstvergessene Hingabe an die gestellte Aufgabe teilweise dahingehend ausgewirkt, daß er die allemal bestehende Differenz zwischen seinem tatsächlichen Vorgehen und dessen objektivierender Darstellung in der methodologischen Reflexion nicht immer sorgfältig bedacht hat. So wird man, um Husserls Phänomenologie mitvollziehen zu können, sich mehr an das zu halten haben, was Husserl in Wirklichkeit tut, als an dasjenige, was er über sein Tun sagt.

sehr wohl als eidetische Psychologie und damit als eidetisches Fundament der empirischen Psychologie verstanden werden kann. (Dazu bes. IX, 52 ff.). Klare Grenzziehungen werden dafür nur mit Hilfe der Unterscheidung von eidetischer und transzendentaler Phänomenologie möglich. Dazu hier Abschn. B, Kap. I, §§ 2, 3. Für die Gründe des bei Husserl vielfach widersprüchlich dargelegten Verhältnisses von Phänomenologie und Psychologie sei verwiesen auf meine *Phänomenologischen Studien*, Frankfurt 1987, S. 94–104.

Diese Inadäquatheit, die sich in Husserls Darstellung seines Verfahrens zuweilen findet, schließt allerdings methodenkritische Reflexionen nicht aus. Sie gehen zum einen auf die Frage der Rechtmäßigkeit der phänomenologischen Analysen, die von Anfang an mit im Blick zu halten ist. Vor allem aber gelten sie der Notwendigkeit, die Klärung und kritische Rechenschaftsablage der phänomenologischen Methode mit phänomenologischen Mitteln selber zu leisten. Dieses methodische Dilemma wird nur in einer Fortbewegung sich auflösen lassen, die „gleichsam im Zickzack" verlaufen muß (XIX/1, 22). Denn die Phänomenologie steht von Anbeginn vor der grundsätzlichen Schwierigkeit, daß sie die meisten ihrer Begriffe, auf deren Klärung sie aus ist, schon in der Darstellung ihrer Klärungsverfahren verwenden muß. Husserl kann mithin nur so vorgehen, daß er die jeweils erreichten Resultate der Klärung an denjenigen begrifflichen Mitteln überprüft, die zu ihnen geführt haben, und daß er wiederum diese Resultate der Verbesserung und Verfeinerung des begrifflichen Rüstzeugs zugute kommen läßt.

Daß damit ein „schlechthin nicht auszugleichender Mangel" in der systematischen Folge der Analysen verbunden ist, hat Husserl sich nicht verhehlt (XIX/1, 22). Dem ist nur dadurch zu begegnen, daß die systematische Ordnung der Analysen zu gegebener Zeit durchbrochen wird und daß bis dahin mitgeführte begriffliche Unschärfen, soweit dies auf dem jeweils erreichten Stand der Klärung möglich ist, beseitigt werden, bevor sich die weitere Untersuchung, nun mit präziseren Begriffen als zuvor, neuen Fragen zuwendet. Die häufige Rückkehr zu früher ausgeführten Analysen in der Absicht, diese zu verbessern und gegebenenfalls zu ändern, sie an den neuen Analysen wie auch diese an jenen kritisch zu prüfen, wird somit unabdingbar zum phänomenologischen Vorgehen gehören. Die dadurch erzwungene Einbuße an systematischer Strenge wird freilich auch aufgewogen durch besondere Schärfe und Genauigkeit im Detail, wie sie gerade für die Gewinnung phänomenologischer Einsichten unerläßlich ist. Nicht nur die ausgebildeten Verfahrensschritte, sondern auch die immer wieder dringlichen Unterbrechungen des Verfahrens stehen somit im Dienste des Fortschreitens der Phänomenologie.

Als *deskriptive Phänomenologie* will Husserl sie zunächst verstanden wissen. Diese Kennzeichnung hat primär den abweisenden Sinn einer Nichtkonstruktion: Diesseits aller erklärenden Theorien und spekulativen Deutungen gilt es, „Besinnung und evidente Verständigung darüber, was Denken und Erkennen überhaupt ist", anzustreben (XIX/1, 25). Das aber macht es allem anderen voran notwendig, das Erkennen freizulegen aus verstellender Tradition, durch die es mit spekulativen wie auch mit wissenschaftlichen Theorien mehr und mehr befrachtet worden ist. Philosophie und Wissenschaft haben durch ihre konstruktiven Theorien ,über' das Erkennen, unbeschadet ihrer rechtmäßigen Versuche der Deutung und Erklärung, unkenntlich werden lassen, was das Erkennen ,selbst' ist. Die Phänomenologie muß darum ein „Gebiet neutraler Forschungen" werden (XIX/1, 6).

Husserl hat insofern für die Phänomenologie das *Prinzip der Voraussetzungslosigkeit* erhoben. Er postuliert damit natürlich nicht die Unmöglichkeit ihres Beginnens ex nihilo, sondern nichts anderes als den rigorosen Ausschluß aller theoretischen Vormeinungen und Behauptungen über das Erkennen, die in der Phänomenologie mit ihren eigenen Mitteln nicht voll und ganz ausgewiesen werden können (XIX/1, 24 ff.). Damit ist über die Geltung anderweitiger Auffassungen über Denken und Erkennen nichts entschieden. Verlangt wird nur, daß von ihnen innerhalb der Phänomenologie keinerlei Gebrauch gemacht wird. Husserls Prinzip der Voraussetzungslosigkeit entspricht somit die radikale Entschiedenheit eines Beginnens, das sich aus dem Bann jeglicher Überlieferung lösen will. Traditionslosigkeit, zur methodischen Maxime erhoben, kann und will freilich Tradition nicht beseitigen. Vielmehr wird sie selber zu einem Thema der Phänomenologie werden müssen.

Der dezidierten Absage an Konstruktion und Deduktion entspricht in systematischer Hinsicht Husserls methodologische Grundforderung einer Kultivierung des *Sehens*, des *noein* im weitesten Sinne, das sich als ,Aufzeigen', ,Aufweisen' und – später zunehmend – als ,Aufdecken', ,Freilegen', ,Enthüllen' zu disziplinieren hat. Eine derartige methodische Strenge des Sehens ist Husserl unverzichtbare Bedingung dafür, daß das darin Erscheinende, zur Gegebenheit Kommende, über den Status bloßer Gegebenheit hinaus zur Selbstgegebenheit gelangen und in dieser genau und sachangemessen beschrieben werden kann[7].

Was Husserl damit fordert, klingt überaus einfach und läßt im ersten Hinhören kaum erkennen, was einem derartigen phänomenologischen Sehen oder gar ‚Schauen‘ zugemutet werden muß; handelt es sich doch nicht einfach um ein gewohntes Hinschauen auf das, was umstandslos vor Augen liegt. Vielmehr geht es um Prozeduren in einer reflektiven Einstellung. Denn das Gegebene, um das es der Phänomenologie prinzipiell zu tun ist, betrifft gar nichts anderes als die in Rede stehende intentionale Beziehung des Erkennens auf sein Erkanntes. Husserls gern zitiertes Diktum, daß die Phänomenologie „auf die ‚Sachen selbst‘ zurückgehen“ wolle (XIX/1, 10), kann nicht übersehen lassen, daß gerade seine Phänomenologie ihre ‚Sachen‘ unmittelbar und in direkter, gegenstandsbezogener Betrachtung überhaupt nicht vorzufinden vermöchte, da sie keine anderen als eben die Akte des Erkennens, und weiterhin in prinzipieller Allgemeinheit die intentionalen Bewußtseinserlebnisse insgesamt, sein sollen[8]. Die intendierten Gegenstände dagegen sind nur insofern – aber insofern auch notwendig – einzubeziehen, als die Akte in ihrer Intentionalität, ihrem Gegenstandsbezug, ihr entscheidendes Charakteristikum haben.

Dergleichen intentionale Beziehungen sind bereits in ihren einfachsten Formen keine einfachen phänomenologischen Objekte. Ihre jeweils charakteristischen Strukturmerkmale herauszupräparieren, sie in ihren spezifischen Komplexionen aufzuschließen, um genauere Einsicht in Bau und Funktionsweise der erkennenden Intentionen und schließlich des intentionalen Bewußtseins im ganzen zu erwerben, bezeichnen Aufgaben, die nur schrittweise in Angriff genommen werden können. Sie bestimmen grundlegend auch denjenigen Sinn des Analytischen, in dem sich die Phänomenologie von anderen, ähnlich

---

[7] Über das – nicht bloß sinnliche – Sehen überhaupt als letzte Rechtsquelle aller vernünftigen Behauptungen vgl. III, 36 u. ö. sowie Husserls ‚Prinzip aller Prinzipien‘ III, 43, das später verschärft wurde zum Evidenzprinzip. Zu diesem hier S. 46.

[8] Husserl hat zunächst Akte und intentionale Erlebnisse gleichgesetzt, wodurch sein erster Intentionalitätsbegriff charakterisiert ist. Seine Modifizierung bahnte sich mit der Entdeckung der Horizontintentionalität an. Dazu hier S. 101 sowie 168 ff.

lautenden philosophischen Verfahren des Sichtens, Trennens und Gliederns unterscheidet.

Darüber hinaus soll es auch nicht bloß um derartige phänomenologische ‚Sachen‘, sondern, genauer noch, um die ‚Sachen selbst‘ gehen. Diese Zusatzforderung ist nicht nur emphatisch und in Absetzung gegen konstruktive Verstellungen und Verdeckungen der Tradition gemeint, aus denen die Sachen, wie sie selbst sind, wieder freigelegt werden sollen. Vielmehr verbindet sich mit solcher Freilegung ein sehr spezifischer Anspruch Husserls. Es gilt nämlich, zu einem *Selbst* zu gelangen, das in erster Näherung aus der Kontrastierung zum bloßen Wortverständnis zu verstehen ist; das jedoch in seiner eigentlichen und phänomenologisch grundlegenden Bedeutung, nämlich als eine ausgezeichnete Weise von Gegebenheit, erst hervortreten kann, wenn die Problematik des Zusammenhangs von Evidenz und Wahrheit entfaltet wird[9].

Die früh erreichte Meisterschaft phänomenologischen Sehens und Beschreibens, eine unerhörte Blickschärfe selbst noch für subtilste Differenzen und feinste Nuancen haben Husserl nicht übersehen lassen, daß mit seiner deskriptiven Methode auch beträchtliche Schwierigkeiten verbunden waren. Sie bewegten ihn anfangs vor allem in der Sorge um die präziseste sprachliche Fassung des Gesichteten; um die angemessenste, möglichst sachgetreue Beschreibung dessen, was sich im phänomenologischen Sehen bot. Denn Husserl entging nicht, daß die phänomenologische Analyse und Deskription nur betrieben werden konnte in einer Sprache, die von Haus aus für dasjenige, was es in reflektiver phänomenologischer Einstellung zu analysieren und zu beschreiben gab, keineswegs geschaffen ist. Sprachkritische Bedenken haben Husserl oft bewegt, und nicht wenige der Unterbrechungen im Fortgang seiner Analysen dienten der Reflexion auf eben jenen Tatbestand.

Nichtsdestoweniger scheint Husserl bei seiner anfänglichen rigorosen Ausklammerung von Überlieferung und Tradition gerade der Tradition der Sprache nicht deutlich genug gewahr geworden zu sein. Unaufdringlichste aller Traditionen zwar, dafür aber auch am wenig-

[9] Vgl. hier Abschn. A, Kap. II, § 3.

sten abweisbare, mußte die überkommene Sprache in seiner Phänomenologie ebenfalls wirksam sein und wirksam bleiben. Die Sprache auch der Deskriptionen Husserls konnte nicht eine aller Überlieferung ledige Sprache sein, wenn sie nicht als Medium phänomenologischer Mitteilung und Verständigung untauglich werden sollte. Daß eine phänomenologische Ausschaltung aller Überlieferung bereits an der Sprache ihre Grenze findet, indem die Sprache auch ihr selbst noch zu dienen hat, ist Husserl später anläßlich der unvergleichlich radikaleren transzendentalphänomenologischen ‚Ausschaltung' wenigstens ahnungsweise bewußt geworden. Daß somit an der Sprache der Phänomenologie auch jede vorgeblich reine Beschreibung scheitern müßte, wenn deren Reinheit aus dem unbedingten Gegensatz zu Konstruktion und Theorie und wenn Beschreibung aus einer uneingeschränkten Opposition zu Interpretation und Erklärung begriffen werden sollte, ist hingegen kaum einmal Gegenstand selbstkritischer Erwägungen bei Husserl geworden. So operierte Husserl in dieser Hinsicht unreflektiert, wenn er gerade etliche seiner methodischen Grundbegriffe in ihrer theoretischen Fracht aus langer Überlieferung unbedacht ließ.

Die phänomenologischen Analysen Husserls werden deshalb nicht undurchführbar – so wenig, wie in ähnlicher Lage auch das Vorgehen in den positiven Wissenschaften nicht dadurch strittig wird, daß in ihm Beobachtung und Theorie, Beschreibung und Erklärung gegeneinander abgegrenzt werden. Daß diese Unterscheidungen jeweils historisch bedingt und systematisch vom Stand der Forschung abhängig sind, beeinträchtigt nicht ihre methodische Funktion und mindert keineswegs ihre wissenschaftliche Bedeutung. Entsprechend gewinnen auch die phänomenologischen Unterscheidungen von Anschauung und Theorie, Beschreibung und Konstruktion ihre Bedeutung nur in und aus der verwendeten Sprache mit allem, was diese an theoretischem Vorverständnis aufbewahrt. Eben diese – und keine andere – Sprache ist es jedoch auch, die nichtsdestoweniger klare und nicht zu verwischende begriffliche Distinktionen zu treffen überhaupt möglich macht.

Unter diesen Randbedingungen eröffnete sich für die Phänomenologie ein Untersuchungsfeld, von dem Husserl behaupten durfte, daß es philosophisches Neuland sei. Nicht, als ob nicht früher schon Erkenntnis zum Problem geworden, ihre Intention auf Objektivität und Wahrheit systematisch reflektiert worden wäre. Neu aber war das Vorhaben analytischer Durchdringung der Erkenntnis unter der leitenden Zielsetzung, aus Bau und Struktur der Erkenntnisakte Aufklärung über den Sinn von Objektivität und Wahrheit zu gewinnen. Eben auf diese Weise wurde die phänomenologische Analyse auch und wesentlich zu einer Methode des Zugangs zur Wahrheitsproblematik. Von Husserls Ausgangsfragestellung her bot sie sich zunächst, roh und ungenau noch formuliert, als die Problematik der Unterscheidung und Zusammengehörigkeit von „intentionalen und wahren Gegenständen" (XIX/1, 21)[10]. Sie ist es, welche die phänomenologische Fragestellung genuin als erkenntnistheoretische Fragestellung ausweist.

Die Phänomenologie weiß von Gegenständen – seien sie real oder ideal existent, seien sie fiktiv und nichtexistent – grundsätzlich nicht anders, als daß sie im Bewußtsein vorgestellte, gemeinte oder, terminologisch deutlicher, vermeinte Gegenstände sind. Wenn aber solches Vermeinen ein deskriptiver Charakterzug in jedem intentionalen Erlebnis ist, so muß sich der Sinn des Vermeinens „rein auf Grund des Erlebnisses selbst klären und feststellen lassen; ja auf andere Weise wäre dergleichen auch nicht möglich" (XIX/1, 25). Das trifft gewiß zu. Wäre aber mit der Sinnklärung des Vermeinens, eines spezifischen Aktmoments, wie es hier scheint, auch der gesuchte Sinn von Objektivität und Wahrheit des Gegenstandes zu finden?

Diese Frage wird bald das forttreibende Motiv bilden: für die Weiterentwicklung der frühen Ansätze der Husserlschen Phänomenologie zur transzendentalen Phänomenologie; für die methodische Fortbildung ihrer Strukturanalysen der Aktintentionalität zur genetischen Konstitutionsanalyse; für die Ausweitung der bislang vornehmlich erkenntnistheoretisch bestimmten Phänomenologie zu einer phänomenologischen Philosophie, die auch im lange gemiedenen Felde der Metaphysik entschieden Position beziehen wird.

---

10 Zum Sinn der Rede von „wahren", d. i. wirklichen Gegenständen hier S. 47.

## § 2 Phänomenologische Aktanalyse – Grundzüge und erste Unterscheidungen

Die phänomenologische Begründung der reinen Logik erfordert die Untersuchung der logischen Gebilde als Gegenständlichkeiten des erkennenden Bewußtseins[11]. Sinn und Rechtmäßigkeit eines derartigen Rekurses auf entsprechende Akte des Denkens müssen sich aus konkret durchgeführten Einzelanalysen ergeben. Erst sie können erweisen, was ein solcher Rekurs für die angestrebte Grundlegung zu leisten vermag. Soweit diese im phänomenologischen Rahmen der *Logischen Untersuchungen* überhaupt erreichbar ist, findet sie sich am Ende der sechsten Untersuchung als Sinnklärung der analytisch-apriorischen Wahrheit und Evidenz. Damit war indes Husserls abschließendes Wort dazu noch lange nicht gesprochen. Erst nach jahrzehntelanger Arbeit an vielfältigen, anders orientierten Analysen ließ eine verwandelte und vertiefte Fragestellung Husserl die Grundlagenproblematik der Logik neu aufnehmen.

Logische Wahrheit und Evidenz sind Themen von so hoher Komplexität, daß ihre zureichende Behandlung nicht am Beginn der phänomenologischen Analyse stehen konnte. Weit davon entfernt, einfach in gewissen Akten des Denkens vorstellig zu sein, sind Wahrheit und Evidenz nicht geradewegs intendierbar wie sonstige Objekte im üblichen Sinn und a fortiori nicht wie diese gegeben. Deshalb erfordern beide Begriffe eine Reihe vorgängiger Untersuchungen, welche sie selber noch gar nicht unmittelbar betreffen. Auch haben sie ihre Funktion offenkundig nicht allein für die logisch-analytische, sondern für jedwede Erkenntnis. Deshalb bedarf es für eine phänomenologische Aufklärung der reinen Logik zuvor grundlegender Analysen zur Erkenntnis allgemein.

---

[11] Gegen häufige Mißdeutungen seines Gegenstandsbegriffs konnte Husserl erwidern, daß er ihn nicht erfunden, sondern nur wiederverwendet habe. ‚Gegenstand' bedeutet demnach bei ihm nichts anderes als dasjenige, was als Subjekt in wahren oder falschen Aussagen auftritt oder was einen möglichen Bestand an Prädikabilien hat (III, 11, 40). Seine Verwendung ist also bei Husserl ontologisch völlig neutral, was vor allem in Husserls Rede von logischen Gegenständen oder auch von Wesen als Gegenständen zu beachten ist.

In der fünften Untersuchung setzt Husserl mit diesen Analysen ein, indem er mit den erkenntnistheoretisch grundlegenden Differenzierungen sein analytisches Instrumentarium auszuarbeiten beginnt. Insofern ist die fünfte Untersuchung für die sechste eine Vorbereitung. Doch geht ihre Bedeutung darin nicht auf. Sie deckt auch für die vorangehenden vier Einzeluntersuchungen eine einheitliche phänomenologische Basis auf, indem sie für die dort behandelten Sachverhalte ersten Durchblick auf die ihnen entsprechenden Bewußtseinsweisen in ihren durchgängigen intentionalen Strukturmomenten gewährt. Darüber hinaus macht sie Probleme erstmalig sichtbar, die zwar nicht in der sechsten Untersuchung fortentwickelt, in der transzendentalen Phänomenologie jedoch in völlig neuartiger Weise aufgenommen werden.

Die fünfte Untersuchung nimmt damit eine Schlüsselstellung in Husserls Phänomenologie ein. In welchem Maße sie diese im ganzen bestimmen und selbst noch Konzepte ihrer Spätzeit dirigieren würde, sollte sich künftig nicht nur an der beständig offen gehaltenen Frage der Intentionalität durch alle ihre Wandlungen hindurch zeigen. Auch die Ausschließlichkeit der Intentionalitätsthematik – mit all ihren Vorzügen für eine phänomenologische Erkenntnistheorie, mit manchen Bedenklichkeiten bei später erweiterten phänomenologischen Zielsetzungen auch – geht letztlich auf die Ansätze der fünften Untersuchung zurück.

Die Erweiterung führte in einem ersten Schritt zunächst in Richtung auf eine „Phänomenologie des Bewußtseins". Intentionalität war in ihr nicht mehr nur Wesenszug spezifisch gearteter Bewußtseinserlebnisse vom Typus der erkennenden oder, allgemeiner, der objektivierenden Intentionen, sondern trat als fundamentales Charakteristikum des Bewußtseins schlechthin in Erscheinung. Daß es als „Bewußtsein von ‚etwas' ein sehr Selbstverständliches und zugleich höchst Unverständliches" ist (III, 180), wird Husserl bis zum Ende bewegen. Bewußtseinsintentionalität wird ihm das „Wunder aller Wunder" bleiben und als „Rätsel aller Rätsel" ihm auch dann noch nicht wirklich gelöst erscheinen, wenn er später über die bloß abstrakte Aktintentionalität hinaus zum konkreten intentionalen Leben vorstoßen wird und wenn auch seine Phänomenologie des Bewußtseins noch zu einer phänomenologischen Philosophie der Subjektivität weitergebildet sein wird. Zwar werden darin alle Einseitigkeiten der statischen Aktanalyse aus den phänomenologischen Anfängen längst getilgt sein; doch wird auch das konstitutionsanalytische Werkzeug der späteren Zeit seine Abkunft aus denjenigen Fragestellungen nicht verleugnen, welche den Gang der fünften Untersuchung bestimmt haben.

Sollte die in der fünften Untersuchung einsetzende phänomenologische Analyse der Grundlegung der Erkenntnistheorie zugute kommen, so hatte sie es zunächst mit Begriffen aufzunehmen, die, teils durch ihre Verwendung in der zeitgenössischen Psychologie, teils durch populären Gebrauch vage und vieldeutig geworden, der Klärung bedurften. Verwirrungen in der Rede vom ‚Bewußtseinsinhalt‘ führten zu einer ersten Sonderung verschiedener Bewußtseinsbegriffe (XIX/1, 355 ff.), in der Zug um Zug auch der Begriff des Bewußtseinserlebnisses schärfer konturiert und der Begriff des *Aktes* vorläufig terminiert wurde (XIX/1, 375–393). Akte wollte Husserl ausschließlich als intentionale Erlebnisse oder als Weisen des Bewußtseins verstanden wissen, in denen die intendierte Gegenständlichkeit als eine so und so bestimmte erscheint.

Akte auch als Bewußtseinsweisen anzusehen, eröffnete zugleich neuartige Problemaspekte: Entsprechen verschiedenen Bewußtseinsweisen stets verschiedene Gegenstände, oder handelt es sich dabei gegebenenfalls nur um verschiedene Gegebenheitsweisen eines und desselben Gegenstandes? Mit dieser scheinbar recht speziellen Frage war, in vorläufiger Abmessung, die gesamte Spannweite festgelegt, in der sich die phänomenologische Analyse zu bewegen hat.

Die fünfte Untersuchung war auf die intendierte Gegenständlichkeit allerdings noch nicht zureichend ausgerichtet. Ihr Schwerpunkt lag auf der Seite der Akte, so daß auch der Begriff des *Bewußtseinsphänomens*, hier ohnehin noch nicht explizit eingeführt, sich nahezu ausschließlich auf die Akte als solche beziehen sollte[12]. Indem die

---

12 Auf die unvermeidliche, aber ungefährliche Doppelsinnigkeit des Phänomenbegriffs hat Husserl schon früher (II, 14) und auch später immer wieder aufmerksam gemacht. Sie resultiert aus der Korrelation zwischen ‚erscheinender‘ Gegenständlichkeit und ihren zugehörigen Akten, die ihrerseits – in der Aktreflexion – als diese

intendierte Gegenständlichkeit dabei bloß mit im Blick behalten, aber nicht wie die Akte genauer untersucht wurde, ließ Husserls frühe phänomenologische Analyse Strenge und Konsequenz der erforderlichen korrelativen Untersuchungsweise noch vermissen. Husserl glaubte anfangs sogar, die postulierte Reinheit der deskriptiven Analyse dadurch anstreben zu müssen, daß er diese „von aller Einmischung der intentionalen Gegenständlichkeit ungetrübt" durchführte[13]. Nicht nur begünstigte Husserl mit einer so beschnittenen ‚Aktphänomenologie' aber den Eindruck bloß psychologischer Analyse; er beeinträchtigte damit auch das Verständnis seiner ‚reinen' Phänomenologie, da diese später in einem ganz anderen Sinne von Reinheit durchgeführt werden sollte.

Die aktphänomenologischen Einseitigkeiten zu Beginn waren gleichwohl nicht ohne bleibenden Gewinn. Abgesehen davon, daß die intendierten Gegenstände aus prinzipiellen Gründen nicht gänzlich außer acht bleiben konnten, sollte gerade die Akzentuierung der Erlebnisseite in zweierlei Hinsicht für die künftige Analyse wichtig werden. Zum einen führte sie auf die notwendige und nicht nur phänomenologisch wichtige Klärung der gängigen Rede von „etwas im Bewußtsein haben". Zum anderen und vor allem aber rückte sie erstmalig so etwas wie *Gegebenheitsweisen* des intendierten Gegenstandes allererst ins Blickfeld.

Mit einer ersten Grundunterscheidung von reellem und intentionalem Inhalt des Bewußtseins muß Husserls analytisches Vorgehen sich erstmals an einer Problematik bewähren, die zuvor nie ins Auge gefaßt worden war. Nicht zufällig geht Husserl sie von distinkten Bewußtseinsakten her an (XIX/1, 411 ff.). Zählt zum *reellen* Inhalt oder Bestand eines Aktes alles, was ihn zu einem solchen macht, was ihn aus unselbständigen Teilen – ‚Momenten' im präzisen Sinn – aufbaut, so müssen diese so beschaffen sein, daß sie miteinander die wesentliche Funktion des Aktes gewährleisten. Sie müssen sich mit-

---

‚erscheinen'. Seine für Husserls Philosophie spezifische Bedeutung gewinnt der Phänomenbegriff erst mit der transzendentalen Reduktion.

13 XIX/1, 16. Husserl wird diesen unsachgemäß engen Reinheitsbegriff bald preisgeben. Die reine, nämlich rein eidetische und rein transzendentale Phänomenologie ist gerade nicht mehr ‚reine', d. i. bloße Aktphänomenologie. Dazu hier S. 79 ff.

hin so auffinden lassen, daß sie den intentionalen Bezug des Aktes nicht bloß auf Gegenständlichkeit überhaupt, sondern auf jeweils qualifizierte Gegenstände verständlich machen. Die dafür neben den *Empfindungsdaten* ausgemachten *Auffassungscharaktere* werden ihre differentielle Analyse erst im transzendentalphänomenologischen Rahmen des universalen Korrelationsapriori von Noesis und Noema finden.

Zunächst erweist sich, daß die Relation von Teilen und Ganzem eines Aktes prinzipiell fortsetzbar ist dergestalt, daß Akte wiederum reelle Teilbestände des Bewußtseins sind. Bewußtsein als ganzes bildet insoweit ein Insgesamt von Akten[14]. Untereinander mannigfach verbunden, ineinander verwoben, kontinuierlich zusammenhängend nach Koexistenz und Sukzession in der Einheit eines Bewußtseins und in concreto meines Bewußtseins, stellen dergleichen Akte vor eine Fülle weiterer Fragen. Wie ist vor allem die Einheitsbildung des Bewußtseins zu verstehen? Husserl gewahrt diese Einheit primär als kontinuierliche Einheit oder als Einheit der Veränderung (XIX/1, 369, 390) und gerät damit sogleich vor das phänomenologische Problem der Zeit.

Die Abgründigkeit der Zeitproblematik sollte indes in den bald folgenden Zeitanalysen noch kaum offenbar werden. Dazu bedurfte es erst der Verschränkung mit einer anderen Frage, die Husserl anfänglich jedoch allzu rasch erledigte und dann lange – allzu lange – gesondert von der Zeitproblematik behandelte. Die Einheitsform des Bewußtseins verweist allemal auf ein Ich, das unter anderem von sich sagt, daß es dergestalt Bewußtsein habe und das phänomenologisch als Subjekt der Akte eingehend befragt werden muß. Daß Husserl sich seiner in den *Logischen Untersuchungen* nur höchst unzureichend angenommen hat, geschah in der Meinung, er schulde es der Sauberkeit seiner Methode, wenn er das Ich nicht anders bestimme denn als bloß „phänomenologisches Ich", das einfach mit der Verknüpfungseinheit der Erlebnisse identisch sei. Es etwa als Träger dieser Einheit und von dieser selbst verschieden oder gar als einigendes – und

---

14 Dies Husserls erste, später jedoch korrigierte Bestimmung von Bewußtsein, das auch als intentionales Bewußtsein zum einen nicht aus lauter Akten besteht und zum andern als Bewußtsein eines Ich gefaßt werden muß. Vgl. hier S. 97 f., 105 ff.

alsdann spekulativer Abkunft verdächtiges – Prinzip zu erörtern, hätte der Maxime der phänomenologischen Deskription von Gegebenem augenscheinlich widersprochen (XIX/1, 368 ff.). Husserl hat anfangs nicht gesehen, welche unerledigten Problemlasten er auch damit auf seine künftige Forschung übertrug.

Offene Fragen zeichneten sich auch in der vorläufigen Exposition des *intentionalen* Inhalts ab. Im ersten Hinsehen ließ sich als dieser der intentionale Gegenstand ausmachen. Ihn als intentionalen *Inhalt* des Bewußtseins anzusehen, war allerdings nicht schon durch die landläufige Wendung gerechtfertigt, nach der man auch Gegenstände ‚im‘ Bewußtsein hat, wenngleich dies nicht, wie für die intendierenden Akte, im Sinne reellen Enthaltenseins gemeint sein kann. Eher wird damit auf den Tatbestand gelenkt, daß Gegenstände ‚im‘ Bewußtsein selbst dann nicht reelle Aktmomente, sondern von diesen verschieden sind, wenn es sich gar nicht um wirkliche, sondern um fiktive oder halluzinative Gegenstände handelt.

Dem Anschein nach ist damit zugleich gesagt, daß Unterschiede zwischen Wirklichkeit und Unwirklichkeit, zwischen realer und idealer Existenz und fiktionaler Nichtexistenz von Gegenständen die intentionale Struktur der Akte nicht prinzipiell tangieren. Wenn nun Husserl anfänglich nicht nur den Ausschluß aller wissenschaftlichen Vormeinungen, sondern in der Tat auch noch den viel weiter reichenden Dispens von allen ontologischen Fragen, Sein und Existenz der Objekte betreffend, gefordert hat, so lag dies gewiß in der Konsequenz seines Neutralitätspostulats für die Phänomenologie als Methode. Das konnte jedoch keinesfalls bedeuten, daß nun die früh schon ins Spiel gebrachte Differenz zwischen intentionalen und wahren Gegenständen phänomenologisch hinfällig geworden wäre. Denn nicht nur sollte bald sich zeigen, daß unabweisliche Phänomenbestände, und zwar im Aktgefüge selbst, dem phänomenologischen Zugriff entzogen bleiben würden, wenn die Untersuchungsperspektive auf die Unterscheidung von reellen und intentionalen Aktbeständen beschränkt bleiben und wenn nicht auch die Frage des ontologischen Status der intendierten Gegenstände fernerhin aufgenommen werden sollte. Darüber hinaus aber mußte gerade die in Rede stehende Differenz in die volle Zuständigkeit einer Phänomenologie fallen, wenn sie sich anschickte, der Erkenntnistheorie ein neues und sicheres Fundament zu geben.

Wird aber dieses Fundament in strenger Neutralität gegen erkenntnistheoretische Positionen zu legen sein? Wird Husserl gar dem nicht endenden Disput um Realismus und Idealismus ein allerseits einsichtiges Ende bereiten können? Konkret bedeutet diese Frage: Wird Husserl jene Differenz zwischen bloß intentionaler und wahrer Gegenständlichkeit zureichend aufhellen, ihren Sinn bestimmen können, ohne die Bewußtseinstranszendenz des wirklichen Gegenstandes der Bewußtseinsimmanenz des nur als wirklich intendierten Gegenstandes zu opfern? –

Husserls analytische Mittel reichen allerdings bisher nicht einmal aus, um allererst den Sinn der Unterscheidung von Transzendenz und Immanenz deutlich zu explizieren. Die Aktphänomenologie der fünften Untersuchung tut indessen auch dazu wichtige erste Schritte, indem sie erkennen läßt, daß der reelle Aufbau der Akte auf der einen Seite und die intentionale Gegenständlichkeit auf der anderen Seite noch nicht alles ist, was selbst im begrenzten Rahmen der Aktphänomenologie zur Intentionalität des Bewußtseins zu sagen ist. Es kann hier davon abgesehen werden, daß dazu auch spezielle und vielgestaltige Verhältnisse von Teilakten und Gesamtakten, von ein- und mehrgliedrigen Akten sowie verschiedene Fundierungsverhältnisse zwischen schlichten und höherstufigen Akten gehören, wie Husserl sie hier und später an gegebener Stelle immer wieder untersucht hat.

Darüber hinaus ist es vor allem die Thematisierung der Gegebenheitsweisen von Gegenständlichkeit, die zu erkenntnistheoretisch aufschlußreichen Einsichten führt. Es hat in der Husserl-Interpretation bisher zu wenig Beachtung gefunden, daß in der *Entdeckung der Gegebenheitsweisen* des Gegenstandes ein wesentlich Neues und Spezifisches der Husserlschen Phänomenologie gelegen ist. Die Einsicht, daß es für die kritische Aufklärung der Erkenntnis nicht bloß auf die intentionale Beziehung von Bewußtseinsakt und Gegenstand, sondern wesentlich auf die mannigfachen Weisen gegenständlicher Gegebenheit und deren zugehörige Bewußtseinsweisen ankommt, kam in der Tat einer Entdeckung gleich[15]. Sie ist für Husserls Art und Tiefe des

15 Es geht bei den Gegebenheitsweisen nicht bloß um eine Parallelität mit den

Eindringens in die Struktur des erkennenden Bewußtseins und damit auch in Sinn und Leistung der Erkenntnis schlechthin maßgeblich geworden.

So führt die Unterscheidung zwischen dem Gegenstand, welcher intendiert wird, und der Art und Weise, wie er intendiert wird, schon zu Beginn ihrer näheren Untersuchung über die zunächst darin angelegte Typisierung von Akten entscheidend hinaus. Nicht einer Klassifizierung der Akte, etwa nach verschiedenen Aktqualitäten, gilt das Hauptaugenmerk, sondern der jedem Akt reell zugehörigen und allen Akten unbeschadet ihrer qualitativen Verschiedenheit gemeinsamen Sinnkomponente. Mit ihrer wenig aussagekräftigen Kennzeichnung als „Aktmaterie" zur Unterscheidung von „Aktqualität" wird allerdings die in ihr aufbrechende erkenntnistheoretische Problematik noch niedergehalten. Husserl ist es vorerst darum zu tun, daß als wesentlich für einen Akt eben nicht schon die Aktqualität angesehen, sondern daß als das „intentionale Wesen" eines Aktes die Einheit von Qualität und Materie verstanden wird (XIX/1, 431).

Dem Aktmoment der Sinnapperzeption, der Auffassung des Gegenstandes *als* eines so und so bestimmten, kommt dabei besondere Bedeutung zu. Sie kann vollständiger erst in Sicht treten, wenn auf der Gegenstandsseite nicht bloß reale Beschaffenheiten in den Blick genommen, sondern wenn auch die möglichen Seinsmodi des Gegenstandes in Entsprechung zu bestimmten doxischen Charakteren der Akte untersucht werden. Sie zu thematisieren, wird jedoch erst die transzendentale Phänomenologie die nötigen Mittel bereitstellen.

So nimmt Husserl in der sechsten Untersuchung diese Problematik noch nicht auf. Er bereitet aber ihre spätere Bearbeitung wirksam vor, indem er, eng an vorangehende Untersuchungen anknüpfend, weitere Mittel zur phänomenologischen Aufklärung der Erkenntnis ausarbeitet, die nunmehr zügiger als bisher auf die Wahrheitsfrage der Erkenntnis zuzugehen erlauben.

entsprechenden Erlebnissen als Bewußtseinsweisen, als entspräche etwa diesen jeweils ein eigener Gegenstand. Vielmehr geht es um einen gegebenen Gegenstand, der im Rekurs auf verschiedene Bewußtseinsweisen verschieden zur Gegebenheit kommt. Erst daraus ist später die Problematik seiner Konstitution angemessen zu entfalten.

Das Ziel der sechsten Untersuchung, die vorläufige Aufklärung des Sinnes von Wahrheit, dirigiert die einzelnen Schritte des Eindringens vor allem in solche Bewußtseins- und Gegebenheitsweisen, von denen her Wahrheitserwerb und Wahrheitsausweis prätendierter Erkenntnis befragbar werden.

Daß sich für Husserl der Sinn von Wahrheit nur im Rekurs auf ihre Gegebenheit im erkennenden Bewußtsein bestimmen läßt, bedeutet freilich nicht, daß von ihm Wahrheit mit ihrer Gegebenheit gleichgesetzt worden wäre. Wohl aber bedeutet die in jeder Wahrheitstheorie unabweisbare Frage nach der Gegebenheitsweise von Wahrheit, daß phänomenologisch nach entsprechenden Bewußtseinsweisen zu forschen ist, und diese haben offenkundig die Besonderheit, daß sie weder akt- noch gegenstandsspezifisch qualifiziert, sondern so beschaffen sind, daß sie prinzipiell in allen Akt- und Gegenstandsgebieten des Erkennens müssen angetroffen werden können.

Husserl hat diese Bewußtseinsweisen, terminologisch wenig glücklich, anfangs als „Evidenzerlebnisse" gefaßt. Doch ist von vornherein festzuhalten, daß es sich dabei keineswegs um einen eigenen Typus von Intentionen, etwa von Evidenzvorstellungen oder gar von Evidenzgefühlen, handelt. Ein durch Evidenz charakterisiertes Erlebnis hat nirgends eine eigene, ihm strukturell zugehörige intentionale Gegenständlichkeit von der Art, wie sonst Akte je nach ihrer Qualität ihren spezifischen Typus von Gegenständlichkeit haben. Den Evidenzerlebnissen korrelieren nicht spezifische Gegenstände; vielmehr korrelieren ihnen die bezüglichen Gegenstände auf spezifische Weise, nämlich indem sie in ihnen zur Selbstgegebenheit gelangen[16].

Evidenz ist nach Husserl das *Erlebnis der Selbstgegebenheit* einer Sache. Das beinhaltet einmal, daß zwischen dieser und der bloßen Gegebenheit einer Sache eine erkenntnistheoretisch nicht unwesentliche Differenz besteht. Ferner deutet es auf aktphänomenologische Be-

---

[16] Husserl verwendet das Prädikat ‚evident' dementsprechend für Gegenstände wie auch für die zugehörigen Bewußtseinsweisen. Denn Evidenz wird, ihrem Modalcharakter gemäß, einem Erlebnis dann zugesprochen, wenn die entsprechende Gegenständlichkeit als evident oder selbstgegeben zu qualifizieren ist.

sonderheiten, durch welche die Evidenz aus dem Gebiet sonstiger Intentionen deutlich herausgehoben ist – so sehr, daß hier der Erlebnisbegriff nur in einem erweiterten Sinne gerechtfertigt ist[17]. Daß andererseits in derartigen Erlebnissen so etwas wie Wahrheit gegeben, daß Evidenz gar „das Erlebnis der Wahrheit" sein soll, wie Husserl es öfter, und nicht unmißverständlich, formuliert hat, heißt demnach, daß hier *Wahrheit als Selbstgegebenheit* verstanden wird. Allem Anschein nach liegt darin eine Sinnverengung des Wahrheitsbegriffs, die gerade unter dem Anspruch phänomenologischer Sinnaufklärung der Wahrheit eigens der Rechtfertigung bedarf.

Methodisch resultiert zunächst aus dem angedeuteten Zusammenhang von Evidenz, Selbstgegebenheit und Wahrheit, daß nicht nur der Sinn der letzteren als Selbstgegebenheit, sondern daß auch das Erlebnis der Evidenz genauer betrachtet werden muß, und zwar so, daß ein gemeinsames Verfahren alternierender Schritte die Klärung herbeiführt.

Für die Explikation des Evidenzbegriffs ist ebenfalls von einer allgemeineren Grundunterscheidung auszugehen. Sie wurde von Husserl einleitend im Bereich der Verbalisierung behandelt, erstreckt sich jedoch durch alle möglichen Gebiete objektivierender Akte und ihrer Gegenständlichkeiten: die Unterscheidung von Bedeutungsintention und Bedeutungserfüllung (XIX/2, 582 ff.).

Ein Gegebenes ist niemals eo ipso auch evident Gegebenes; dazu bedarf es vielmehr bestimmter Prozeduren der Selbstgebung. Gegeben ist etwas bereits in jenem bloßen Meinen, welches den intentionalen Grundzug der Akte überhaupt ausmacht. Etwas intendieren, es meinen oder vermeinen, heißt indessen noch nicht, es auch erkennen. Dafür muß das Gemeinte vielmehr in einer spezifischen Weise gegenwärtig sein. Husserl hat sie als „anschauliche Fülle" des Gegebenen beschrieben und in ihrem Zustandekommen immer wieder und später auch in immer weiter gehenden Differenzierungen untersucht. Denn um den bloß meinenden Intentionen diejenige Fülle zu geben, die ihre gemeinte Gegenständlichkeit als ‚wirklich so seiend wie gemeint' vor

---

[17] Der Ausdruck ‚Erlebnis' ist dafür leicht mißverständlich. Evidenzerlebnisse sind stets Synthesen, und zwar in der Regel kategorial gestufte Erfüllungssynthesen von Erlebnissen. Dazu hier auch S. 49 f.

Augen stellt und sie somit als sie ‚selbst‘ vorstellig macht, bedarf es außer den Leermeinungen noch gewisser Erfüllungsakte, die Husserl insgesamt als *erfüllende Anschauungen* gekennzeichnet hat.

Leerintention und Erfüllung stehen nicht in einem statischen Verhältnis zweier gesonderter Aktverläufe, sondern bilden eine dynamische Einheit, die näherhin eine bestimmte Deckungseinheit ist. Auf der Gegenstandsseite entspricht ihr die Einheit des Gemeinten mit dem, was es selbst, der Sache nach, ist. Die Aktseite ist charakterisiert durch eine Deckungssynthesis der intendierenden und erfüllenden Akte; diese ist also hinsichtlich ihres gegenständlichen Korrelats eine identifizierende Synthesis. Als diese ist sie unter den vielfältigen von Husserl untersuchten Synthesen und selbst noch unter den identifizierenden Synthesen besonders ausgezeichnet: Einem Gegenständlichen, das im leeren Intendieren, beispielsweise in der uneigentlichen Rede bloß signifikativen Meinens, nur sachfern gedacht – wenn auch womöglich richtig gedacht – wird, vermag sie sachliche Fülle, gegenständliche Nähe und anschauliche Gegenwärtigkeit zu geben.

Man darf bezweifeln, ob Husserl gut daran tat, derartige Erfüllungsintentionen insgesamt als Anschauungen zu kennzeichnen, zumal er diesen Begriff nicht auf den Bereich des sinnlich Anschaubaren beschränkt, sondern ihn auch auf Erfüllungssynthesen im Bereich des Logischen und des im weitesten Sinne Kategorialen übertragen hat. Nun hat Husserl die hier ins Spiel kommende „kategoriale Anschauung“ nicht bloß unter Hinweis auf ihre Gemeinsamkeiten mit sonstigen Anschauungen plausibel gerechtfertigt (XIX/2, 694); er hat sie auch von den vermeintlich übersinnlichen Anschauungen einer vergangenen Metaphysik unzweideutig geschieden. Ebenso unmißverständlich hat er diesen Anschauungsbegriff aus dem herkömmlichen erkenntnistheoretischen Gegensatz von Anschauung und Denken herausgenommen. *Anschauung* bestimmt Husserl allein und ausdrücklich *aus ihrer Funktion für das Erkennen*, also ausschließlich von ihrem Gegenstück her, nämlich der Leerintention des bloßen Meinens, welche nun ‚Intention‘ im prägnanten Sinne heißt (XIX/2, 572). Husserls Begriff der Anschauung läßt sich füglich nicht mit Bezug auf Objekte, deren Anschaulichkeit bestätigt oder bestritten werden könnte, diskutieren; er läßt sich nur im Rückgriff auf dasjenige, was die Anschauung für erfüllungsbedürftige Intentionen ausrichtet, verstehen und sinngemäß gebrauchen[18].

Mit einem dergestalt funktional konzipierten Anschauungsbegriff ist der Tatsache Rechnung zu tragen, daß jedem Gegenstandstypus, wie dieser im einzelnen auch phänomenologisch näher zu bestimmen sein mag, nur ein bestimmter und nicht beliebig variierbarer Erfüllungsmodus entspricht, daß mithin die kategorialen Anschauungen vielfältig und höchst unterschiedlich sind. So sind sie denn auch keine schlichten Akte, sondern in sich synthetische Gefüge erfüllender Intentionen, die je nach Komplexion und Stufenordnung der Gegenstände, denen sie die Fülle des ,selbst' zu erteilen haben, sich regeln.

Ist nun das Ergebnis solcher bedeutungserfüllender Prozeduren, nämlich die Selbstgegebenheit einer Sache, zugleich dasjenige, was für Husserl deren Evidenz ausmacht, so folgt daraus, daß Evidenz niemals in einem unmittelbaren und gar willkürlichen Hinschauen sich einstellen kann, sondern daß sie erst in einer mehrfachen Aktkomplexion sich herstellen muß. Jede Evidenz ist demnach das Ergebnis einer mindestens zweifachen Synthesis, einer Deckungssynthesis zur Identifizierung des bloß Gemeinten mit ihm selbst in seiner anschaulichen Fülle sowie einer Synthesis der erfüllenden Anschauung selbst; denn diese kann, und darin der schlichten, sinnlichen Anschauung verwandt, ihrerseits nur in Synthesen von Einzelanschauungen erreicht werden.

Das beinhaltet ferner, daß die Evidenz nicht nur je nach Art und Stil der erforderlichen Erfüllungssynthesen unterschiedlich ist, sondern daß sie auch je nach Art und Ausmaß des Gelingens solcher Synthesen Grade und Stufen ihrer Vollkommenheit hat. Zwischen den äußersten Extremen bloß vermeintlicher, irrtümlicher Evidenz – deren Irrtümlichkeit allerdings wiederum nur durch andere Evidenz aufgedeckt werden kann – und dem Ideal der Adäquation, der vollkommenen Anmessung des Gemeinten an sein Selbst, in der keine Partialinten-

---

18 Husserls Begriff der Anschauung ist der hier erste von denen, die nur aus der Opposition zu einem Gegenbegriff verstanden werden können. Ähnliches gilt z. B. für den Begriff der Intuition, der sogar mehrere Oppositionsbegriffe (Deduktion, Signifikation, Demonstration) hat, sowie für das Prädikat ,empirisch', das je nach seinem Gegenstück (,eidetisch' oder ,transzendental') unterschiedliche Bedeutungsakzente hat. Nicht wenige Begriffe Husserls sind von dieser Art und damit in besonderem Maße kontextempfindlich.

tion unerfüllt bliebe und auch keine Teilerfüllung verfehlt würde, liegt für jedes Gegenstandsgebiet ein Spektrum möglicher Erfüllungssteigerungen, nach denen sich die Qualität der Selbstgebung bemißt[19].

Daß die Erfüllungen der Intentionen steigerungsfähig sind, daß mithin Evidenz prinzipiell verschiedene Grade und Stufen – und zwar sowohl hinsichtlich der Klarheit als auch der anschaulichen Fülle – haben kann, unterscheidet Husserls Begriff der Evidenz maßgeblich von sonstigen Evidenzauffassungen. Alles andere als lichtvolle Gewißheit einmal ‚geschauter' Wahrheit, muß Evidenz vielmehr erst durch verschiedenartige Synthesen hergestellt, erworben, als Leistung des Bewußtseins erbracht werden. Als diese aber wird sie für alle Erkenntnis prätendierenden Intentionen zur methodischen Norm: Intentionen sind so vollständig wie möglich zu erfüllen; denn erst in dem Maße, wie in identifizierenden Synthesen aus Leerintention und erfüllender Anschauung die Selbstgebung des Gegenstandes gelingt, kann dieser erkannt heißen[20].

Husserl hat dem normativen Charakter seines Evidenzkonzepts später deutlicheren Ausdruck gegeben und sogar ein *Evidenzprinzip als erstes methodisches Prinzip* seiner Phänomenologie formuliert[21]. Die Problematik der Evidenz sollte sich in voller Schärfe allerdings erst anläßlich der Letztbegründungsfrage der Phänomenologie in seinen späteren Schriften stellen. Doch konnte Husserl dafür auf begriffliche Klärungen in der sechsten Untersuchung ohne einschneidende Korrektur zurückgreifen. Hier auch findet sich bereits jene Auffassung

19 XIX/2, 614 f.; XVII, 140–144. Die Unterscheidungen hinsichtlich verschiedener Gegenständlichkeiten und ihrer Evidenztypen sah Husserl als so bedeutsam an, daß er für jeden von diesen sogar eine eigene konstitutive Phänomenologie postuliert hat (III, 319).

20 Evidenz ist dafür notwendige, aber nicht hinreichende Bedingung, zumal sie prinzipiell fehlbar ist. Zum Erkennen gehört für Husserl wesentlich noch dasjenige, was er „ausweisende Erfahrung" nennt, nämlich Bewährung und ihr Gegenstück der Entwährung sowie Bekräftigung und ihre Durchstreichung. Dazu hier S. 119 ff. Das in diesem Zusammenhang Gesagte gilt natürlich nicht für solche Evidenzen, die „nicht bewahrheitend" sind; wie entsprechend auch nicht alle Anschauungen erfüllende, sondern manche von ihnen bloß „enthüllende" sind (IX, 68, 78 f., 245 f.). Auf letztere soll hier nicht eingegangen werden.

21 I, 54. Zur Interpretation des Evidenzprinzips bes. XVII, 179 ff.; ferner für Husserls Kritik an den üblichen Evidenztheorien, die er von der Voraussetzung absoluter Wahrheit mißleitet sieht XVII, 245 ff.; XI, 102, 201.

von der Wahrheit als dem objektiven Korrelat der Evidenz expliziert, welche nicht nur weiterhin Husserls phänomenologische Analysen zur Erkenntnis der Wahrheit, sondern auch sein nie ausgesetztes Fragen nach der Wahrheit phänomenologischer Erkenntnis geleitet hat.

Wohl ist der Begriff der Wahrheit als Selbstgegebenheit nur einer von mehreren Wahrheitsbegriffen (XIX/2, 651 ff.). Doch ist er phänomenologisch der wichtigste und fundamentalste, ohne daß er jedoch zu einer einseitigen Wahrheitstheorie der Phänomenologie führte. Denn unbeschadet der Tatsache, daß nur er einem deskriptiven Verfahren geeigneten Ansatz bietet, bildet er auch für andere Wahrheitsbegriffe den Kern ihrer Bedeutung, da sie sämtlich sich auf ihn gründen. Charakteristisch für den phänomenologischen Grundbegriff der Wahrheit ist, daß er nicht im Bereich der Aussage, sondern des Gegenständlichen angesiedelt ist. ‚Wahr' ist also hier nicht Urteilsprädikat, sondern Sachverhaltsprädikat und jenes erst als gegründet in diesem. So kann Husserl ohne logische Unebenheit auch von wahren Sachverhalten oder Tatbeständen und sogar von wahren Gegenständen sprechen. Husserl greift damit zunächst nichts anderes als das Wahrheitsverständnis unserer alltäglichen Rede auf. Denn dieses geht in der Tat nicht auf die Wahrheit der Aussage, sondern auf den in ihr behaupteten Sachverhalt, der als dieser für wahr gilt, wenn er besteht, wie denn sein Bestehen erst die notwendige Voraussetzung dafür abgibt, daß eine Behauptung über ihn zutreffen und sie somit im Sinne von Aussagenwahrheit wahr sein kann[22].

Was das Hinarbeiten auf Selbstgegebenheit und somit auf den Erwerb von Evidenz bei Husserl bedeutet, ist also gar nichts anderes als die phänomenologische Klärung und Sicherstellung eben jenes ‚Bestehens' eines in Rede stehenden Sachverhalts, seines ‚Stimmens' und ‚Zutreffens', das nicht einem Urteil über ihn, sondern ihm selbst gilt. Sinngemäß zielt im speziellen Fall einzelner Gegenstände Husserls Rede von ihrer Wahrheit auf ihre tatsächliche Existenz, ihr Sein im Modus des Wirklichseins.

---

[22] Anders und differenzierter Husserl später in seinen detaillierten Analysen zur Urteilsevidenz XVII, 53 ff., denen zufolge auch diese erst für die Wahrheit des Gegenstandes aufkommt. Dazu auch E. Husserl, Erfahrungen und Urteil, redigiert und hrsg. von L. Landgrebe, Hamburg 1972, S. 11 ff.

Husserl begibt sich insofern mit der phänomenologischen Klärung des grundlegenden Verständnisses von Wahrheit hinter jene ‚Übereinstimmung' zwischen Sachverhalt und Aussage zurück, deren begriffliche Ungeklärtheit nicht allein die alte Adäquationslehre der Wahrheit belastet hat, sondern die auch die Wahrheitsdefinition der moderneren Logik trotz ihrer formalen Präzision beeinträchtigt. Husserls analytische Aufhellung des Zusammenhangs von Evidenz, Selbstgegebenheit und Wahrheit zum Zwecke der Sinnaufklärung von Wahrheit dient mithin auch nicht der Explikation spezieller Definitionen von Wahrheit, sondern sie dient der Klärung einer fundamentalen Voraussetzung solchen Definierens.

Husserls Evidenzkonzept bietet somit kein Wahrheitskriterium oder auch nur einen Vorschlag für andere als bisher erprobte Wege zur Wahrheitsfindung – das gerade würde Evidenz „zu einem Widersinn" machen (XVII, 140). Wenn Husserl zwar wiederholt sagt, daß alle Einsicht, die der Wissenschaften und Philosophie eingeschlossen, zuletzt auf Evidenz beruhe, so bedeutet das jedoch nicht, daß etwa jede mit Gründen behauptete Wahrheit, und zumal die Begründungsfolgen wissenschaftlicher Aussagen, von den Wissenschaften selbst bis auf letzte evidente Einsichten zurückzuverfolgen seien, weil nur so ihr Wahrheitsanspruch rechtmäßig ausgewiesen werden könne[23]. Evidenz tritt für Husserl weder in Konkurrenz zur wissenschaftlichen Wahrheitsfindung, noch dient sie deren Korrektur. Mit ihr will die Phänomenologie etwas ganz anderes: die Verständigung darüber, was allgemein den *Sinn* von Aussagen über ‚sein', ‚gegeben sein', ‚wahr sein', auch über ‚evident sein' ausmacht, wie er auch in wissenschaftlich wahren Behauptungen wirksam, aber nicht entfaltet und geklärt ist.

Der methodische Auftrag der Phänomenologie war damit im weitesten Rahmen vorgezeichnet. Husserls immense Detailarbeit entsprang vor allem der Selbstverpflichtung, Gegebenes in allen Gegenstandsbereichen nicht in vager Unverbindlichkeit des bloß Gemeinten lediglich zu beschreiben, sondern es als Selbstgegebenes vor den Blick

---

[23] Derartige Begründungsfolgen haben vielmehr ihre eigenen spezifischen Evidenzen, die als besondere formal-kategoriale Evidenzen Sonderprobleme hinsichtlich der erfüllenden Anschauung bieten. Husserl hat diese mittelbaren Evidenzen nur für den Bereich des Logischen allgemein etwas genauer untersucht, indessen für den der reinen Mathematik noch viele Fragen offen sind.

des erkennenden Bewußtseins zu bringen – eines Bewußtseins zumal, das sich in explizierbaren und kontrollierbaren Verfahren identifizierender Synthesen dieser seiner Leistung ebenso wie ihres Verfehlens und Scheiterns zu vergewissern vermag.

Angelpunkt des Gelingens wird dabei immer wieder die erfüllende Anschauung sein. Als sinnliche Anschauung wird sie aber nur im Bereich unmittelbarer oder schlichter Wahrnehmung, und zwar in Gestalt kontinuierlicher Synthesis, fungieren können, indessen bereits jedes als Wahrnehmung eines Sachverhalts verstandene Erfassen nicht-sinnliche, kategoriale Auffassungsmomente und damit gestufte Synthesen einschließt. Es war nicht zuletzt dieser Umstand, der für Husserl das Konzept einer kategorialen Anschauung rechtfertigte.

Fragen der höherstufigen Synthesen kategorialer Anschauung stellten sich prinzipiell in zwei Problemfeldern. Zum einen hatte die formal-kategoriale Anschauung der analytisch-apriorischen Selbstgegebenheit und somit der logischen Evidenz zwecks Freilegung des Sinnes logischer Wahrheit zu dienen. Zum andern bedurfte es einer material-kategorialen Anschauung zur Klärung des vielumstrittenen synthetischen Apriori der Wesenserkenntnis. Daß Husserl die Erfüllungssynthesen der material-kategorialen Anschauung, und zwar noch ehe sie im einzelnen untersucht worden waren, durch den terminologischen Mißgriff der „Wesensschau" entstellt hat, mußte sich später mehr als einmal nachteilig auch für das Verständnis seiner transzendentalen Phänomenologie auswirken, zumal Wesenserkenntnisse bestimmter Art eine unabdingbare Rolle für die Einlösung des Wissenschaftsanspruchs der transzendentalen Phänomenologie spielen. Die Ausführungen zur Wesenserkenntnis in der sechsten Untersuchung sind jedoch spärlich. Auch sind sie, insbesondere mit Bezug auf die zweite Untersuchung, unbefriedigend, in der bereits der Nachweis allgemeiner Wesen an den Aufweis entsprechender, erfüllender Akte gebunden worden war[24]. Insgesamt bleiben sie hinter den eingehenden Analysen zur formal-kategorialen Anschauung zurück.

---

[24] Da Wesen sich in Akten ‚konstituieren', hängt Husserls Wesenslehre maßgeblich von seinem Konstitutionsbegriff ab. Für diesen ergibt sich aber ein bezeichnender Wandel in der transzendentalen Phänomenologie. Dazu hier Abschn. C, Kap. II, § 1.

Auch im Bereich des rein Logischen könnte auf erhebliche Schwierigkeiten stoßen, daß für die evidente Selbstgebung logischer Sachverhalte Erfüllungssynthesen von Leerintentionen ebenfalls durch Anschauung zustande kommen sollen; wäre sie doch nunmehr für reine ‚Formen‘ ohne sinnliche ‚Stoffe‘ gefordert. Wenn Husserl gleichwohl auch hier eine kategoriale Anschauung geltend macht und sie als diese in sinnlicher Anschauung ‚fundiert‘ findet, so liegt dem die Auffassung zugrunde, daß für die Bedeutungserfüllung von logischen Formen sinnlich determinierte Inhalte zwar nicht in Frage kommen, aber auch nicht einfach entfallen. Vielmehr sind diese nur, innerhalb bestimmter Grenzen, als variabel zu denken.

Genau darin wurde für Husserl die Analytizität des Logischen phänomenologisch faßbar. Mit der dafür getroffenen Unterscheidung von logischen „Buchstabensymbolen" und „ergänzenden Formbedeutungen" griff Husserl der mittlerweile gebräuchlich gewordenen Differenzierung der formalen Logik nach Variablen und logischen Konstanten vor. Für deren anschauliche Erfüllung forderte er aber nicht etwa Unsinniges wie Anschaulichkeit für Variablen oder gar für die logischen Konstanten. Auch unterstellte er hier nicht irgendwelche mitfungierenden Vorstellungen sinnlichen Inhalts. Anschauung dergestalt geltend machen zu wollen, hieße denn auch nichts anderes, als die kategoriale Synthesis zur rein logischen Bedeutungserfüllung mit einer dem logischen Sachverhalt gänzlich außerwesentlichen exemplarischen ‚Veranschaulichung‘ zu verwechseln.

Was für die logischen Wahrheiten über das rein symbolische Verständnis der logischen Technik hinaus an philosophischer Einsicht in ihren spezifischen Wahrheitscharakter gefordert wird, ist vielmehr eine kategoriale Anschauung in einer sehr besonderen Erfüllungsfunktion. Da hier die Leerintentionen nicht nur kein schlichtes Objekt mehr meinen, sondern auch auf Sachverhalte von der Art gehen, daß ihrem konstanten Anteil für sich genommen überhaupt kein Erfüllungsmodus entspricht, ist es Sache der kategorialen Anschauung, die Verknüpfung der beiden Bedeutungskomponenten, und zwar in voller Wahrung ihrer kategorialen Differenz nach Konstantem und Variablem, aktuell zu vollziehen.

Daß Husserl hier allein im Vollzug, in der *Herstellung* solcher Synthesen, die Möglichkeit der Selbstgebung des rein Logischen sieht (XIX/2, 719–727), läßt besonders aufmerken. Denn dadurch wird bei aller Wahrung der Gegenständlichkeit logischer Gebilde deren Verdinglichung gemieden und somit auch jene fragwürdige Hypostasierung des Logischen zurückgenommen, mit der Husserl sich in den Prolegomena – und sei es auch nur zur pointierten Abhebung der reinen Logik gegen den logischen Psychologismus – in die Nähe eines logischen Ideenrealismus begeben hatte. Dort konnten manche Formulierungen den Eindruck erwecken, als habe Husserl dem logischen Psychologismus nur durch einen logischen Platonismus zu entkommen gewußt. Dagegen bringt am Ende der *Logischen Untersuchungen* die Sinnklärung logischer Wahrheit zwar noch nicht die hinreichend deutliche Abkehr von einem Reich an sich bestehender logischer Ideen; doch bahnt sich mit der Aufdeckung ihrer ‚Konstitution' im erkennenden Bewußtsein mittels aktuell zu vollziehender Erfüllungssynthesen zumindest eine differenziertere Sichtweise an, die über die allzu einfache Entgegensetzung von ideal-objektiver, zeitlos gültiger Wahrheit an sich und ihrem bloß subjektiven Erfassen in flüchtigen psychischen Akten hinausweist.

Husserl hat sich allerdings in der sechsten Untersuchung ausdrücklich auf sehr einfache logische Sachverhalte beschränkt, für deren kategorial-anschauliche Erfüllung denn auch der Fundierungszusammenhang mit entsprechenden sinnlichen Fundamenten relativ leicht aufzufinden war. Auch hob er hervor, daß damit das im engeren Sinne logische Gebiet, nämlich des formalen Schließens, noch gar nicht erreicht sei. Die „mittelbaren Evidenzen" der reinen Logik blieben also vorläufig noch außer Reichweite für die phänomenologische Analyse. Offen blieb einstweilen auch, wann Husserl dieses Gebiet, auf das die sechste Untersuchung nur einen allgemeinen Ausblick bot, betreten würde. Das sollte auch davon abhängen, welche Dringlichkeit für Husserl eine Fülle von Fragen hatte, die in seinem phänomenologischen Erstlingswerk nur erst hervorgetreten waren, ohne daß sich aber in ihm auch schon Wege der Lösung abgezeichnet hätten.

Eine geradlinige Fortsetzung der bisherigen Arbeitsweise schien deshalb kaum denkbar. Auch wer die *Logischen Untersuchungen* in der Eigengewichtigkeit ihrer Probleme nimmt und ihnen nicht schon in fragwürdiger Rückschau aus später gewonnenen Problemaspekten ‚Tendenzen' zur späteren Ausgestaltung der Phänomenologie – die füglich erst von dieser her zu erkennen wären – substruiert, muß erkennen, daß nicht nur die aufgeworfenen Fragen in diesen Einzeluntersuchungen in größere Problemtiefen drängten, sondern daß auch das spürbar Fragmentarische ihrer Lösungsansätze weitere Durchdringung forderte. Damit konnte freilich nicht auch schon jene radikal neue Grundhaltung angezeigt sein, wie Husserl sie wenige Jahre später eingenommen und als Grundvoraussetzung eigentlichen phänomenologischen Forschens postuliert hat. Sie nachträglich in Husserls Werk von 1901 hineindeuten zu wollen, wie dies zuweilen – und allerdings im Sinne Husserls selber, der in der Rückschau nicht selten teleologischer Selbstinterpretation verfiel – geschah, würde die Gefahr bringen, daß Husserls phänomenologisches Frühwerk auf eine bloße Vorarbeit für seine transzendentale Phänomenologie verkürzt würde.

Es charakterisiert indes Husserls *Logische Untersuchungen*, daß sie nicht nur von keinem sachhaltigen philosophischen Konzept getragen sind, sondern daß sie auch auf keine bestimmte philosophische Position zusteuern, als läge eine solche andeutungsweise bereits in ihrem Horizont. Sogar ihre ausdrückliche Zielsetzung, die Neubegründung der reinen Logik und Erkenntnistheorie, blieb auffallend bescheiden; schien ihr doch schon dann genüge getan, wenn statt einer neuen Theorie der Erkenntnis lediglich „Besinnung" und „Verständigung" über das Wesen von Denken und Erkennen in Gang gebracht würde.

Man muß nicht einmal Husserls strengen Theoriebegriff, wie er ihn adäquat nur in deduktiven Systemen der exakten Wissenschaften verwirklicht fand, heranziehen, um freilich die Nichttrivialität solcher Theorieabstinenz zu erkennen. Ihren positiven Ausdruck fand sie in der Überzeugung, es könne dem gesetzten Vorhaben bereits mit einem Verfahren entsprochen werden, das lediglich auf präzise Exposition und Explikation, Durchsichtigkeit und Kontrollierbarkeit abgestellt war; und es könne ein derartiges Verfahren, zumal es ohne weiteres handhabbar erscheinen konnte durch alle, die sich nur hinlänglich in ihm geübt hatten, auch die reklamierte Wissenschaftlichkeit der Phänomenologie bereits garantieren.

Wohl war dergleichen nicht prinzipiell neu. Wo immer die Philosophie sich aller Metaphysik zu entschlagen, auf konstruktive Systementwürfe entschlossen zu verzichten gedacht hatte, da war sie dem Geist eines Positivismus verpflichtet gewesen, der sein Fortkommen nurmehr auf bestimmte analytische Prozeduren zur Erforschung von ‚Gegebenem' gesetzt hatte. Neu war dagegen bei Husserl, daß diesem Geiste nun in einer Problemebene jenseits bloßer objektiver Tatsächlichkeit entsprochen werden sollte, die in ihrer Dimensionierung nach Objektivem und Subjektivem keinen anderen Zugang bot als den einer philosophischen Reflexion. Eben deshalb war denn auch für das phänomenologische Verfahren keinerlei Instrumentarium aus den objektiven, ausschließlich objektbezogenen Wissenschaften zu entlehnen. Konnte aber die für die gesetzte Aufgabe geforderte Reflexion auch schon damit in Gang gebracht sein, daß in ihr lediglich in Abkehr des geraden Blicks auf das nur Gegenständliche nun auch dessen Beziehungen zum erkennenden Bewußtsein mit umfaßt wurden, damit in derartigen Beziehungen abermals pure Objekte, wenngleich höherer Ordnung, vorfindlich wurden?

So bedeutsam und erkenntnistheoretisch fruchtbar die Erträge derartiger reflektiver Analysen im einzelnen auch ausfielen, so wenig war doch schließlich ihre Begrenzung zu übersehen. Gewiß war diese durch Art und Reichweite dessen, was innerhalb ihres Rahmens zur Gegebenheit zu bringen war, als bewußte Vorläufigkeit hinzunehmen; auf längere Sicht mußte sie sich jedoch als unannehmbar erweisen. Sie hätte auch der inneren Konsequenz Eintrag getan, die in jeder Reflexion, die einmal als philosophische Reflexion auf den Weg gebracht wird, beschlossen liegt: Weniger auf extensive Ausweitung als vielmehr auf intensive Durchdringung angelegt, kann philosophische Reflexion sich konkretisieren und voll entfalten nur in einer ihr eigentümlichen Folge von Stufen. Ihre reflektive Iteration aber macht es, daß dabei nicht bloß fort- und über schon Begangenes hinweggeschritten, sondern daß auch mit jeder weiteren in die verlassene Stufe erneut eingedrungen wird und die Reflexion insoweit sich selber durchsichtig zu machen bestrebt sein muß.

Husserl wird fortan der Notwendigkeit solchen Reflektierens nicht ausweichen. Vielmehr wird er sich ihr in einem gewandelten Problemrahmen auf grundlegend neue Weise stellen. Eingehende Studien Kants nach Abschluß der *Logischen Untersuchungen* legten ihm schließlich nahe, die Fülle und höchst disparate Vielfalt von Einzelthemen fortan unter das Leitthema einer phänomenologischen Kritik der Vernunft zu stellen. Für sie wenigstens einen allgemeinen Entwurf zu geben und zu begründen, bedeutete für ihn zugleich auch die Rechtfertigung der eigenen philosophischen Existenz.

Gleichwohl wird Husserl weiterhin Phänomenologe bleiben – mit einem analytischen Rüstzeug, das nicht aufgegeben wird, sondern das der neu zu entfaltenden Grundsatzproblematik anzumessen sein wird. Daraus wird eine transzendentale Phänomenologie entstehen, deren prinzipiell neuartige Idee einer wissenschaftlichen Philosophie nicht in traditionellen Systembegriffen der Philosophie gefaßt werden kann.

Abschnitt B

WELT UND BEWUSSTSEIN
IN DER REINEN PHÄNOMENOLOGIE

Kapitel I

ZUGÄNGE ZUR TRANSZENDENTALEN THEMATIK

*§ 1 Die Idee der Phänomenologie*
*als Grundwissenschaft der Philosophie*

Wenige Jahre nach dem Erscheinen der *Logischen Untersuchungen*
begann Husserl mit der Ausarbeitung seiner „reinen oder transzendentalen" Phänomenologie. Die zweifache Charakterisierung, nicht
immer unmißverständlich verwendet, beinhaltete nicht nur zwei
grundlegende, sondern auch grundlegend verschiedene methodische
Maßnahmen, die indes miteinander erst Sinn und Leistung der transzendentalen Phänomenologie Husserls ausmachen und bis zuletzt
prägen sollten. Husserl nahm darin Grundprobleme der klassischen
Philosophie der Neuzeit auf – nicht jedoch, um so den Anschluß an
die Tradition zurückzugewinnen, sondern in der Absicht, deren Fragestellungen in einer nicht mehr zu überbietenden Weise zu radikali-
sieren.

Das Ansinnen kam nicht von ungefähr. Die bereits gewonnenen
Ansätze phänomenologischer Analyse waren nicht bloß fortzuführen,
sondern auch zu systematisieren. Hatte dafür in den voraufgegangenen Untersuchungen die Dominanz der Erkenntnisakte bereits den
leitenden Gesichtspunkt geboten, so förderte überdies die Besinnung
auf Kant sowie auf Descartes die Strukturierung einer Grundlagenproblematik, die Subjekt und Objekt, Denken und Sein, Vernunft
und Wirklichkeit gleichermaßen umschloß, die aber beständig auch
vor die Frage stellen würde, wie das eigene philosophische Beginnen
zu begründen und seine Wege zu rechtfertigen seien.

Dafür schien gegenüber der Tradition ein neuer Ansatz vonnöten. Der sichere Gang einer Wissenschaft, wie ihn Kant für die Philosophie als dringlich erachtet hatte, war bislang nicht erreicht worden. Sollte nunmehr die Phänomenologie sich zutrauen dürfen, ihn anzutreten, so war offenkundig mehr zu leisten als nur die fortschreitende Verfeinerung der phänomenologischen Aktanalyse. Allerdings würde Methode das Herzstück auch der transzendentalen Phänomenologie bleiben; schien doch von ihr nichts Geringeres abzuhängen als die Wissenschaftlichkeit der Phänomenologie. Für die Philosophie ebenso oft reklamiert wie verfehlt, sollte sie in der Phänomenologie, und durch die Phänomenologie für die Philosophie insgesamt, endlich Wirklichkeit werden – nicht durch Programme und Deklamationen, sondern durch „erledigende Arbeit" (III, 314), durch nüchtern-geduldige Hingabe an die Sache der Philosophie. Diese aber ließ sich nicht nur nicht vorweisen wie ein Gegenstand; sie ließ sich auch nicht einmal umgrenzen nach dem Vorbild der Gegenstandsbereiche in den Fachwissenschaften. Extensiv war das Feld der Philosophie ohnehin nicht kleiner als ,die Welt'. Doch mußte die Philosophie als transzendentale Phänomenologie Weltwissenschaft in gänzlich anderem Sinne als die weltlichen Wissenschaften werden: Nicht nur sollte sie deren Wissen noch anders und tiefer begründen, als es mit den eigenen Mitteln der Wissenschaften geschehen konnte; sie hatte auch sich selbst eine Begründung zu geben und sie als Selbstbegründung kritisch zu rechtfertigen. In diesem Sinne sollte die transzendentale Phänomenologie Grundwissenschaft der Philosophie werden[25].

In der damit zu eröffnenden Tiefendimension aber lauerten Gefahren und Verhängnis. Nicht nur entstand die Frage, ob die von Husserl geforderte und ständig geübte kritische Selbstbesinnung eine phänomenologische Aufgabe nach allgemein zustimmungsfähiger Methode sein könne; vor allem lag auch mit der Aufnahme der Letztbegründungsproblematik längst geläufige Kritik bereit – drohte hier doch entweder ein circulus vitiosus oder aber ein unwissenschaftlicher

---

[25] Husserl hat seine Untersuchungen von Anfang an mit kritischen Fragen zu ihrer Rechtfertigung begleitet, und sein Postulat der strengen phänomenologischen Wissenschaft oder der phänomenologischen Grundwissenschaft schloß Selbstbegründungspflichtigkeit ein. Dazu hier zusammenhängend Abschn. D, Kap. II.

Dogmatismus, um den sonst anscheinend unvermeidbaren regressus in infinitum zu beenden. Wird Husserl dergleichen Einwände entkräften können, ohne seinen Begründungsabsichten die Wissenschaftlichkeit seines Unternehmens zu opfern? Oder würde am Ende die transzendentale Phänomenologie dem Gedanken der Letztbegründung einen neuen, bisher ungeahnten Sinn geben können?

Husserls kraftvolle Entschiedenheit des ‚Anfangens', die insbesondere seine Begründungsschriften der mittleren Periode durch alle Verästelungen ihrer Detailprobleme hindurch getragen hat, bezog ihre Impulse nicht zuletzt aus der unerschütterlichen Überzeugung, daß der gesuchte Grund alles Wissens und Erkennens sich nicht als Abgrund zeigen werde, in dessen finsteren Schluchten sich nur noch Tiefsinn als „Anzeichen des Chaos" anzusiedeln vermöchte, sondern daß er bis in alle Tiefen hinein rational beherrschbarer Grund sei, ein klar strukturierter „Boden", wie ihn Husserl gern apostrophiert, den zu erreichen und auszumessen allein eine Frage des genauen Sehens und Analysierens, der deutlichen Begriffe und klaren Formulierung sein würde. „Echte Wissenschaft kennt, soweit ihre wirkliche Lehre reicht, keinen Tiefsinn. Jedes Stück fertiger Wissenschaft ist ein Ganzes von Denkschritten, deren jeder unmittelbar einsichtig, also gar nicht tiefsinnig ist ... Die Ahnungen des Tiefsinns in eindeutige rationale Gestaltungen umzuprägen, das ist der wesentliche Prozeß der Neukonstitution strenger Wissenschaften"[26].

Für die Phänomenologie, sollte auch sie strenge Wissenschaft werden, mußte weiteres hinzukommen. Als philosophische Grundwissenschaft bedurfte sie nicht allein, wie alle Wissenschaften, der deutlichen Exposition ihrer Fragen und fest umrissener, kontrollierbarer Methoden für deren Bearbeitung. Ihre philosophische Strenge hing überdies wesentlich an dem, wonach ihr als Grundwissenschaft zu fragen oblag: an jenen Quellen, Ursprüngen, Gründen, die sich als nicht weiter hintergehbar und insofern als absolute Letztgegebenheiten oder auch, nach einer später häufigen Wendung Husserls, als „absolute Anfänge" erweisen mußten.

---

[26] E. Husserl, Philosophie als strenge Wissenschaft (1910/1911), Frankfurt am Main 1965 und 1985, jetzt auch XXV, 3–62, hier 59. Husserl hat diese Überzeugung niemals abgeschwächt, geschweige denn revoziert, vgl. z. B. V, 139.

Damit aber begab sich gerade die Phänomenologie in eine sonderbare Situation. Ein Anfang ist allemal nichts, auf das sich geradewegs zusteuern ließe wie sonst auf ein Untersuchungsobjekt. Stets Anfang von etwas, das aus ihm geworden ist, kann er nicht anders als durch dieses als Anfang aufgesucht und somit nur durch etwas ausgemacht werden, das etwas anderes als er selber ist. Anfänge lassen sich nur von dem her freilegen, wozu sie geführt haben. Ihr Finden ist ein Zurückfinden von höchst vermittelter Art. So ist ein derartiger Rückgang zu ihnen alles andere als einfach ein richtungsinvers getreues Spiegelbild des Hinweges von einem Anfang zu seinem Resultat. Vielmehr trägt er alle methodischen Lasten eines zwangsläufig rekonstruktiven Verfahrens.

Husserl ist sich dessen erst spät bewußt geworden. Der scheinbar harmlose Doppelsinn seines Vorhabens, anfangen zu wollen mit nichts anderem als mit der Suche nach ‚Anfängen', nämlich den Ursprüngen alles Wissens und Erkennens, ließ diesbezüglichen erkenntniskritischen Erwägungen nicht sogleich Raum. Jedenfalls aber gebot er fürs erste Einhalt im bisherigen phänomenologischen Tun.

Denn offenkundig soll die Phänomenologie nunmehr beginnen, ihren Weg zu etwas zu nehmen, das ihr im bisherigen Sinne gar nicht gegeben ist, sondern das sie in einer Folge von regressiven Schritten erst aufsuchen muß. Dann aber kann sie nicht fortfahren wie bisher und sich weiter geradewegs nur solchem Gegebenem zuwenden, wie sie es in den Erlebnissen des Bewußtseins angetroffen hat. Sind ihr auch diese zwar nur reflektiv vorfindlich und werden sie sogar erst in der Reflexion zu dem, als was sie sich darbieten, so sind sie in ihr doch ohne weitere Vermittlung gegeben, so daß Husserl sogar von ihrer direkten Erschaubarkeit sprechen konnte. Nun aber galt es für die transzendental zu begründende Phänomenologie zunächst, mancherlei Rückwege anzutreten: von den Arten und Formen vorfindlichen Wissens, das jetzt nicht mehr ihr Gegebenes sein konnte; von einem gemeinhin anerkannten oder zumindest behaupteten Bestand an Erkenntnissen, die jedoch nicht auch ihr ohne weiteres zugute kommen und lediglich die Ausgangsbasis für den anzutretenden Regreß abgeben durften. Wie aber würde er aussehen, und wohin würde er zuletzt führen?

Als phänomenologischer Regreß steht er im Zeichen eines spezifischen Ursprungssinnes: der Herkunft aller Erkenntnis aus den ursprünglichen Bedingungen ihrer Geltung. Deshalb gewinnen die eingeführten Grundunterscheidungen von Erkenntnis und Gegenstand sowie insbesondere von intentionalem und wahrem Gegenstand jetzt besonderes Gewicht. Waren sie bisher phänomenologisch einfach hinzunehmen gewesen und lediglich aktanalytisch einer ersten Durchsicht unterzogen worden, so sind sie im Rahmen der neuen Fragestellung nicht mehr bloß reflektiv gegeben, sondern werden zu fundamentalen Problemen. Fundamental sind diese nicht nur insofern, als jene Grundbeziehungen alle Erkenntnis strukturell gleichermaßen betreffen, sondern als sie auch unter tief eingewurzelten Selbstverständlichkeiten verborgen liegen und als Probleme erst freigelegt werden müssen.

Zu diesen Selbstverständlichkeiten gehört, daß es Dinge, Sachverhalte, Vorgänge gibt inmitten der Welt. Zwar nicht in derselben Weise wie jene gegeben, ist mit ihnen die Welt jedoch ebenso fraglos da wie sie, ihre Horizonte bildend, sich ausbreitend ins Unbestimmte und Unbekannte. So lehrt es die Erkenntnis im gewöhnlichen Leben wie in den Wissenschaften gleichermaßen. Sie ist dadurch gekennzeichnet, daß ihr die Leistung der Erkenntnis, trotz vielfältigen Irrtums und Widerstreits im einzelnen, niemals grundsätzlich zweifelhaft wird. Daß Erkenntnis ihre Gegenstände zu erfassen gestatte, wie sie sind, daß Anschauung und Denken sie zu ‚treffen‘ vermögen, ist in dieser ‚natürlichen Einstellung‘ fraglos gewiß. Für erkenntniskritische Bedenken gibt es in ihr keinerlei Anlaß.

Anders aber, wenn in der philosophischen Einstellung derlei Erkenntnis nicht geradehin vollzogen, sondern reflektiert wird. In ihr wird Erkenntnis überall zum Rätsel: wie denn zu sichern sei, daß sie ihre Objekte erreiche oder sie verfehle; wie überhaupt zu verstehen sei, daß sie sie erreichen könne. Denn Erkenntnis ist als subjektives Gebilde von ihren Objekten, die ‚jenseits‘ des Bewußtseins liegen, unüberbrückbar geschieden. Erkenntnis ist demnach mit dem *Rätsel der Transzendenz* behaftet.

Es ist so alt wie die Erkenntnistheorie. Skeptizismus schien seine nächstliegende Lösung zu sein – sei es, daß ein metaphysischer Skeptizismus die Möglichkeit von Erkenntnis prinzipiell bezweifelte oder vollends bestreiten ließ; sei es, daß er zu einem methodologischen Skeptizismus wurde oder daß er, wie bei Descartes, nur dazu gedacht war, metaphysische Skepsis um so wirksamer aufzuheben.

Keines solcher Argumente bleibt für Husserl in Kraft. Skepsis ist gar nicht das Problem, das ihn bewegt. Auch „im skeptischen Medium, das die erkenntniskritische Reflexion ... notwendig erzeugt" (II, 24), gilt es für Husserl nicht, zu bezweifeln, was nicht zu bezweifeln das Erkennen in natürlicher Einstellung alles Recht hat. Vielmehr gilt es zu begreifen, was in aller Erkenntnis statthat und statthaben muß, damit sie das ihr Zuerkannte leisten kann. So ist für Husserl die Frage nicht, ob Erkenntnis ihr Objekt überhaupt zu treffen vermöge. Seine Frage lautet einzig, wie es zu begreifen sei, daß Triftigkeit ihr zugeschrieben wird, und was die Rede von Erkenntnis, ihrer Gültigkeit und Wahrheit meine und rechtmäßig einzig meinen könne. Nur unter diesem Aspekt wird von Husserl Erkenntnis „in Frage gestellt" – und dies in einer radikal und konsequent durchgeführten Maßnahme, die fortan das methodische Grundgeschehen seiner Phänomenologie ausmacht.

Scheint aber damit nicht der Erkenntnistheorie selber aller Boden entzogen zu sein? Darf sie keine Erkenntnis als vorgegeben gelten lassen, muß sie auch die eigene in Frage stellen. Demnach wäre sie vollends am Ende, da sie nicht einmal beginnen könnte. Dieser Selbsteinwand dient Husserl jedoch nur dazu, zunächst den maßgeblichen Gesichtspunkt zu gewinnen, unter dem von nun an Bewußtsein betrachtet werden soll.

Dafür muß nunmehr genauer gefaßt werden, was unter Gegenständen des Bewußtseins zu verstehen ist. Die bereits hervorgetretene Dreigliederung der intentionalen Beziehung nach Akt, intentionalem und wirklichem Gegenstand macht zunächst das in Rede stehende Rätsel der Erkenntnis genauer lokalisierbar: Nicht liegt es in der Beziehung des Aktes zu seinem intentionalen Gegenstand, der jedem Akt strukturell zugehört; weshalb auch diese Beziehung noch gar keine Erkenntnisbeziehung ist. Rätselhaft ist dagegen die Beziehung des Aktes auf den wirklichen Gegenstand. Sie ist es, die, im Unterschied zur ersteren, die Intentionalität erkennender Akte ausmacht. Denn nicht bloß ist sie Beziehung ,zu' etwas, sondern ,auf' etwas, nämlich auf den wirklichen Gegenstand. Dieser ist – anders als der bloß intentionale – der intendierte Gegenstand; er ist der eigentlich ‚gemeinte‘. Deshalb stehen allein für ihn alle Möglichkeiten, ihn zu treffen oder zu verfehlen, ihn vollständig, teilweise oder gar nicht zu erreichen, prinzipiell offen.

Unstrittig ist andererseits, daß der intendierte Gegenstand nicht anders erreicht werden kann als vermittels intentionaler Gegenstände[27]. Das macht es, daß das Problem der Erkenntnis nicht einfach ein Problem von Akt und Gegenstand, sondern wesentlich ein Problem der *Relation zweier Arten von Gegenständlichkeit und der Beziehbarkeit der einen auf die andere* ist. Im gelungenen Erkenntnisakt liegt dann, so will es scheinen, eine ‚Entsprechung‘ zwischen beiden Gegenständlichkeiten vor. Nicht selten wurde sie als Abbildrelation dargestellt dahingehend, daß ein intentionaler Gegenstand als eine ‚Vorstellung‘ des wirklichen, intendierten Gegenstandes im Bewußtsein verstanden wurde, die von diesem ein mehr oder weniger getreues Bild zu geben vermöchte.

Sich solchermaßen vom wirklichen Gegenstand ‚ein Bild machen‘, stößt indes erkenntniskritisch auf die bekannten Schwierigkeiten: Damit die Bildtreue der Vorstellung überprüft werden könnte, müßten das Bild und sein Gegenstand als getrennte Entitäten aufzuzeigen und zu überprüfen sein. Dazu bedürfte es jedoch eines Standortes außerhalb beider, wohingegen der Relation zwischen ihnen niemals zu entkommen ist und auch die Überprüfung des vermeintlichen Abbildverhältnisses wiederum nur vermittels anderer intentionaler Beziehungen und ihrer Gegenstände möglich wäre. Was die Bildmetapher allenfalls nahelegen könnte, ist der Umstand, daß es intentionale Gegenständlichkeit auch ohne Wirklichkeitsbezug gibt, Gegenständlichkeit in ‚bloßen‘ Vorstellungen, welcher außerhalb derartiger Vorstellungen nichts entspricht. Doch ist auch sie Gegenständlichkeit des Bewußtseins, ihm als sein Korrelat intentional immanent, wogegen ein wirklicher Gegenstand bewußtseinstranszendent ist.

---

[27] Weshalb einem intendierten Gegenstand stets mehrere intentionale Gegenstände zugehören, wird am deutlichsten aus Husserls Analysen zu Noesis und Noema. Dazu hier Abschn. B, Kap. II, § 2.

Bei dieser Unterscheidung von Immanenz und Transzendenz kann es in der natürlichen Einstellung sein Bewenden haben. Erkenntnistheoretisch jedoch verbirgt sich hinter ihr eine unvermeidbare Doppeldeutigkeit. Sie ist bedingt durch die Tatsache, daß auch der wirkliche Gegenstand, obzwar transzendent bezüglich seiner entsprechenden immanenten Gegenstände, gleichwohl nicht schlechthin außerhalb der intendierenden Akte liegt. Sonst bliebe er nicht nur grundsätzlich unerkennbar; er könnte auch gar nicht sein, was sein Name besagt: Gegenstand, der gerade als wirklicher Gegenstand erkannt werden soll und sich als dieser in seiner Bewußtseinstranszendenz von aller bloß intentionalen, bewußtseinsimmanenten Gegenständlichkeit unterscheidet. Die prinzipielle Nichthintergehbarkeit der Relation zwischen intentionalem und wirklichem Gegenstand ist deshalb nur der negative Ausdruck für den Tatbestand, daß nicht allein die intentional-immanente Gegenständlichkeit, sondern auch die Differenz von immanenter und transzendenter Gegenständlichkeit selber in das erkennende Bewußtsein fällt.

Daraus resultiert zwangsläufig ein weiterer Begriff von intentionaler Immanenz. Er gehört allerdings nicht der Problemdimension der natürlichen Erkenntnisrichtung, sondern der der Reflexion auf diese zu. Deshalb wird auch mit ihm jene vorgängige Differenz von Immanenz des intentionalen und Transzendenz des wirklichen Gegenstandes in der natürlichen Einstellung keineswegs getilgt. Sie wird im Gegenteil in der erkenntnistheoretischen Reflexion selber Gegenstand und nur so überhaupt bestimmbar.

Bewußtseinsimmanenz dieses neuen Sinnes ist es, die als transzendentale Immanenz künftig eine Schlüsselrolle in Husserls Phänomenologie spielen wird. Sie steht zur Transzendenz des wirklichen Gegenstandes in der natürlichen Einstellung nicht in Widerspruch. Vielmehr indiziert sie Husserls neue Sichtweise, aus der Transzendentes präzis als solches, nämlich in seiner Differenz zu bloß Intentionalem, begriffen werden kann. In ihr zeigt sich Bewußtsein in einer neuen, erst allmählich voll aufzuklärenden Funktion: Es ist eines, erkennend sich richten auf transzendente Gegenstände, um sie zu bestimmen; ein anderes, sich richten auf die Transzendenz der Gegenstände, um diese zu bestimmen – und auszuweisen. Ist im ersten Fall

Erkenntnis bezogen auf Gegenstände, deren wirkliche Existenz unreflektiert vorausgesetzt, unausdrücklich mitgemeint ist, so geht sie im zweiten Fall auf das Wirklichsein der Gegenstände und damit auf etwas, das, in Kants Ausdrucksweise, „kein reales Prädikat" ist, weshalb für Kant die objektive Realität der Gegenstände eigens des erkenntnistheoretischen Nachweises bedurfte.

Anklänge an Kants transzendentale Fragestellung sind bei Husserl nicht zufällig. Auch ihm wird die Bedingungsfrage möglicher gültiger Erkenntnis zur Grundfrage der Phänomenologie unter der Zielsetzung einer neuen Vernunftkritik. Abweichungen sind indes von Anfang an unübersehbar; und was in der Phänomenologie letztendlich als Bedingungen der Möglichkeit nicht bloß der Erkenntnis, sondern auch der Gegenstände der Erkenntnis zutage tritt, weicht von Kants transzendental-subjektivem Apriori nicht zum wenigsten darin ab, daß jene Bedingungen sich phänomenologisch als andere erweisen; wie denn bereits die Möglichkeitsfrage phänomenologisch als spezifische Frage der *Sinnaufklärung der Erkenntnis* anders gelagert ist. Auch wird sie bei Husserl in einer Konstitutionstheorie behandelt, die in Kants Philosophie kein Analogon hat.

Die Frage der Konstitution rückt bald in den Mittelpunkt der Husserlschen Philosophie und wird auch in allen ihren späteren Weiterungen über die zunächst vorherrschenden erkenntnistheoretischen Prätentionen hinaus ihr Problemzentrum bleiben. Vornehmlich an ihrer Behandlung läßt sich verdeutlichen, was mit Recht als *Husserls Wende* bezeichnet worden ist – ihrer Art nach einzig und nur als einzige möglich; in ihrer Bedeutung folgenschwer, da hier für eine Phänomenologie, die sich weiterhin als beschreibende Disziplin verstand, eine transzendentale Problematik aufbrach und ihr eben erst umrissenes Untersuchungsfeld, das intentionale Bewußtsein, nunmehr in seinem Fungieren als transzendentales Bewußtsein analytisch zugänglich gemacht werden mußte.

In Frage steht für die Phänomenologie die Erkenntnisleistung dahingehend, daß der Sinn des Geltungsanspruchs von Erkenntnis ungeklärt ist. Anders gewendet, es geht um den Sinn der Unterscheidung zwischen gültiger und bloß prätendierter Erkenntnis. Dieser „Vernunftgegensatz" (III, 303) hängt ersichtlich nicht in erster Linie an den Erkenntnisakten, sondern am Erkenntnisgegenstand. In beiden Fällen wird er als wirklich bestehend intendiert, das eine Mal jedoch getroffen, das andere Mal verfehlt. Wie aber kann er überhaupt getroffen – und nur dann auch verfehlt – werden? Da das Rätsel der Transzendenz sich als lösbar nur innerhalb des Gefüges der intendierenden Akte und ihrer Beziehungen untereinander erweist, lautet die Kernfrage nunmehr, wie sich *im Aktgefüge selbst* Transzendenz ausweisen und somit echte von bloß vermeintlicher Transzendenz scheiden läßt.

Es versteht sich, daß für die Bearbeitung dieses Problems keinerlei Erkenntnis in Anspruch genommen werden kann, in der Transzendentes als solches vorausgesetzt ist. Eben dies aber geschieht nicht nur in der alltäglichen Lebenserfahrung, sondern auch in den positiven Wissenschaften. Desgleichen geschah es in der philosophischen Überlieferung, insbesondere in der Ontologie und Metaphysik. Auch sie unterliegen deshalb der phänomenologischen Erkenntniskritik und bedürfen ihrerseits der Sinnklärung dessen, was für sie Sein und Seiendes heißt und vernünftig allein heißen kann. Das aber verlangt den Rückbezug auf die Akte ontologischen Erkennens, da diese von Sein und Seiendem nicht zu trennen sind und „erkennende Vernunft bestimmt, was Seiendes ist" (II, 22 f.; VI, 9). Das immer wieder umstrittene Verhältnis von Ontologie und Erkenntnistheorie, mit wiederholtem Platzwechsel der systematischen Folge jahrhundertelang diskutiert, wird von Husserl im Sinne der Vorrangigkeit der Erkenntnistheorie entschieden. Denn erst die Erkenntniskritik kann zur Klärung ontologischer Seinsbehauptungen führen (II, 22 ff.).

Husserl hat deshalb seine Erkenntniskritik mit einigen *Reduktionen* eröffnet und diese damit begründet, daß von den Erkenntnissen der

Wissenschaften, aber auch von den Lehrmeinungen der überlieferten Philosophie in der phänomenologischen Grundwissenschaft keinerlei Gebrauch gemacht werden darf. Schrittweise durchgeführt, verlangen dergleichen Reduktionen ein vorläufiges Absehen von allen wissenschaftlichen wie auch philosophischen Stellungnahmen zu transzendenter Existenz. Insoweit sind diese Reduktionen jedoch noch nicht von spezifisch phänomenologischer Provenienz. Das ist um so mehr festzuhalten, als Husserl nicht immer hinreichend deutlich von ihnen eine grundlegend andere, genuin phänomenologische und ganz einzigartige reduktive Maßnahme unterschieden hat. Zunächst als erkenntnistheoretische Reduktion eingeführt (II, 39 ff.), heißt sie dann genauer transzendentalphänomenologische Reduktion, einfacher auch phänomenologische oder *transzendentale Reduktion*[28].

Diese Reduktion – und sie allein – eröffnet das transzendentalphänomenologische Forschungsfeld Husserls in seinem ganzen Umfang. Daß sie nicht mehr und nicht weniger als dieses ausrichtet, charakterisiert ihre Bedeutung für die Husserlsche Methode.

Um das Transzendenzproblem einer Lösung näher zu bringen, reichen die eben erwähnten bloß abstraktiven Reduktionen nicht aus. Denn handelt es sich bei ihnen jeweils um eine gebietsspezifische Ausklammerung von bestimmten Erkenntnisbereichen, so ist davon offenkundig die bewußtseinstranszendente Wirklichkeit im ganzen noch gar nicht betroffen. Um ebendiese aber soll es in der transzendentalen Reduktion gehen. Was hat demnach in dieser Reduktion zu geschehen, und wie läßt sie sich vornehmen? Wohin genau führt sie, und wie schließlich läßt sie sich phänomenologisch rechtfertigen?

Husserl hat auf diese Fragen einen nicht geringen Teil seiner Forschung verwandt. Die transzendentale Reduktion erwies sich vor allem als ein Problem des rechten Zugangs und der angemessenen Durchführung, das immer wieder vor unerwartete Schwierigkeiten stellte: Zum einen mußte sie auf einen Bereich von Gegebenheiten führen, die vom Rätsel der Transzendenz nicht betroffen sind, sollte die

---

28 Husserl gebraucht den Terminus ,Reduktion' mehrfach äquivok. Von einer Vielzahl seiner reduktiven Maßnahmen unterscheidet sich die transzendentale Reduktion in ihrer Einzigartigkeit grundlegend und ist daher sprachlich nur im Singular verwendbar. Dazu hier S. 72.

Phänomenologie bei dem Versuch, dieses Rätsel zu lösen, ihm nicht selber verfallen. Zum anderen durfte dieser Bereich aber nicht so von aller Transzendenz losgelöst sein, daß diese in ihm nicht einmal mehr zu einer phänomenologisch zugänglichen Frage werden konnte. Überdies mußten jene Gegebenheiten nicht bloß transzendenzfrei und mithin in einem bestimmten Sinne bewußtseinsimmanent sein. Sie mußten auch absolut zweifelsfrei sein können, wenn die Phänomenologie das Transzendenzproblem nicht von grundsätzlich anfechtbaren Voraussetzungen her angehen wollte.

Diese Bedingungen können, wenn überhaupt, einzig die intentionalen Bewußtseinserlebnisse oder, in Husserls terminologischer Anlehnung an Descartes, die cogitationes erfüllen. Indem immanente Wahrnehmung ihrer inne wird, sie ohne Vermittlung durch anderes und insofern rein ,schauend' gewahrt, sind sie qua cogitationes in der Tat zweifelsfrei gegeben, wie immer es mit der Existenz ihres intendierten Gegenstandes stehen mag, und jeder Versuch, sie in Zweifel zu ziehen, wäre zu einsichtigem Scheitern verurteilt[29].

Darüber hinaus hat Husserl die cogitationes aber auch als „absolute Gegebenheiten" und ihre Erkenntnis als „absolute Erkenntnis" bezeichnet. Es ist nicht zu übersehen, daß in beiden Charakterisierungen außer der Zweifelsfreiheit der Existenz der cogitationes noch ein Doppeltes liegen kann. Sollte diese Erkenntnis so verstanden werden, als sei sie als absolut gültige Erkenntnis zu qualifizieren, so entspräche sie dem Ideal einer Unerschütterlichkeit, die über alle noch so wohlbegründete subjektive Gewißheit hinausginge und die Garantie ihrer Wahrheit ein für allemal in sich trüge. Eine so verstandene Absolutheit der Erkenntnis wird in der Phänomenologie Husserls nicht erreicht. Sie wird von ihr auch gar nicht beansprucht. Manchen von Husserl anfänglich allzu unbekümmert formulierten Behauptungen zum Trotz reklamiert seine Phänomenologie für ihre Erkenntnisse unumstößliche Geltung nicht – so wenig, daß sie vielmehr zeigt, daß es und warum es für ihre Einsichten unerschütterliche Wahrheit nicht

---

[29] Husserls Argument ist hier (z. B. III, 85), daß es prinzipiell unmöglich ist, das in der immanenten Wahrnehmung gewahrte Erlebnis zu negieren. Dabei ist vorerst offen, ob sich die Zweifelsfreiheit des Erlebnisses weiter als auf seine Existenz und seine Grundstruktur als cogito-cogitatum erstreckt.

geben kann. Das verhindert bereits die prinzipielle Unabschließbarkeit, Korrekturbedürftigkeit und Korrekturfähigkeit phänomenologischer Analyse. Nicht zuletzt auch darin lebt Husserls Phänomenologie aus dem Geist strenger Wissenschaft: „Es ist der Stolz, sogar das Recht der Phänomenologie, auch irren zu dürfen"[30]. Wohl steht auch die Phänomenologie wie alle Wissenschaft unter der Idee der Wahrheit; sie bleibt ihr ständiges Regulativ. Eben deshalb aber verbleiben alle ihre Erkenntnisse „wesensmäßig in Relativitäten", und auch die transzendentalphänomenologische Erforschung der ‚letzten' Gründe und Ursprünge bringt es zu absolut unumstößlichen Einsichten, und zwar aus ihr selbst einsichtigen Wesensgründen, nicht[31].

So meint denn ‚absolute Erkenntnis' auch nicht absolute Gültigkeit der Erkenntnis, sondern Erkenntnis eines *absolut Gegebenen*. Auch diese kann wiederum in zweierlei Bedeutung gemeint sein; sei es, daß absolute Gegebenheit einen ausgezeichneten Gegebenheits*modus* charakterisieren soll, sei es, daß es sich um Gegebenes eines besonderen *Bereichs* von Gegebenheiten handelt, dem dergestalt die Dignität der Absolutheit zukommen soll.

Im erstgenannten Fall wäre Absolutheit keine Beschaffenheit, die einem Gegebenen von sich aus zukäme und phänomenologisch nur zu rezipieren und zu beschreiben wäre. Vielmehr würde absolute Gegebenheit eines Erkenntnisgegenstandes die methodische Forderung

---

[30] Brief Edmund Husserls an Arnold Metzger vom 4. 9. 1919, in: *The Philosophical Forum*, Vol. XXI, 1963–64, S. 65: „Es ist, pflege ich zu sagen, der Stolz der transzendentalen Phänomenologie und ihr Kennzeichen als strenger Wissenschaft, daß in ihr falsche Sätze möglich sind, falsche im strengen Sinne der Logik, die jeweils an und gegen Wahrheiten sich ausweisen. Nebulöse Unklarheit ist jenseits von logisch wahr und falsch . . .".

[31] Einige gegenteilig klingende Behauptungen Husserls beruhen zum einen auf der Konfundierung des gesuchten „absoluten Bodens" aller Erkenntnis und der „absoluten Rechtfertigung" der Einsichten der Phänomenologie – auch in den von ihr reklamierten absoluten Boden (so z. B. VIII, 35); zum anderen auf Husserls anfänglicher Gleichsetzung von apodiktischer und adäquater Evidenz. Absolute Rechtfertigung würde Endgültigkeit und Vollkommenheit der Evidenz der Rechenschaftsablage und mithin apodiktische und adäquate Evidenz fordern. Nachdem Husserl die beiden Evidenztypen entflochten hatte, kam er folgerichtig zu der Erkenntnis, daß absolute, d. h. endgültige und unumstößliche Erkenntnis für die Phänomenologie prinzipiell ausgeschlossen und daß auch für sie die Wahrheit nur eine im Unendlichen liegende Idee ist (so z. B. VIII, 398; XVII, 245).

implizieren, sie im phänomenologischen Verfahren herzustellen, nämlich jene identifizierenden Synthesen von Bedeutungsintention und
Bedeutungserfüllung zu vollziehen, welche die Evidenz des Gegenstandes verbürgt. Dessen absolute Gegebenheit wäre dann der ideale
Grenzfall seiner vollständigen, adäquaten Selbstgegebenheit.

Es ist festzuhalten, daß dieser ausgezeichnete Gegebenheitsmodus
nach Husserl nirgends erreicht werden kann. Vielmehr ist die Idee
des vollkommen bestimmten Gegenstandes, nicht anders als die Idee
der Wahrheit, nur eine im Unendlichen liegende Idee (XI, 20). Nur
als diese leitet sie die Analyse und hat insofern eine nicht aufgeb-
bare regulative Funktion. Der wiederholt von Husserl exponierte
Gegensatz zwischen der Gegebenheit transzendenter Gegenstände –
exemplarisch vorzugsweise der Wahrnehmungsgegenstände – und der
immanenten Wahrnehmung von Bewußtseinserlebnissen läßt daran
keinen Zweifel: Was dort und damit für alle Erfahrungsgegenstände
stets nur einseitig, in perspektivischen Abschattungen erscheint und
darum adäquate Gegebenheit nicht zuläßt, hat zwar hier insofern
keine Entsprechung, als immanent Gegebenes sich nicht abschattet.
Dafür aber hat es andere Unvollkommenheiten, die seiner adäquaten
Erfassung entgegenstehen: „Es ist seinem Wesen nach ein Fluß, dem
wir, den reflektiven Blick darauf richtend, von dem Jetztpunkte aus
nachschwimmen können, während die zurückliegenden Strecken für
die Wahrnehmung verloren sind" (III, 82), so daß auch die Zweifelsfreiheit der Erlebnisse strenggenommen nur für das momentane Jetzt
ihrer Wahrnehmung gilt (XI, 100, 277)[32].

Anders dagegen wäre absolute Gegebenheit gemeint, würde sie
sich nicht auf den Gegebenheitsmodus der cogitationes, sondern auf
ihre Zugehörigkeit zu einem Bereich beziehen, der sich als ein Bereich
absoluter Letztgegebenheiten erwiese. Husserl will die Absolutheit
der cogitationes in der Tat in diesem Sinne verstanden wissen. Darin
liegt jedoch keineswegs eine fragwürdige und phänomenologischen

---

[32] Aufschlußreich ist, daß Husserl in Rücksicht auf die Zeitstruktur des Bewußtseins schon 1913 bemerkt, daß das hier herauspräparierte Absolute (d. h. die cogitationes) „in Wahrheit nicht das Letzte" sei, da es seinerseits noch „seine Urquelle
in einem letzten und wahrhaft Absoluten" habe (III, 163). Weiteres dazu hier
S. 236 ff.

Untersuchungsprinzipien zuwiderlaufende metaphysische Vorentscheidung. Denn auch diese Absolutheit gewinnt ihre Bedeutung nur aus dem methodischen Zusammenhang der Husserlschen Phänomenologie: Absolute Gegebenheiten sind die cogitationes insofern, als sie als absolut ,letzte', irrelative Gegebenheiten von nichts anderem als nur wiederum von jeweils anderen cogitationes abhängig sind und mithin allein von etwas, das von der Art ihrer selbst ist. Sie auf etwas anderes zurückzuführen, ergäbe erkenntnistheoretisch keinen angebbaren Sinn, da jeder Versuch, hinter sie zurückzufragen, bereits von ihnen Gebrauch machen müßte.

Damit wird zugleich deutlich, daß *Absolutheit* als *Letztgegebenheit*, *Irrelativität*, sinnvoll nur dem gesamten *Bereich* der cogitationes oder dem Bewußtsein zugesprochen werden kann, während sie für einzelne Bewußtseinserlebnisse allein schon wegen der mannigfachen Fundierungs- und Abhängigkeitsverhältnisse, in denen sie zueinander stehen, widerspruchsvoll wäre. Dagegen kann die Forderung absoluter Gegebenheit bezüglich des *Gegebenheitsmodus* sinnvoll nur für die *einzelnen cogitationes* – und selbst für diese nur unter eingrenzenden Bedingungen – gelten, nicht aber für das Bewußtsein im ganzen, zumal dieses sich als ,Feld' von Erlebnissen erweisen wird, das gar nicht vollständig gebbar ist. Andererseits wird aus der in Rede stehenden Unterscheidung verständlich, inwiefern Husserl von ihm gleichwohl als von einem „Feld absoluter Erfahrung" wird sprechen können, sobald es durch die weitere Analyse genauer in Sicht getreten ist.

Zur Vorbereitung eben solcher Analyse dient die transzendentale Reduktion. Die beinahe umstandslose Rigorosität, mit der Husserl sie im ersten Programmaufriß seiner transzendentalen Phänomenologie vornahm, hat allerdings zu einigen Mißverständnissen geführt. Auch für Husserl selbst sollte der mit ihr beschriebene ,Cartesische Weg' in die transzendentale Phänomenologie später mehrfach Gegenstand der Selbstkritik werden. Andere Wege folgten, und ihre Erprobung hat sich nahezu über Husserls gesamte Forschungsarbeit erstreckt[33]. Aber auch Husserls wiederholte Anstrengungen um neue

---

[33] Auf sie näher einzugehen, würde diese Darstellung zu sehr ausweiten. Sie dürften nach Art und Zahl auch nicht eindeutig auszumachen sein. Vielmehr erweist es sich als eine Interpretationsfrage, ob man Husserls Wege in die Epoché, soweit

Ansätze für die transzendentale Reduktion haben Fehlinterpretationen nicht auszuschalten vermocht, die sich an die erste publizierte Präsentation dieser Reduktion geheftet haben. Auch blieben sie um so zählebiger, als die *Ideen I* für eineinhalb Jahrzehnte die einzige Veröffentlichung aus Husserls Feder blieben. Ferner trug die Uneinheitlichkeit der neu einzuführenden Terminologie, das Schwanken zwischen ausdrücklicher Nähe und Distanz zu einschlägigen Cartesischen Gedanken und Wendungen sowie nicht zuletzt ein mehrfaches, jedoch nicht deutlich markiertes Oszillieren zwischen der natürlichen und der neuen phänomenologischen Einstellung, die mit der transzendentalen Reduktion erworben werden sollte, zur Verwirrung bei.

Erfordernisse der Darstellung brachten zusätzliche Schwierigkeiten. Zum einen hat die transzendentale Reduktion die Besonderheit, daß sie sich nur begreifen läßt in und mit ihrem aktuellen Vollzug. Sie ist gar nichts außerhalb dieses Vollzuges. Und auch was Husserl als neue phänomenologische Einstellung postuliert und als *Epoché* charakterisiert hat, ist nichts anderes als die Habitualität beständig vollzogener und fortdauernd geübter transzendentaler Reduktion[34]. Ihre Beschreibung aber stellt ihren Vollzug still, ,stellt' ihn ,fest' und läßt ihn gerinnen zu einem Objekt. Auch macht sie ihn notgedrungen als etwas vorstellig, das in der Welt sich abspielt, wogegen aber durch ihn etwas mit der Welt im ganzen geschehen soll. Andererseits bedarf die transzendentale Reduktion als eigens vorzunehmende Maßnahme der Vorgegebenheit der Welt, damit über diese in bestimmter Weise

sie in einigen Teilschritten differieren, als verschieden betrachten oder ob man dergleichen Abweichungen, je nach Ort und Erstreckung, nur als in einen Hauptweg einmündende Seitenpfade ansehen will.

[34] Die Bedeutungsdifferenz von transzendentaler Reduktion und Epoché ist mehrfach Gegenstand akribischer Erörterungen gewesen. Wenn Husserl beides gleichgesetzt hat – sei es, daß er von „Reduktion oder Epoché" sprach, sei es, daß er die Epoché in Wendungen benutzte, die strenggenommen für die transzendentale Reduktion zu gelten hatten, oder wenn er die transzendentale Reduktion gar durch die Epoché „ermöglicht" sah (VI, 154) – so war dies sprachlich zwar nicht ganz korrekt. Doch sollte der Unterschied, da in der Sache unerheblich, philosophisch nicht überbewertet werden. In der transzendentalen *Reduktion* die *Maßnahme* zu sehen, welche in die transzendentale *Einstellung* der *Epoché* (wörtlich etwa: Ansichhalten, Sichenthalten, z. B. eines Urteils) führt, dürfte den Unterschied angemessen wiedergeben.

hinausgegangen werden kann. Sie läßt sich in Gang bringen nur von der Welt aus – und kann doch in dem, was sie ist und für die Welt erbringen soll, nur begriffen werden, indem sie aus der Welt hinausführt. Somit bleibt zum anderen die Beschreibung der transzendentalen Reduktion auch deshalb unaufhebbar inadäquat, weil sie nur als Einsatz in der Welt darzustellen ist. Zwangsläufig versagen sich alle verfügbaren Darstellungsmittel in ihrem mundanen Sprachverständnis einem Verfahren, das in einen extramundanen Bereich führen soll. Hinwiederum bleiben Begrifflichkeit und Mitteilbarkeit auch der transzendentalen Reduktion an welthaltige Sprache unlösbar gebunden.

Husserl war sich dieser Paradoxie einer transzendentalphänomenologischen Sprache sehr wohl bewußt. Er hat sie zu bannen versucht, indem er immer wieder darauf hingewiesen hat, daß Ausdrücke und Wendungen, in denen die transzendentale Reduktion und Epoché beschrieben wird, nicht die übliche Funktion haben können, mit dem Beschriebenen vertraut zu machen, mehr oder weniger genaue Kenntnis von ihm zu geben. Vielmehr sollten sie bestenfalls der Anweisung dienen, die transzendentale Reduktion tatsächlich zu vollziehen. Nicht zuletzt deshalb mag Husserl sich zu einer Vielfalt von Ausdrucksweisen genötigt gesehen haben, wo es darum zu gehen hatte, die transzendentale Reduktion zu beschreiben.

Diese Reduktion soll die Lösung der Sinn- und Geltungsfrage der Erkenntnis vorbereiten. Deren Crux bildet die Transzendenz des Erkenntnisgegenstandes: Als wirklicher, wirklich existierender Gegenstand nicht im Bewußtsein, sondern außerhalb seiner, ist er gleichwohl in seiner Wirklichkeit nicht ohne Bewußtseinsakte auszuweisen, in denen er ,als' wirklich existierender Gegenstand ,gilt', nämlich gemeint, geglaubt, im Urteil ausdrücklich ,gesetzt' wird. Eben diese Seinsmeinung und Seinssetzung und schon der inexplizite Seinsglaube stehen erkenntniskritisch in Frage. Mit seiner phänomenologischen Prüfung ist es jedoch sonderbar bestellt; handelt es sich doch nicht um einen Glaubensakt im phänomenologischen Sinne, wie er allenfalls im religiösen Glauben und seinen Derivaten angetroffen wird. Diesem Seinsglauben korreliert gar kein eigenständiges Objekt, weder ein intendiertes noch auch ein bloß intentionales. Als Seinsglaube ist er lediglich in allen objektivierenden Intentionen mitvollzogen und hat nur darin seine eigentümliche Funktion. Wie aber kann eine Phänomenologie, die bisher ausschließlich aktanalytisch orientiert gewesen ist, seiner habhaft werden?

Husserls grundlegende Idee dazu war nicht nur umstürzend, sondern scheinbar auch paradox. Anstatt diesen Seinsglauben mitzuvollziehen, soll ich mich seiner enthalten. Auf das Erkennen reflektierend, soll ich am Erkenntnisvollzug ausgerechnet das außer Kraft setzen, was ihn zum erkennenden macht: die Meinung, daß der Erkenntnisgegenstand wirklich existiert, daß er realer und nicht bloß intentionaler Gegenstand ist. Als Reflektierender muß ich freilich nicht stets auch Mitglaubender sein. Den Seinsglauben an die Existenz des Intendierten, wie er allerdings in jeder natürlichen Reflexion geteilt wird, kann ich mir auch versagen; ich kann in einem spezifischen Hinblick mich zu seinem „unbeteiligten Zuschauer" machen. Eine neuartige Reflexion läßt mich mein Intendieren so in den Blick nehmen, daß an ihm das Moment des Glaubens an die Wirklichkeit des Intendierten eigens hervortritt. Von ihr Gebrauch zu machen, sie nicht nur als leere Denkmöglichkeit zu erwägen, sondern in die Tat des Denkens umzusetzen, heißt nun bereits, die in Rede stehende Reduktion in einem ersten vorläufigen Schritt – nämlich an einer Einzelintention – vollziehen, welche dann, universal und radikal durchgeführt, transzendentale Reduktion ist[35].

Es hieße allerdings den Sinn dieser Reduktion von vornherein mißdeuten, wollte man ihn nur darin erblicken, daß in ihr der in aller natürlichen Erkenntniseinstellung mitgemeinte Seinsglaube einfach inhibiert wird. Schon einige Formulierungen des Gesichteten verraten, daß die Leistung der Reduktion anders zu sehen ist. Wenn es nämlich bei Husserl heißt, daß ich in der natürlichen Reflexion den Seinsglauben schlichter Intention teile oder ihn „in Geltung" habe, dann weist diese Ausdrucksweise darauf hin, daß ich die Reduktion schon vollzogen habe. Denn in natürlicher Reflexion gibt es keinerlei Geltungsthematik. Sie ist nichts als Intention auf den direkten, naiven

---

[35] Damit wird hier nicht der besonders problematischen Darstellung der transzendentalen Reduktion in den *Ideen I* von 1913, sondern der späteren aus den *Vorlesungen zur Ersten Philosophie* von 1923/24 gefolgt (VIII, 82 ff., 313 f.). Die Rechtfertigung dürfte sich aus dem obigen Text ergeben.

Aktvollzug und seinen intendierten Gegenstand, nicht aber ausdrückliches Bewußtsein von dessen Seinsmodus oder gar von der ihm entsprechenden mitvollzogenen Seinsmeinung.

Sobald vom ‚Gelten' eines Seinsglaubens die Rede ist, hat mithin bereits eine andersartige Reflexion eingesetzt: Mit der Thematisierung des Geltens bringt sie phänomenologische Bestände naiver Aktvollzüge ans Licht, die nicht nur in diesen selbst, sondern auch in der natürlichen Reflexion auf diese verborgen bleiben. Während ich im Rahmen der natürlichen Einstellung reflektierend einen intendierten Gegenstand als wahrgenommenen, vorgestellten, gedachten, erinnerten oder auch nur phantasierten Gegenstand zum Thema habe und mit ihm die korrelativ zugehörigen Bewußtseinsweisen des Wahrnehmens, Vorstellens, Denkens, Erinnerns, Phantasierens, bringt mir die phänomenologische Reduktion nunmehr weitere, in natürlicher Einstellung verdeckt bleibende Mitgegebenheiten in den Blick und macht sie so erst phänomenologischer Untersuchung zugänglich. Es sind dies speziell die doxischen Gegenstandscharaktere oder Gegenstandsmodi wie Wirklichsein, Möglichsein, Zweifelhaftsein, Fingiertsein am intendierten Gegenstand, denen auf der Aktseite doxisch-thetische oder seinsmeinende Momente als unselbständige Teilbestände der Akte entsprechen.

Die Thematisierung der gegenständlichen Seinsmodi und korrelativ ihrer seinsmeinenden Aktmomente ist es, die Husserl für die Lösung des erkenntnistheoretischen Grundproblems braucht. Doch steht dafür die zureichende Durchführung der transzendentalen Reduktion hier noch aus. Nur im Hinblick auf einzelne Intentionen ausgeübt, bliebe sie nach Husserl noch ohne philosophische Prätention. Vielmehr muß diese Reduktion universal vollzogen und radikal gefaßt werden: Nicht nur einzelne Seinsgeltungen sollen der Epoché verfallen, sondern die „Generalthesis" der natürlichen Einstellung ist einzuklammern und der „Weltglaube" insgesamt ist zu inhibieren, wie er in aller Welterfahrung auch dann noch unverbrüchlich in Geltung bleibt, wenn Einzelurteile über Seiendes in der Welt immer wieder sich als strittig, fehlerhaft, nichtig erweisen – ja sogar wenn der Phänomenologe an diesen oder jenen Einzelintentionen Reduktion übt (III, 53 ff.; VIII, 40 f.).

Deutlicher als eine Einzelreduktion erscheint nun die universale Reduktion auf den ersten Blick weniger eine bestimmte Vornahme als vielmehr ein Unterlassen zu fordern. Häufig wiederkehrende Umschreibungen Husserls zumal in den *Ideen I* wie „Einklammerung des Weltglaubens", „Enthaltung von jedem Seinsurteil", „Absehen von der Welt", „die Welt der Geltung berauben" oder diese gar „mit dem Index der Nullität versehen" könnten in der Tat der Meinung Vorschub leisten, als habe nun die Phänomenologie mit der Welt nichts mehr zu schaffen. Die überwiegend privative Form, bedingt durch den Einstieg in das Reduktionsverfahren, verdeckt jedoch die eigentümlich positive Funktion, die der transzendentalen Reduktion zukommt: Mit ihr negiere ich die Welt nicht, als wäre ich Sophist; auch bezweifle ich ihr Dasein nicht, als wäre ich Skeptiker, sondern ich übe die phänomenologische Epoché, die mir jedes Urteil über das Sein der Welt und alles Seiende in ihr verschließt – in der Absicht jedoch, es „dahingestellt" sein zu lassen, damit es mir zum Objekt phänomenologischer Befragung werden kann (III, 54, 187 f.; VIII, 374 f., 424 ff.).

Abermals und a fortiori für die universal zu vollziehende Reduktion trifft zu, daß es in ihr nicht um eine Urteilsenthaltung geht, als würde sie einem schon vollzogenen Seinsurteil widerfahren. Das Urteil, daß die Welt ist, daß sie, in welcher Weise auch immer, existiert, gehört gar nicht zur naiven Weltgewißheit. Wohl ist Leben „ständig In-Weltgewißheit-leben ..., Seinsgewißheit wirklich vollziehen" (VI, 145). Das aber macht sie gerade nicht gegenständlich. So ist, wer sich im Weltglauben weiß, schon aus ihm aufgebrochen, und die universale Reduktion dient ihm allererst dazu, sich dieses Aufbruchs zu versichern. Sie ist mithin nicht bloß Enthaltung von diesem Glauben – sie ist zunächst und zuvor *Aufdeckung dieses Glaubens als Glaube.* Eben darin kommt ihr eine einzigartige Funktion zu: Nicht nur bewirkt sie kein negatives Seinsurteil über die Welt; sie bewirkt nicht einmal dessen bloße „Einklammerung". Sie führt im Gegenteil zu einer eigentümlichen Bewußtseinsweise, welche die in aller natürlichen Weltzuwendung implizit fungierende Seinsmeinung von der Welt nunmehr explizit befragen und also im positiven Sinne ,*in Frage stellen*' läßt. Die universale Reduktion macht so den Weltglauben allererst phänomenologisch zugänglich; sie bringt ihn reflektiv vor den gewahrenden Blick – und er muß ihm dann ‚dahingestellt‘ bleiben, damit er als dieser in seinem Gelten Thema der Phänomenologie werden kann.

Erst nach und nach kann sich zeigen, was die Forderung universaler Durchführung der phänomenologischen Reduktion im einzelnen beinhaltet. Eine ihrer Konsequenzen aber liegt sogleich auf der Hand. Hat sie ihre einzigartige Funktion darin, daß sie mit der Inhibierung und Thematisierung des Weltglaubens das Sein der Welt und alles Seienden in ihr erkenntniskritisch befragbar macht, so ist davon offenkundig auch das Subjekt betroffen. Als menschliches Subjekt, als personales Ich verfällt es anscheinend der Reduktion gleichermaßen wie alles außermenschlich Seiende – und doch muß ein Subjekt als Vollzugsich der universalen Reduktion dieser entkommen und ein Subjekt sein, welches der Epoché nicht verfällt.

Die ebenso eigentümliche wie unabweisbare Doppelung von Subjekt, Ich, Bewußtsein, die damit zutage tritt, führt auf eine Problematik, für die hier noch gar nicht abzusehen ist, wohin sie führen wird. Ohnehin vielschichtig und deshalb nur schrittweise phänomenologisch beherrschbar, wurde sie vorerst auf die Frage des Bewußtseins konzentriert, und Husserl – des darin liegenden Problemaufschubs sehr wohl gewahr – legte seine ersten transzendentalphänomenologischen Analysen so an, daß für sie die Frage des Ich „in suspenso bleiben“ sollte (III, 110)[36].

Damit war indes die in Rede stehende Frage nicht suspendiert, sondern lediglich in nur einer Hinsicht aktuell geblieben: Was kann nach Vollzug der transzendentalen Reduktion Bewußtsein bedeuten, wenn es als Bewußtsein realer Subjekte inmitten der Welt nicht verstanden werden kann? Als reales, empirisches Bewußtsein ‚dahingestellt‘ und ‚in Frage gestellt‘, ist es in diesen Aspekt doch durch eine Maßnahme gelangt, die ihm selbst zuzuschreiben widersinnig sein würde, wäre es kein anderes als empirisches Bewußtsein. Eben mit der Vornahme der transzendentalen Reduktion aber taucht ein nichtempi-

---

36 Das bedeutet nicht etwa, daß das Ich der Reduktion verfällt, als sollte nur Bewußtsein für die transzendentale Untersuchung übrigbleiben. Husserl wird in sie das Ich, da wesensmäßig zum Bewußtsein gehörig, bald einbeziehen. Trotzdem liegt hier eine gewisse Vorentscheidung Husserls. Dazu hier S. 127 ff.

risches, nichtreales Bewußtsein auf, das Husserl in den *Ideen I* zumeist *reines Bewußtsein* nennt. Mit ihm sieht er hier sein eigentliches Forschungsfeld, die Domäne einer *reinen Phänomenologie*, erreicht.

Abgesehen nun davon, daß diese Kennzeichnung anfänglich durch Konfundierung mehrerer Bedeutungskomponenten im Begriff der Reinheit in verwirrende Mehrdeutigkeiten geriet, war damit über die Beziehung von empirischem und reinem Bewußtsein noch nichts ausgemacht. Daß Husserl auch sie zunächst – und länger als phänomenologisch zulässig – in suspenso hielt, lag nicht zuletzt daran, daß er in der Analyse des reinen Bewußtseins und seiner Strukturen innerhalb der Epoché das Moment des Inhibierens der Welt, und damit auch des empirischen Bewußtseins, vorherrschend sein ließ, wogegen das andere und eigentlich produktive Moment der transzendentalen Reduktion, das Thematisieren des Weltglaubens, ihm zwar nirgends vollends entglitt, jedoch auf seinem ersten Weg in die Epoché zeitweilig weit in den Hintergrund entwich. Husserls anfänglich allzu einseitige Überbetonung des Sichenthaltens von aller Seinsmeinung, das nicht auch sogleich deren Objektivierung zugute kam, um derentwillen die Reduktion doch vorgenommen werden sollte, mußte vor allem in den *Ideen I* zu gravierenden Mißdeutungen führen. Sie hat nicht nur der Frage der Beziehbarkeit von reinem und empirischem Bewußtsein, sondern auch einigen weiteren Sachproblemen zum Nachteil gereicht[37].

Unmittelbar wurde dieser Nachteil empfindlich in Husserls Fassung des reinen Bewußtseins, da dieses ihm galt „als ein *für sich geschlossener Seinszusammenhang ...*, in den nichts hineindringen und aus dem nichts entschlüpfen kann, der kein räumlich-zeitliches Draußen hat" und ein „Zusammenhang *absoluten Seins*" nicht bloß im Hinblick auf die absolute Unbezweifelbarkeit der cogitationes sein sollte, sondern nun sogar auch ein Seinszusammenhang, dessen Auszeichnung Husserl hier in seiner angeblich völligen Unbetroffenheit von der realen Welt sehen wollte, da er „durch eine Vernichtung der Dingwelt

---

[37] So insbesondere in Husserls Wesenslehre sowie in seiner Entfaltung der Problematik von Noesis und Noema, vgl. hier S. 92, 112. Zur angemessenen Darstellung der Epoché vgl. bes. VIII, 374 f.; VI, 138 f.

zwar notwendig modifiziert, aber in seiner eigenen Existenz nicht berührt würde" (III, 91 ff.).

Das war mehr, als sich phänomenologisch behaupten – und mehr vor allem, als sich phänomenologisch einlösen ließ. Husserl war denn auch später in einer kritischen Rückbesinnung sich der Gefahr „gefährlicher Vorurteile" bewußt, die seine erste Einführung in die transzendentale Reduktion hatte hervorrufen müssen (VIII, 432 f.). Denn was immer es genauer heißen würde, daß die gesamte räumlichzeitliche Welt „ihrem Sinne nach bloßes intentionales Sein" ist, Sein, welches „das Bewußtsein in seinen Erfahrungen setzt" (III, 93) – eine schlechthinnige Unabhängigkeit des reinen Bewußtseins von der Welt und gar seine Unbedürftigkeit weltlicher Existenz überhaupt ließ sich daraus nicht herleiten[38].

Jene Kernthese Husserls vom bloß intentionalen Sinn alles Seins bleibt jedoch leicht der Verzerrung ausgesetzt, solange sie nicht transzendental verstanden wird. Ihr Sinn verdeutlicht sich nur in dem Maße, wie die phänomenologische Reduktion als transzendentale Reduktion hervortritt und die ihr nachfolgenden Analysen als transzendentale Analysen begriffen werden.

Als reduktive Maßnahme ist die transzendentale Reduktion dadurch gekennzeichnet, daß sie das in natürlicher Einstellung unreflektiert mitgemeinte Sein der Welt zurückführt auf mein Glauben oder Meinen, daß die Welt sei. In der Epoché ‚gibt es‘ somit nicht länger fraglos die Welt, sondern sie ‚gilt‘ mir ‚als‘ wirkliche, wahrhaft seiende Welt. Das ihr zuvor in natürlicher Naivität zugeschriebene Sein modifiziert sich zu einem Als-seiend-Vermeintsein, zu einem ‚Seinsanspruch‘, den es zu legitimieren gilt. Nur ein anderer Ausdruck dafür ist, daß innerhalb der Epoché die Welt zum ‚Weltphänomen‘ geworden ist.

---

[38] Husserl hat diese Behauptung später selbst mehrfach kritisiert (u. a. VIII, 391 ff.). Während er zunächst jene – noch deutlich Cartesisch geprägte – These allerdings nur erst zur Feststellung einer doch „relativen Apodiktizität" der Welt (VIII, 400–406) abzuschwächen wußte und während auch später die bereits vorsichtiger gefaßte Relativität des Seins der Welt auf das transzendentale Bewußtsein noch eine ontologische Prävalenz des letzteren erkennen ließ, konnte die Einsicht in die wechselseitige Bedingtheit von Welt und Bewußtsein erst mit der angemesseneren Fassung des Subjekts zum Durchbruch gelangen.

Das besagt zugleich, daß das Bewußtseinstranszendente der natürlichen Einstellung durch die transzendentale Reduktion zu bloß vermeintem Transzendentem geworden ist und insofern zu einem Bewußtseinsimmanenten, zu dem es kein Gegenstück von Transzendentem gibt. Die hier ins Spiel kommende Immanenz ist transzendentale Immanenz, und ein als transzendental zu verstehendes reines Bewußtsein ist es, welches alle im dargestellten Sinne reduzierten Phänomene als transzendentale Phänomene umspannt. Für dieses ist also die Welt weder zum bloßen Schein gegen Wirklichkeit noch auch zur bloßen Erscheinung gegen ein An-sich geworden, welches sich, gar für immer und prinzipiell unerkennbar, hinter ihr verbergen würde. Ein gänzlich neuer Sinn des Transzendentalen bringt sich bei Husserl zur Geltung. Er ist nicht nur überhaupt an der Frage nach den subjektiven Bedingungen der Möglichkeit der Welt orientiert, sondern auch so an ihr ausgerichtet, daß das fragliche reine, transzendentale Bewußtsein als extramundanes Bewußtsein, sein Subjekt als extramundanes Subjekt im radikalen Sinn, nämlich ohne jedwedes denkmögliche Gegenüber und Außerhalb, verstanden wird.

So heißt auch die phänomenologische Reduktion von Anfang an *transzendentale Reduktion*, weil sie die grundlegende und unverzichtbare Maßnahme ist, welche allererst den Zugang zum transzendentalen Bewußtsein und seinen gegenständlichen Phänomenen gewährt. Nicht mehr als diese, vermag sie freilich die analytische Durchdringung des transzendentalen Bewußtseins weder nach Weite noch Tiefe zu regulieren. Das wird erst Sache einer fortgeschrittenen Intentionalanalyse sein. Erst sie wird ans Licht bringen können, wie und auf welche Weise das Bewußtsein alles weltliche Sein als Phänomen in sich hat und allein haben kann, nämlich durch seine sinnstiftenden Leistungen, in denen es die Welt als Sinngebilde konstituiert.

In den *Ideen I* blieben dagegen dem dort eben erst entdeckten ‚reinen‘ oder ‚transzendentalen‘ Bewußtsein seine sinnstiftenden Aktivitäten noch weitgehend verborgen und damit auch seine eigentliche transzendentale Funktion. Daß das Transzendentale als Korrelatbegriff zum Transzendenten verstanden werden soll, besagt darum hier wie später ohne den Gebrauch des verfeinerten konstitutionsanalytischen Instrumentariums noch allzu wenig. Bis dahin erscheint deshalb das Prädikat ‚transzendental' eher mitgeführt als expliziert, als eine prospektive Charakterisierung im Hinblick darauf, daß mit dem Vollzug der transzendentalen Reduktion das reine Bewußtsein als das Feld aller Sinnstiftung und Seinssetzung zwar erreicht wird, jedoch sein Anteil an Sinn und Sein von Welthaftem noch verhüllt bleibt.

Nun war bisher sowohl vom reinen als auch vom transzendentalen Bewußtsein die Rede. Daß seine Erforschung bei Husserl ‚reine oder transzendentale' Phänomenologie heißt, legt dann beinahe unausweichlich den Irrtum nahe, als seien beide Prädikate synonym. Abgesehen von gelegentlich unterminologischem Gebrauch weist Husserls Begriff der Reinheit jedoch zwei grundverschiedene Bedeutungen auf. Ihre Differenz ist, wenngleich nicht von ungefähr, oftmals bis zur Unkenntlichkeit verwischt worden. Es ist aber zu unterscheiden eine reine transzendentale und eine reine eidetische Phänomenologie. Während die letztere keinesfalls eo ipso auch transzendentale Phänomenologie ist, wird dagegen diese auch als eidetische und somit als reine Phänomenologie sogar in zweifachem Sinne durchgeführt.

Als reine transzendentale Phänomenologie hat sie es lediglich mit *reinen Phänomenen* zu tun dergestalt, daß diese dank der transzendentalen Reduktion von allen undurchschauten Seinssetzungen befreit, von unklaren Mitmeinungen über Sein und Seinssinn der intendierten Gegenstände gereinigt sind. Eine nur so verstandene transzendental reine Phänomenologie würde indessen lediglich mit Einzelphänomenen befaßt sein können, und allgemeine Aussagen würden ihr versagt bleiben. Wenn dagegen die transzendentale Phänomenologie als Wissenschaft generelle Aussagen zu machen gar nicht umhin kann, so reklamiert sie dafür einen Typus von Allgemeinheit, den sie als Wesensallgemeinheit charakterisiert. Sie ist als Erforschung transzendentaler Phänomene in Wesensallgemeinheit mithin reine Phänomenologie in doppelter Hinsicht, ohne daß beide Bestimmungen zusammenfallen: Bezieht sich die Reinheit des Transzendentalen auf das phänomenologische Untersuchungsfeld unter seinem leitenden methodischen Gesichtspunkt, der Epoché, so kennzeichnet die Reinheit des Eidetischen den Allgemeinheitsstatus phänomenologischer Einsichten. Dieser wurde bisher von Husserl stets und auch schon in seinen *Logischen Untersuchungen* in Anspruch genommen, jedoch in seiner Eigenart erst in den *Ideen I* expliziert.

Husserl hat insoweit seine Phänomenologie auch als Wesensphänomenologie charakterisiert; und es mögen nicht nur Schulbildungen phänomenologischer Prägung im Anschluß an sein Erstlingswerk der Phänomenologie, sondern auch äußere Dispositionen seiner weiteren Arbeiten mit dazu beigetragen haben, daß seine reine Phänomenologie vielfach einseitig, wenn nicht gar irrigerweise ausschließlich als reine Wesensphänomenologie aufgenommen wurde. Husserl selbst sah Idee und Zielsetzung seiner Philosophie jedoch allein in der transzendentalen Phänomenologie. Bei aller Unabdingbarkeit eidetischer Feststellungen konnte das ,Wesen' seiner Phänomenologie doch nicht in einer Phänomenologie der Wesenheiten, sondern nur in der transzendentalen Phänomenologie gelegen sein: „Denn ohne die Eigenheit transzendentaler Einstellung erfaßt und den rein phänomenologischen Boden sich wirklich zugeeignet zu haben, mag man zwar das Wort Phänomenologie gebrauchen, die Sache hat man nicht" (III, 179). Husserls Wesensuntersuchungen sind also ganz im Dienste der Transzendentalphänomenologie zu sehen. Vornehmlich bedeutsam sind sie für die Analysen des transzendentalen Bewußtseins, die ausschließlich als Wesensanalysen zu verstehen sind[39].

### § 3 Die eidetische Reduktion
### Zur Funktion der Wesenslehre in Husserls transzendentaler Phänomenologie

Reine Phänomenologie ist nach Husserl eine Wissenschaft der reinen transzendentalen Phänomene, welche ,in Wesensreinheit' gewonnen werden sollen. Diese Reinheit des Wesens aber bezieht sich nicht auf ihre Gegenständlichkeit unter dem Problemaspekt der Sinnklärung ihrer Seinscharaktere, sondern auf das, was sie materialiter unter Absehen von allen jeweils bloß faktischen Beschaffenheiten hic et nunc sind.

---

[39] Nur insoweit kommen sie hier in Betracht. Husserls Wesenslehre in extenso darzustellen, würde die Thematik dieser Darstellung überschreiten.

Husserl hatte in seinen Prolegomena zur reinen Logik noch weitgehend unterminologisch vom Wesen des Logischen gesprochen. Mit der zweiten logischen Untersuchung jedoch, in der das Eigenrecht von spezifisch Allgemeinem gegenüber einem formal Allgemeinen in durchdringenden Auseinandersetzungen mit dem Nominalismus und Konzeptualismus verteidigt wurde, konnte bereits eine bestimmte Wesenskonzeption als eingeführt gelten, wenngleich eine wesensphänomenologische Terminologie noch ausgespart worden war. Ferner hatten sich die mit der fünften Untersuchung aufgenommenen phänomenologischen Analysen genau darin von bloß psychologisch-deskriptiven Analysen unterschieden, daß in ihnen de facto schon von Wesenseinsichten in die Bewußtseinserlebnisse Gebrauch gemacht worden war.

Erst in den *Ideen I* hat Husserl ein zusammenhängendes Lehrstück zur reinen Eidetik vorgelegt. Daß er es der Einführung der transzendentalen Reduktion voranstellte, es damit in gewisser Weise exponierte, aber auch von der eigentlichen, transzendentalen Phänomenologie separierte, konnte angesichts der Rolle, welche die Eidetik innerhalb der transzendentalen Phänomenologie zu spielen hatte, irritieren. Diese Disposition trug aber auch dem Umstand Rechnung, daß Wesensphänomenologie nicht Transzendentalphänomenologie ist und ganz unabhängig von ihr betrieben werden kann. Auch mochte Husserl damit zugleich versucht haben, einem methodischen Nachholbedarf zu entsprechen, da Feststellungen über Wesen und Wesenheiten bei ihm längst ,in Geltung' waren.

Indessen kann gerade unter diesem Aspekt das erwähnte Lehrstück befremden. Nicht nur bietet es gegenüber der zweiten Untersuchung nichts grundsätzlich Neues; es wird auch das wesensanalytische Instrumentarium, das dort noch gefehlt hatte, in der fünften und mehr noch in der sechsten Untersuchung aber wenigstens in seinen wichtigen Teilen nachgeliefert worden war, in den *Ideen I* nicht einmal genutzt, und selbst ein deutlicher Hinweis auf die dazu 1901 bereits geleistete Vorarbeit fehlt. So hat Husserl 1913 eine nicht ganz unberechtigte Kritik an seiner Wesenslehre eher begünstigt als beseitigt. Sie entzündete sich an der vormals „ideierende Abstraktion" oder „Ideation" genannten und nun vor allem als *Wesensintuition* und *Wesensschau* präsentierten Prozedur zur Gewinnung von Wesenseinsichten ebenso wie an Husserls Auffassung von Wesen als *allgemeinen Gegenständen.*

Die Kritik ging allerdings dort fehl, wo sie meinte, Husserl sei mit seiner gegenständlichen Auffassung der Wesenheiten und der Annahme einer bewußtseinstranszendenten realen Existenz von derlei Gegenständen erneut in einen Begriffsrealismus oder Essentialismus geraten, der leicht sich durch nominalistische Gegenargumente auflösen lasse. Eine derartige Wesensmetaphysik hat Husserl jedoch stets ausdrücklich abgelehnt (XIX/1, 124 ff.). Daß er gleichwohl Wesenheiten als Gegenstände, und zwar als Gegenstände des Denkens oder, was ihm hier gleichbedeutend war, als ideale Gegenstände aufgefaßt hat, steht damit nicht im Widerspruch. Denn das Wesen, Eidos, eines Etwas ist hier Gegenstand nicht anders als in dem Sinne, in dem Husserl bisher schon den Gegenstandsbegriff gebraucht und verteidigt hatte. Ist aber mit ‚Gegenstand' nichts anderes gemeint als ein Subjekt möglicher Prädikationen, so ist füglich ein Wesen ein neuartiger Gegenstand. Denn ersichtlich wird von ihm, mit welchem Recht auch immer, allemal anderes ausgesagt als von einem individuellen Gegenstand, dessen Wesen er zu sein behauptet wird.

Damit ist über den ontologischen Status derartiger Gegenstände und über den Sinn idealer Existenz der Wesen noch nichts entschieden. Maßgeblich aber ist hier, daß von ‚Gegenstand' zu sprechen für Husserl überhaupt nur Sinn hat mit Bezug auf die Akte, in denen er sich darstellt oder konstituiert. So ist es der Aufweis entsprechender Akte, mit dem der Nachweis von Wesenheiten zusammenfällt. Ferner muß sich aus der Besonderheit dieser Akte der spezifische Sinn ihrer Existenz klären lassen.

Mit der phänomenologischen Analyse dieser Akte war es jedoch einstweilen nicht gut bestellt. Da für Husserl alle Erkenntnis zuletzt auf Anschauung beruht, sei diese sinnliche oder sinnlich fundierte kategoriale Anschauung, muß dies auch für die Wesenserkenntnis gelten. Da Wesen gedachte Gegenstände sind, können die sie meinenden Intentionen nur kategorial-anschaulich erfüllbar sein. Sie müssen in dieser Weise aber auch erfüllt werden, wenn es nicht bei einem leeren, bloß signifikativen Meinen, wie etwa im Gebrauch allgemeiner

Namen gewöhnlicher Rede, bleiben darf, sondern wenn, was gemeint ist, zu voller Klarheit gebracht werden soll[40].

Das von Husserl immer wieder vorgetragene Klarheitspostulat ist also weder von abgründigem Tiefsinn, noch kommt ihm bloß der Rang einer ausformulierten Trivialität zu. „Alle Vermengung vollzieht sich im Modus der Unklarheit . . . Jede Ausweisung . . . vollzieht sich im Übergang zu höheren Klarheitsstufen" (XI, 200). Sich klar machen, was gemeint ist, stellt denn auch eine Grundforderung jeder vernunftgeleiteten Rede dar. Doch stellt die geforderte Klarheit eben nicht schon mit der Intention sich ein, sondern muß durch eine erfüllende Synthesis kategorialer Anschauung herbeigeführt werden. Nichts als diese war gemeint, wenn Husserl in der sechsten Untersuchung von ideierender Abstraktion sprach und fernerhin sie Wesensanschauung nannte.

Wie wenig sachgemäß dieser Terminus ist, hatte sich bereits gezeigt, indem die kategoriale Anschauung als eine ziemlich komplizierte Synthesis der Identifikation zutage getreten war, die mit einem intuitiven Schauen kaum mehr gemeinsam hat, als daß keine diskursiven Prozeduren im Spiel sind. Allerdings war in der sechsten Untersuchung die Analyse der material-kategorialen Anschauung noch lückenhaft geblieben. Um so mehr fällt auf, daß Husserl diese Lücke in den *Ideen I* auszufüllen gar nicht versucht hat. Insbesondere fehlt der Nachweis, worin speziell das kategoriale Moment der Wesensanschauung besteht. Da für Husserl aber der Sinn der Existenz von Wesenheiten nur aus einer material-kategorialen Anschauung zu explizieren ist, wird diese Nachweislücke besonders empfindlich. Sie wird allenfalls dadurch verständlich, daß Husserl durch gewisse Analogien zur formal-kategorialen Anschauung des Logischen sich der Aufgabe enthoben gesehen haben mag, hier näher auf den phäno-

---

[40] Wesen sind insofern nichts anderes als Begriffe, sofern diese anschaulich erfüllt sind, oder auch Wortbedeutungen in Klarheit dessen, was das ‚so Heißende' eigentlich ist bzw. um dessentwillen die fragliche Sache gerade so heißt, wie sie heißt. Husserl betont indes, daß es dabei keineswegs darum gehe, den Wortgebrauch ein für allemal zu fixieren, geschweige denn zu präskribieren. Vielmehr geht es ihm um ein „sokratisches Verfahren", nämlich darum, sich klarzuwerden über das, was in gebrauchter Rede ‚eigentlich gemeint' ist (V, 100).

menologischen Bau der Wesensanschauung einzugehen. Husserl hat indes beide Typen kategorialer Anschauung in einer Hinsicht klar geschieden. Sie betrifft die methodische Rolle der Phantasie.

Wesensanschauung war anfänglich dahingehend beschrieben worden, daß sie, im Ausgang von einem gegebenen Faktum, unselbständige Teilmomente desselben so heraushebt, daß sie als Moment dieser oder jener allgemeinen Art hervortreten und daß dabei die jeweilige Art selbst so erfaßt werden kann, daß sie mit Bezug auf eine Mannigfaltigkeit von einzelnen Momenten derselben Art eben als diese eine und selbe vor Augen stehen kann. Die *Ideation* bedeutet also eine abstraktive Hervorhebung eines unselbständigen Teilinhalts eines individuellen Faktums wie auch einen in mehreren gleichartigen individuellen Anschauungen fundierten *synthetisierenden Akt der Identifizierung.* Die so sich konstituierende Spezies ist ferner so beschaffen, daß sie alle möglichen Fakten desselben spezifischen Inhalts übergreift und sich in unbestimmt vielen Fakten realisieren kann, wie denn auch ihre fundierenden Einzelanschauungen völlig unempfindlich dagegen sind, ob diese setzende oder nichtsetzende, ob sie perzeptive oder imaginative Akte sind (XIX/2, 690 f.).

Zeigen sich aber Wesen somit nicht an bestimmte, ihrer Ideation zugrundegelegte faktische Vorkommnisse gebunden, sondern sind sie ihrem Sinne nach eidetische Möglichkeiten für offen-endlos viele exemplarische Konkretionen, so bildet im Grunde gar nicht ‚ideierende Abstraktion' aufgrund von einzelnen Wahrnehmungen, sondern ‚Ideation' auf imaginativer Grundlage den Akt ihrer Konstitution. Daß für die Wesenserkenntnis die Phantasie die gleiche Funktion wie die Wahrnehmung übernehmen kann, daß sie als frei imaginierende Modifizierung eines Wahrgenommenen sogar der Wahrnehmung überlegen sein kann (III, 129 ff.), war eine wichtige Einsicht Husserls, die schließlich seiner Wesenslehre auch zu den notwendigen Korrekturen verholfen hat. Sie beinhaltete natürlich keine grundsätzliche phänomenologische Gleichstellung von Wahrnehmungs- und Phantasiebewußtsein. Doch ließ sich in der Phantasie voll ausschöpfen, daß das Wesen eines Gegenstandes gegen alle möglichen doxischen Modi desselben vollkommen neutral ist. Damit rückte auch der Möglichkeitscharakter der Wesenheiten deutlicher in den Vordergrund, vor dem

Husserls Konzeption des materialen Wesensapriori vornehmlich gesehen werden muß[41].

Husserl hat diese Tatbestände erst später für die Durchbildung eines methodisch kontrollierten Verfahrens zur Gewinnung von Wesenseinsichten genutzt, das er als *eidetische Variation* beschrieben hat. Darin wird die anfängliche Auffassung, es könne bereits eine sinnliche Einzelanschauung die Basis für Wesensintuition abgeben, verlassen. Vielmehr vollzieht sich diese nunmehr im freien Umfingieren und Durchlaufen aller nur möglichen phantasiemäßigen Variationen eines Exempels bis an die Grenzen des Denkunmöglichen seiner Beschaffenheiten und endet in einer Deckungssynthesis dessen, was sich durch alle derartigen Abwandlungen hindurch invariant hält. Das Wesen oder Eidos, das dem Exempel entspricht, ist dann nichts anderes als dieses Invariante (V, 29 f.; IX, 76 ff.; XVII, 219 f.).

Erst damit hat Husserl seine Lehre von der Wesensanschauung auf einen haltbaren Kern zurückgeführt. Nicht nur wird sie mit der eidetischen Variation zu einem prüfbaren Verfahren, das geregelte Korrekturen zuläßt, gegen die ein direktes Schauen leicht sich sperrt. Vor allem gewinnt erst aus dem Variationsverfahren die Auffassung von Wesensexistenz einen phänomenologisch vertretbaren Sinn. Denn sind Wesenheiten nunmehr nicht anders faßbar als in phantasiemäßigen Abwandlungen von Gegebenem, bilden sie aber einen Spielraum offener, nie abschließbarer Möglichkeiten, so bedeutet dies, daß als Wesen eines Faktums das zu gelten hat, als was es die jeweils tatsächlich vorgenommene, jedoch prinzipiell nicht abschließbare eidetische Variation gibt. Daraus resultieren zwei phänomenologisch höchst aufschlußreiche Ergebnisse.

Als ideale Gegenstände zwar transzendent gegenüber den Aktmannigfaltigkeiten eidetischer Variation, bleiben auch Wesenheiten jedoch beständig rückbezogen auf diese, so daß Husserl schließlich als jenes Invariante „eine korrelativ-zweiseitige Wesensform" hervor-

---

41 Dazu Wesentliches schon im 4. Kapitel der sechsten logischen Untersuchung (XIX/2, 632–644), in deren späterer Überarbeitung (z. Zt. für die ‚Husserliana' in Vorbereitung) auch die wichtige Unterscheidung der *Ideen I* (III, 291 f.) von ‚motivierten' Möglichkeiten, bei denen etwas für die Existenz des Gemeinten spricht, und ‚leeren' oder ‚idealen', rein im Wesen liegenden Möglichkeiten neu berücksichtigt werden wird.

treten sah, kraft derer ein Eidos als ontisches Apriori konkret nur möglich ist als Korrelat eines von ihm unabtrennbaren apriorischen Systems seiner Konstitution (XVII, 220). Das kann in seinen letzten phänomenologischen Konsequenzen erst deutlich hervortreten, wenn genauer geklärt ist, was bisher noch ohne genauere Explikation als ,Konstitution' von Gegenständen bezeichnet worden ist. Husserls Lehre von der eidetischen Variation fällt aber in eine Entwicklungsphase seiner Intentionalanalyse, in welcher der Begriff der Konstitution bereits bedeutsame Akzentverschiebungen erfahren hat. Spätestens durch diese dürften denn auch alle scheinbaren essentialistischen Reste in Husserls Wesenslehre getilgt sein.

Darüber hinaus teilen Wesenheiten aber offenkundig auch die phänomenologische Grundeigentümlichkeit aller transzendenten Gegenständlichkeit, niemals adäquat gegeben zu sein. Wohl sind auch sie, und darin dem Bewußtseinsimmanenten vergleichbar, nicht von der Art, als schatteten sie sich einseitig ab wie Erfahrungsgegenstände. Doch resultiert aus dem Hergang ihrer Konstitution, daß sie niemals endgültig bestimmbar sind. Somit bleibt aber auch Wesensevidenz, wenngleich in anderer Weise als Erfahrungsevidenz, prinzipiell „Evidenz unter Präsumption" (VIII, 383). Dieses denkwürdige Resultat findet sich implizite schon im Ideen-Werk. Doch haben dort mancherlei Ungereimtheiten und Unebenheiten, zumal hinsichtlich des 1913 noch verwendeten Begriffs der Wesensintuition, es nicht zum Zuge kommen lassen. Zu ungeschwächter Geltung gelangen konnte es erst durch die eidetische Variation.

Husserl hat seine Wesenslehre zum einen fruchtbar zu machen versucht für die eidetische Klärung sachhaltiger Grundbegriffe, welche den einzelnen Wissenschaften zugrunde liegen. Das führte zu seinem Konzept der *regionalen Ontologien*, welche in einem begrenzten und vorläufigen Sinne der phänomenologischen Forderung einer Grundlegung der Wissenschaften entsprechen sollten[42].

---

[42] Als Wesenswissenschaften entsprechen die regionalen Ontologien den Tatsachenwissenschaften dergestalt, daß in ihnen die eidetischen Strukturen desjenigen Seienden herausgearbeitet werden, welches die Tatsachenwissenschaften jeweils als Seiendes ihres Gebietes in Anspruch nehmen, ohne indes die Gründe dafür selbst angeben zu können. Diese liegen für Husserl in einem Gemeinsamen, welches sach-

Eine regionale Eidetik allein erfüllte selbstverständlich nicht Husserls Postulat der Phänomenologie als einer philosophischen Grundwissenschaft. Da sie in der natürlichen Einstellung verbleibt, hält sie sich auf dem Boden der Welt, und deren Sein und Seinssinn können ihr niemals fraglich werden. Entsprechend sind alle die Regionen konstituierenden Aktgefüge ausschließlich als intentionale Aktivitäten weltlichen Bewußtseins zu verstehen. Daran ändert auch nichts, daß ihre spezifischen Grundbegriffe oder regionalen Kategorien materiale Wesen oder ideale Gegenstände sind, in denen nichts Weltliches konstituiert ist. Das lehrt am besten ein Vergleich der eidetischen Intuition mit der transzendentalen Reduktion, zumal darin auch jene als eine Reduktion hervortritt (V, 40).

Eidetische Reduktion, auf der Grundlage eines Faktums geübt, läßt absehen von allem, was das hic et nunc des Faktums im Zusammenhang der realen Welt ausmacht. Daß Wesensaussagen schlechterdings nichts über Tatsachen enthalten, ist nur ein anderer Ausdruck dafür, daß zum Prozeß der Ideation die völlige Durchstreichung alles Faktischen am Faktum und füglich auch seines Wirklichkeitsmodus gehört. Es findet hier also eine Zurückführung des Faktums auf seinen reinen Wesensgehalt statt in der spezifischen Weise, daß alle seine Bestimmungen, die es aus seinem Realzusammenhang hat, nicht etwa ‚dahingestellt‘ bleiben, sondern wegfallen, gänzlich in Abzug gebracht werden. Was als sein reines Eidos im Blick bleibt, dankt seine Reinheit der Annullierung alles ‚bloß‘ Faktischen an ihm.

Anders steht es mit der transzendentalen Reduktion. Ist für die eidetische Reduktion die Grunddifferenz zwischen *Faktum* und *Wesen* maßgeblich, so für sie die ganz andere zwischen *Faktum* und seinem *transzendentalen Phänomen*. Während ferner die eidetische Reduktion von realen Einzelheiten zu eidetischen Allgemeinheiten führt und in der Gewinnung derselben terminiert, verbleibt die transzendentale

haltige Bedingung dafür ist, daß wissenschaftliche Gegenstände als in einer Wissenschaft zusammengehörig erfaßt und wissenschaftsmethodisch einheitlich strukturiert werden können. Dem wissenschaftlichen Gebiet entspricht so in etwa eine ontologische Region; und jede Region steht unter materialen Kategorien als obersten Wesensallgemeinheiten, welche ihre Individuen umgrenzen (III, 16 ff., 307 ff.; V, 23 ff.). Zur formalen Ontologie als Wesenswissenschaft der Logik vgl. hier S. 181 ff.

Reduktion ganz im Bereich von Einzelheiten – so indes, daß sie diese in ihrem Seinsmodus befragbar macht. Sie besteht denn auch nicht in einer Durchstreichung, sondern in einer methodischen Inhibierung, und zwar gerade zum Zwecke der Thematisierung der Existenzmodi und der analytischen Aufklärung ihrer Seinssinne. Während somit die eidetische Reduktion den Preis der Realität entrichtet, damit spezifische Generalität, und zwar in völliger Neutralität gegen Wirklichkeit und Nichtwirklichkeit, gewonnen werden kann, bleibt dagegen die transzendentale Reduktion zahlungsunfähig, wo es um den Erwerb allgemeiner Einsichten zu gehen hat. Dafür aber eröffnet sie einen Bereich radikalen phänomenologischen Fragens nach den Sinnursprüngen allen Seins, zu denen wiederum die Wesensanschauung niemals Zugang gewinnen könnte – es sei denn auf die Weise, daß die transzendentale Forschung sie sich zunutze machte.

Darin wird zum einen eine Grenze der Wesensphänomenologie sichtbar. Wollte die Phänomenologie Husserls nichts sein als diese, es vermöchte keine ihrer noch so eingehenden eidetischen Analysen in jene transzendentale Dimension zu führen, in der allein sich phänomenologische Grundlegungsarbeit radikal durchführen läßt. Darin wird zum anderen aber auch die Angewiesenheit der transzendentalen Phänomenologie auf eine reine Eidetik erkennbar. Denn soll die Phänomenologie philosophische Wissenschaft werden, keine noch so konsequent durchgeführte transzendentale Reduktion vermöchte ihren Phänomenen die für sie notwendige Allgemeinheit zu sichern. Diese kann aber weder eine generalisierende, empirisch-induktive Allgemeinheit noch auch die Gesetzesallgemeinheit der empirischen Wissenschaften sein. Sie kann nur Allgemeinheit vom Typus des Wesensallgemeinen sein[43].

Eidetische und transzendentale Phänomenologie sind also genuin verschieden (V, 77). Daß sie aber auch aufeinander verwiesen sind, macht eine wesentliche Besonderheit der Phänomenologie Husserls aus. Wesenseinsichten sind in ihr nicht Selbstzweck, sondern erfüllen ihre Funktion innerhalb der transzendentalen Phänomenologie.

---

[43] Zum Unterschied von Wesensallgemeinem und Gesetzesallgemeinem hinsichtlich der begründenden Akte vgl. III, 16 f.

Husserls thematische Erörterungen zur Gewinnung, Sicherung und Rechtfertigung von Wesenseinsichten dienen darum auch nicht der Etablierung einer eigenständigen Wesensphänomenologie, sondern fungieren als methodische Voruntersuchungen für die transzendentale Phänomenologie.

Das hatte indessen nicht nur Konsequenzen für Husserls Vorgehen. Es warf auch auf einige Sachprobleme schärferes Licht. Einmal ließen beide Reduktionen es offenbar zu, daß die Reihenfolge ihrer Darstellung und Explikation beliebig vorgenommen wurde, und Husserl hat von der Möglichkeit dieses Austausches mehrmals zwanglos Gebrauch gemacht. Nicht ganz so problemlos steht es damit jedoch, wenn es um die Durchführung beider Reduktionen geht. Austauschbarkeit ihrer Reihenfolge würde dann bedeuten, daß wahlweise der Weg vom Faktum zum Wesen des Faktums und weiter zum transzendentalen Wesen des Faktums oder daß er andersherum vom Faktum zu seinem transzendentalen Phänomen und sodann zum Wesen dieses transzendentalen Phänomens zulässig sei. Dazu müßte allerdings gezeigt werden, daß das transzendentale Eidos eines Faktums mit dem Eidos des transzendentalen Faktums identisch ist. Husserl hat diesen Nachweis nirgends erbracht. Er ist ihm anscheinend auch niemals zum Problem geworden. Wichtig für Husserls Vorhaben war auch nicht eine prinzipielle Verhältnisbestimmung von reiner eidetischer und reiner transzendentaler Phänomenologie, sondern allein die Funktion der ersteren für die letztere[44].

Das brachte es aber zugleich mit sich, daß nach der einmal vorausgegangenen Erörterung wesensphänomenologischer Prinzipien in den *Ideen I* eidetische Prozeduren innerhalb der Epoché nicht mehr eigens untersucht, sondern in der Regel stillschweigend gehandhabt und daß Wesenseinsichten benutzt, aber nicht mehr expliziert und höch-

---

[44] Husserl hat öfter die Reihenfolge beider Reduktionen gewechselt. Ursprünglich wurde die transzendentale Reduktion, sinngemäß, zuerst eingeführt (II, 29 ff.). Die Beliebigkeit der Folge war aber nur möglich, solange das Ich ausgeklammert blieb. Denn Husserls Methode führt, strenggenommen, nur zu einem *transzendentalen Eidos Ego*, indessen ein *Eidos transzendentales Ego* nur im Wege der Identifizierung mit jenem phänomenologischen Sinn erhalten kann, was seinen Grund in dem mundanen Charakter der Wesenslehre hat.

stens in strittigen Fällen reflektiert wurden. So sollte denn auch bisher schon alle Rede vom Bewußtsein, seinen Akten und gegenständlichen Phänomenen nicht anders als im Sinne von Wesensallgemeinheit verstanden werden. Auch Husserls öfter wiederholter Hinweis, daß alle transzendentalphänomenologischen Einsichten als Wesenseinsichten zu nehmen seien, sollte der Erinnerung dienen, daß die transzendentalphänomenologische Analyse nicht auf ein zufälliges Bewußtseinsleben stößt, sondern auf schlechthin notwendige, universale Wesensstrukturen, sozusagen Formstrukturen eines Bewußtseinslebens überhaupt (VIII, 233). Demgemäß soll die transzendentale Phänomenologie „Wesenslehre des transzendental gereinigten Bewußtseins" sein (III, 114; VIII, 328).

Das besagt zunächst, daß für Husserl keineswegs alle möglichen Wesenseinsichten belangvoll sind, wie sie seinerzeit manche Wesensphänomenologie – in nicht unbedenklicher Beliebigkeit und sehr zum Befremden Husserls – exzessiv erstrebt hat. Vielmehr geht es in der transzendentalen Phänomenologie, da es ihr zuerst und zuletzt um das Wesen von Bewußtsein zu tun ist, allein um die korrelative Grundstruktur von Intentionalität und Gegenständlichkeit, die, mit allen ihren Implikationen und Komplexionen freilich, ihr weitgespanntes und immer reicher sich verzweigendes Forschungsfeld ausmachen wird.

Für eine dergestalt akzentuierte transzendental-eidetische Phänomenologie tun sich einige Fragen auf. Muß es nunmehr darum gehen, Wesenseinsichten für intentionale Bewußtseinserlebnisse und somit für Beziehungen zu gewinnen, so bliebe einmal zu fragen, ob Husserls Wesenslehre dafür zureichende Mittel bereitgestellt hat. Wohl sind Wesen von Akten nicht selber Aktbeziehungen, doch sind sie eben Wesen von Beziehungen, und von sehr besonderer Art. Husserl hat nun die eidetische Variation stets nur an allereinfachsten Beispielen aus der Gegenstandssphäre demonstriert. Wesensklärungen von sachhaltigen Bedeutungen, von ‚Begriffen', zumal schlicht anschaulichen Inhalts, sind aber nicht ohne weiteres übertragbar auf Relationen und gar auf solche von der Struktur des cogito-cogitatum. Dazu finden sich bei Husserl nähere Erläuterungen nicht. Deutlich ist nur, daß auch für derlei Beziehungen das Prinzip freier Phantasieabwandlungen in Kraft bleibt. Insofern erweist sich die eidetische Variation als transponierbar über den Bereich sachhaltiger Bedeutungen hinaus. Auch läßt sie sich in der Tat einfacher vornehmen, auch für die Akte des Bewußtseins, als in abstracto darstellen. So muß hier eine Lücke in der Spezifizierung der Husserlschen Wesenslehre nicht auch einen Mangel an Verwendungsmöglichkeiten bedeuten; und eher könnte vermißt werden, daß Husserl, da er diese erfolgreich für die Bewußtseinserlebnisse nutzte, nicht von ihnen her auch seine Theorie der Wesenserkenntnis vervollständigt hat.

Schwerwiegender wurde dagegen für Husserl eine andere Frage: ob und gegebenenfalls in welchem Umfang denn innerhalb der Epoché von Wesenserkenntnissen Gebrauch zu machen überhaupt zulässig sei. Nun ist für die Phase der *Ideen I* nicht nur bezeichnend, daß Husserl sich diese Frage gestellt, sondern auch, daß er in ihrer Lösung geschwankt und schließlich eine methodisch kaum akzeptable Entscheidung getroffen hat.

Wie konnten Husserl überhaupt Bedenken kommen, ob Wesen innerhalb der Epoché zuzulassen seien, da die transzendentale Reduktion sinngemäß und ausdrücklich der realen Welt galt? Sind Wesen ideale Gebilde des Denkens, von keiner Realität und deren Wandlungen des Geltungsmodus oder ihren ‚Modalisierungen' betroffen, ist in ihnen keinerlei wirkliches Sein gesetzt, so könnte Husserls Bedenklichkeit nicht einmal sinnvoll erscheinen; schon ein Reduktionsversuch griffe hier offenbar ins Leere. Der Tatbestand allein, daß Wesen mit Bezug auf die sie konstituierenden Synthesen akttranszendente Gegenstände sind, macht sie transzendentalphänomenologisch doch nicht fraglich – es sei denn, Husserl hätte Gründe gesehen, nicht nur reale, sondern auch ideale Gegenständlichkeit der transzendentalen Reduktion zu unterwerfen.

Die Gründe, die Husserl hier in der Tat ins Spiel bringt, wie auch seine Unsicherheit ihrer Inanspruchnahme für eine transzendentale Wesensreduktion lassen nun abermals Unstimmigkeiten hervortreten, welche die *Ideen I*, je tiefer betrachtet, desto mehr, beeinträchtigt haben. Zum einen rächt sich jetzt, daß Husserl die Frage, ob Wesen adäquat oder inadäquat erfaßbar sind, anfänglich nicht zu widerspruchsfreier Entscheidung zu bringen wußte. Eben davon aber wollte er die transzendentale Reduktion auch des Eidetischen abhängig machen. Sollte nämlich als Residuum des reinen Bewußtseins die Sphäre vollkommener Selbstgegebenheiten verstanden werden, so mußte folglich adäquate Wesensevidenz zum Trennungskriterium für transzendentale Wesensreduktion werden[45].

Husserl hat schließlich – und mehr als Nachtrag denn als sachlich zwingende Maßnahme am gegebenen Ort – sich entschlossen, Wesenheiten teilweise der Reduktion zu unterwerfen. Das geschah indes nach Gesichtspunkten, die Rechtfertigungsmängel nicht übersehen lassen: Der Epoché verfallen sollten, und zwar „in einer Erweiterung der ursprünglichen Reduktion", alle material-eidetischen Sphären und die ihnen zugehörigen regionalen Ontologien bis auf die eine der Wesensstrukturen des transzendentalen Bewußtseins. Diese ließ sich nicht ausschalten, „da sonst zwar ein reines Bewußtsein, aber keine Möglichkeit für eine Wissenschaft vom reinen Bewußtsein übrig bliebe" und es unmöglich würde, die „Phänomenologie selbst als *eidetische* Wissenschaft, als Wesenslehre des transzendental gereinigten Bewußtseins zu begründen" (III, 111 ff.; II, 47 f.).

Dieses Argument ist vor allem aufschlußreich für Husserls Auffassung der transzendentalen Reduktion des Eidetischen. Es zeigt, daß Husserl mit ihr nicht so sehr eine Erweiterung der ursprünglichen Reduktion als vielmehr eine bezeichnende Bedeutungsverschiebung vornimmt, in der sich die Zweideutigkeit seiner Charakterisierung der transzendentalen Reduktion erneut auswirkt. Denn diese bedeutet für Husserl, auf Wesensgegenstände angewandt, offenkundig nichts anderes als deren Ausschaltung im gewöhnlichen Sinn, ein völliges Beiseitelassen, wogegen eine Thematisierung ihres Existenzsinnes gar nicht vorgesehen ist.

Zum anderen kann verwundern, daß Husserl für die einzig von der transzendentalen Reduktion ausgenommene Wesenserkenntnis, die des transzendentalen Bewußtseins, sich allein von pragmatischen Aspekten leiten läßt: Auschlaggebend ist der Bedarf von Wesenseinsichten in

---

[45] Diese von Husserl (anscheinend auch nur einmal) vorgenommene äußerste Einengung des ‚Residuums' ist um so befremdlicher, als er das reine Bewußtsein längst als zeitlichen Strom von Erlebnissen gesichtet hatte. Hier mag aber auch die fälschliche Gleichsetzung von adäquater und apodiktischer Evidenz noch im Spiel gewesen sein (s. a. Anm. 46).

die Strukturen des reinen Bewußtseins für die transzendentale Phänomenologie als Wissenschaft.

Das ist auch um so bemerkenswerter, als dafür Adäquatheit der Evidenz nicht herangezogen wird. Ohnehin hat bei der Aufteilung in zu reduzierende und nicht zu reduzierende Wesenheiten dieses Kriterium de facto keine Rolle gespielt, es würde auch zu Inkonsequenzen geführt haben. Ein Rest argumentativer Kraft wäre ihm allenfalls verblieben, wenn etwa noch Unterschiede im Evidenzcharakter zwischen den Wesen transzendenter und immanenter Gegenstände auszumachen gewesen wären und Husserl speziell für diese, also für die Bewußtseinserlebnisse, hätte zeigen können, daß in ihrer Selbstgegebenheit, wie sie Husserl hier zeitweilig noch für möglich erachtet hat, noch anderes als nur ihre vollständige Anschaubarkeit liegt. Husserl machte dergleichen tatsächlich geltend, vermochte dies jedoch nur auf Kosten einer anderen phänomenologisch notwendigen und weitreichenden Unterscheidung, die er allerdings erst in späteren Analysen getroffen hat, nämlich derjenigen von adäquater und apodiktischer Evidenz.

Sah Husserl in der Epoché mit dem reinen transzendentalen Bewußtsein einen Bereich absolut unbezweifelbarer Gegebenheiten freigelegt, so konnte sich ihre Apodiktizität rechtmäßig zunächst nur auf die unnegierbare Existenz der reinen Erlebnisse beziehen. Unbeschadet der genaueren Bestimmung ihrer Reichweite, über die erst spätere differentielle Untersuchungen Auskunft würden geben können, wurden jedoch einstweilen beide Evidenztypen gleichgesetzt, sei es, daß Husserl adäquate Evidenz, also vollständige Selbstgebung, genau dann als möglich ansah, wenn ein Gegebenes zweifelsfrei existiert, sei es, daß er für zweifelsfrei Gegebenes inadäquate Erfüllung seiner Intention ausschließen wollte[46]. Solange Husserl noch nicht sah, daß Adäquatheit und Apodiktizität der Evidenz verschieden sind und daß sie auch

[46] So höchstwahrscheinlich – trotz gemäß III, 166 schon 1913 naheliegender Korrektur – noch bis 1925. Ausführlich diskutiert findet sich dieser Unterschied bei Husserl nicht. Die lange Vermengung bleibt auffällig: Adäquate Evidenz ist Sache der Erfüllung von Leerintentionen, apodiktische Evidenz dagegen bezieht sich auf den Modalcharakter des Gegebenen. Daß beide Evidenzen verschieden sind, erhellt schon daraus, daß adäquate Evidenz wesentlich steigerungsfähig ist, apodiktische

keinesfalls zwangsläufig zusammengehören, wird es verstehbar, daß er, dank der vermeintlich doppelten Dignität der Gegebenheit von Immanentem des transzendentalen Bewußtseins, dieses – und genau dieses – vor allen anderen möglichen Gegebenheiten ausgezeichnet fand. Wenn demnach Wesenserkenntnis im Bereich der Erlebnisse auf unumstößlich Zweifelloses, apodiktisch Gegebenes ging und überdies so gehen konnte, daß sie scheinbar adäquat ausfiel, mochte es aber vertretbar sein, sie auch innerhalb der Epoché zuzulassen.

So war Husserl, neben seinen pragmatischen Gründen, dem Anschein nach noch ein weiteres Argument zugewachsen, die transzendentale Phänomenologie als transzendentale Eidetik des reinen Bewußtseins durchzuführen. Daß es durch etliche Unstimmigkeiten, Unterscheidungsmängel, auch einige phänomenologische Fehler in den *Ideen I* erkauft war, sollte erst später offenkundig werden. Sie aber hinderten Husserl nicht, es mit einer Eidetik des reinen transzendentalen Bewußtseins aufzunehmen, deren Resultate, im Zuge künftiger Verbesserungen und Verfeinerungen zumal, für sich sprechen würden, auch ohne daß ihnen im späteren Zusammenhang noch einmal die Stütze haltbarer Legitimation aus einer prinzipiellen Begründung durch eine transzendentale Wesenslehre des reinen Bewußtseins zuteil werden sollte.

dagegen nicht. Auch gehören beide nicht notwendig zusammen. Daß es auch inadäquate Evidenz von apodiktisch Gegebenem gibt, hat Husserl speziell an der Selbsterfassung des Ego expliziert (I, 61 f.).

# Kapitel II

## WELT UND WIRKLICHKEIT
## AUS TRANSZENDENTALER KONSTITUTION

### § 1 *Reines Bewußtsein*
### *als Feld transzendentalphänomenologischer Forschung*

Durch die transzendentale Reduktion ist das dem natürlichen Bewußtsein unlösbare Rätsel der Transzendenz der Welt in eine phänomenologisch zugängliche Frage verwandelt worden. Nachdem weltliche Transzendenz zu einer rein phänomenalen Transzendenz modifiziert wurde und die Welt als transzendental-immanentes Weltphänomen ihr Sein nur mehr als Seinsanspruch geltend macht, ist jetzt näher zu untersuchen, wie reales Sein in seinen mannigfachen Ausprägungen und wie zumal die Welt als ganze im reinen Bewußtsein erscheint. Denn nur aus der Art und Weise, wie sie sich, und zwar als transzendental reduzierte Welt, mitsamt ihrem Seinsanspruch im reinen Bewußtsein darstellt, bekundet oder in diesem ersten, vorläufigen Sinne ,konstituiert', läßt sich für Husserl die Sinnfrage ihres Seins in Angriff nehmen.

In diesem Vorgehen liegt offenkundig keinerlei erkenntnistheoretisches Präjudiz einer Beantwortung der Sinnfrage. Die transzendentale Immanenz der Welt hebt so wenig deren Transzendenz bezüglich des sie erfahrenden Bewußtseins auf, daß sie vielmehr als bewußtseinstranszendente Welt nur aus dem phänomenologischen Studium der Intentionalität innerhalb der Epoché geklärt werden kann. Anders gesagt, es ist erst die transzendentale Reduktion, welche Intentionalität als einen umfassenden Titel aller objektivierenden und im weiteren Sinne aller positionalen Akte zu behandeln und sie als bestimmenden Wesenszug des Bewußtseins freizulegen gestattet und ihre eigene Grundstruktur – als cogito-cogitatum zunächst, als ego-cogito-cogitatum sodann – einer genaueren Analyse zu unterwerfen möglich macht.

Die damit erforderliche reflektive Wendung des Blicks von der als transzendent vermeinten Gegenständlichkeit auf die ihr korrespondierenden Erlebnisse stellt Husserl zunächst vor eine Methodenfrage. Sie ist um so gravierender, als der Reflexion in der Phänomenologie eine universelle methodische Funktion zukommt und sie ihre Einsichten ausschließlich reflektiven Analysen verdankt. Überdies sollen die nur reflektiv zugänglichen Erlebnisse absolut zweifelsfrei sein und jenen Bereich bilden, der für Letztausweisungen in Anspruch genommen werden und der schließlich auch die Phänomenologie als philosophische Wissenschaft tragen soll.

Die phänomenologische Blickrichtung ist reflektive Blickrichtung spezifisch darin, daß in ihr mit dem Akt, welcher reflektiert wird, etwas zu ihrem Untersuchungsobjekt gemacht wird, das im reflektierenden Bewußtsein reell enthalten ist. Husserl drückt es auch so aus, daß die Reflexion, die ihrerseits Akt ist, und der reflektierte Akt zu demselben ,Erlebnisstrom‘ gehören. Genau darin wird das Charakteristikum aller Erlebnisreflexion gesehen, wodurch diese sich insbesondere von der „transzendenten Dingwahrnehmung“, wie Husserl öfter die Wahrnehmung transzendenter Dinge kurz nennt, unterscheidet. Es kommt hier aber noch eine andere wichtige Differenz ins Spiel. Husserl hat von der Dingwahrnehmung zunächst die immanent gerichtete oder kürzer „immanente Wahrnehmung“ unterschieden und sie auch gegen die sogenannte innere Wahrnehmung der Psychologie abgesetzt. Sie ist dadurch gekennzeichnet, daß sie eine unvermittelte Einheit mit ihrem Wahrgenommenen, also dem schlicht vollzogenen Akt, bildet, so daß dieser nur als wesentlich unselbständiges Moment aus dieser Einheit abzusondern ist. Nun hat Husserl in den *Ideen I* die immanente Wahrnehmung von Bewußtseinserlebnissen nicht immer deutlich genug von der Erlebnisreflexion geschieden. Indem er mancherorts jene in diese umstandslos übergehen ließ, konnte der Anschein einer deskriptiven Unstimmigkeit entstehen. Denn während die immanente Wahrnehmung mit dem wahrgenommenen Akt die unvermittelte Einheit einer „konkreten cogitatio“ bildet (III, 68), hat die Erlebnisreflexion ihr Erlebnis „im Blicke“ und macht es zum Objekt, und zwar „zum Objekt *für* das Ich“ (III, 145).

Der immanenten Wahrnehmung entspricht prädikativ nicht mehr und nicht weniger als ein ,Ich nehme wahr‘, wenn ich wahrnehme. Nicht mehr insofern, als immanente Wahrnehmung und wahrgenommener Akt in einer gemeinsamen Intentionsrichtung auf ein Objekt liegen, weshalb Husserl hier auch von einer unvermittelten Einheit *einer* konkreten cogitatio sprechen kann. Nicht weniger aber, weil damit nicht nur mein Wissen vom Ablauf eines Wahrnehmungsaktes gegeben ist, sondern auch, daß ich es bin, der eine primäre Wahrnehmung vollzieht. So taucht in der immanenten Wahrnehmung auf, was im unmittelbaren Vollzug der Wahrnehmung nur erst „in Bereitschaft" liegt (XIX/1, 390), „latent" ist, nämlich mein Ich. Mit der immanenten Wahrnehmung gehört somit künftig zum nicht abweisbaren phänomenologischen Bestand meiner Bewußtseinserlebnisse auch mein Ich: Nicht ein cogitare als ein ichloses Aktwesen, sondern mein cogitare als *cogito* muß fortan Gegenstand der Analyse sein.

Zum Gegenstand aber kann dieses cogito mir nur werden in der Erlebnisreflexion. Daß sie von der immanenten Wahrnehmung verschieden ist, erhellt allein daraus, daß sie mit der immanenten Wahrnehmung noch nicht ohne weiteres gegeben ist. Vielmehr ist sie ein eigens zu vollziehender Akt mit eigener intentionaler Struktur. Ihr würde propositional entsprechen ein ‚Ich nehme mein Wahrnehmen wahr' oder allgemeiner ein Im-Blick-haben meines cogito als des Objekts der Reflexion. Erst damit gewinne ich die maßgebliche Perspektive der Betrachtung meines cogito als der „*Grundform alles ‚aktuellen' Lebens*" (III, 50 f.), und zwar in ihrer vollen Struktur des *cogito-cogitatum*, die zum neuen intentionalen Objekt wird. Für diese aktmäßig strukturierte Erlebnisreflexion aber ergibt sich das in Rede stehende methodische Problem.

Einerseits ist die Reflexion keinesfalls nur eine Widerspiegelung des reflektierten Erlebnisses so, wie es als schlicht vollzogenes oder auch als bereits immanent wahrgenommenes ein Teil des Erlebnisstromes ist. Husserl stellt heraus, daß jederlei Reflexion den Charakter einer Bewußtseinsmodifikation hat (III, 148), denn sie geht aus einer Einstellungsänderung hervor, von der das primäre Erlebnis, gerade auch deshalb, weil es zum selben Erlebnisstrom wie der reflektierte Akt gehört, nicht unbetroffen bleiben kann. Andererseits ist es jedoch allein die Reflexion, durch die überhaupt vom Erlebnisstrom und seiner Bezogenheit auf ein Ich gewußt werden kann und in der Epoché „also davon, daß er ein Feld freien Vollzuges von

Cogitationen des einen und selben reinen Ich ist" (III, 150). In der Reflexion wird mithin nicht nur das Wissen, welches immanente Wahrnehmung gibt, überboten, indem deren gewußtes cogito als solches gegenständlich wird; es tun sich in ihr auch Möglichkeiten des Wissens von Erlebnissen auf, nach denen ohne ihre Betätigung nicht einmal sinnvoll gefragt werden könnte. Dieses nur reflektiv zu vermittelnde Wissen ist angezeigt in Husserls Begriffen des *Erlebnisstroms* und des *Bewußtseinsfeldes*.

Die durch die Reflexion bewirkte Erlebnismodifikation kann somit nicht einfach als Mangel gewertet werden, als würde durch sie nur verzerrt vor Augen gebracht, was ohne sie unverstellt als unmittelbares intentionales Leben sich abspielt. Mögen zwar die cogitationes erst in der Reflexion zu dem werden, was sie sind (III, 144), so bliebe doch ohne derartige Reflexion für immer unzugänglich, was Bewußtsein im ganzen ist: ein Strom von Erlebnissen, im beständigen Fließen ohne Anfang und Ende in einer eigentümlich strukturierten Zeit, zentriert in einem Ich, wodurch es zugleich die Struktur eines prinzipiell unbegrenzten Feldes hat.

Für die Gewinnung der Feldstruktur des Bewußtseins ist entscheidend, daß über die Anfänge der Analyse einzelner intentionaler Erlebnisse hinausgegangen werden muß. Husserl hatte die ersten Schritte dazu, und zwar speziell im Hinblick auf die Erlebnisweisen von Zeit, bereits 1905 getan, und die damals begonnenen Analysen des inneren Zeitbewußtseins sollten ihm zu einem niemals ruhenden Thema werden (X, 3 ff.). Was darin über die Zeitstruktur des Bewußtseins und die Wesensgesetzlichkeit des Ablaufs seiner Erlebnisse zutage trat, sollte seine volle Bedeutung erst künftig in der ‚genetischen' Phänomenologie zu erkennen geben. Indessen zeigte sich auch in der vorerst noch ‚statisch' orientierten Analyse bald schon die Notwendigkeit, die Begrenzung der Untersuchung einzelner Akte zu überwinden, da insbesondere diejenigen Bewußtseinsweisen einzubeziehen waren, in denen über die einzelnen transzendenten Gegenstände hinaus ihr Zusammenhang als *Welt* erfahren wird.

Die Welt, von Husserl in allererster Näherung umschrieben als der „Gesamtinbegriff von Gegenständen möglicher Erfahrung und Erfahrungserkenntnis" (III, 8) und darin ein universaler, geregelter und gesetzlich geordneter Zusammenhang alles einzelnen Realen, läßt sich phänomenologisch nicht aus lauter aktuellen cogitationes verstehen. Der Existenz der Welt kann mithin nicht einfach ein Geflecht aus aktuellen Setzungen entsprechen. Auch was in der Epoché die ,Generalthesis' der Welt bedeutet, kann nicht als ein bestimmter Setzungsakt, geschweige denn als ein Akt prädikativen Urteilens verstanden werden. Dem liefe nicht nur zuwider, daß im natürlichen Hineinleben in die Welt ihre Existenz niemals ausdrücklich festgestellt, sondern vorprädikativ schon angenommen und daß in allem Urteilen über einzelnes Seiendes sie stets mitgemeint ist. Vielmehr wäre darin auch die spezifische Gegebenheitsweise desjenigen Zusammenhangs verkannt, welche sie als Welt überhaupt erfahren läßt. Angezeigt ist sie unter dem Titel *Horizont*.

In der natürlichen Welterfahrung wird so etwas wie Horizont erfaßt als mehr oder weniger diffuse Grenze verschwimmend-verschwindender Konturen von anschaulich Gegebenem in der Ferne – so indes, daß ihre Erfahrung zugleich ein Jenseits an Möglichkeiten und „Vermutlichkeiten" neuer Erfahrungen antizipiert, die zwar inhaltlich leer, aber der Form nach durch den vertrauten Erfahrungsstil vorgezeichnet sind, die auch im Hinausschieben der Grenzen sich in neue Tatsächlichkeiten aktueller Zuwendung verwandeln lassen. Horizont bedeutet insofern prinzipiell endlose, kontinuierliche Fortsetzbarkeit anschaulich fundierter Erfahrung – dergestalt jedoch, daß seine Beweglichkeit nicht nur Zuwachs, sondern auch Einbuße mit sich bringt: Jede Horizonterweiterung, vorgenommen im Vorblick auf neue Erfahrung in Aktualisierung dessen, was zu gegebener Zeit und an gegebenem Ort im Bereich bloßer Möglichkeiten liegt, wird erkauft mit einem Horizontverlust, einem Verschwinden von aktuell Gegebenem in andere, zurückweichende Ferne.

Was die Welt horizonthaft strukturiert sein läßt, ist jedoch nicht allein dieser Fernhorizont, sondern ist bereits ein Umstand der Nähe jedes einzelnen Vorkommnisses in ihr. So findet sich jeder Gegenstand unmittelbarer Erfahrung nur in einer Umgebung von anderen und vor anderen, die seinen Nahhorizont bestimmen. Auch in seiner möglichen Verschiebung erzeugt und löst sich im fortwährenden Wechsel die Spannung von bereits Präsentem und noch Antizipiertem, von schon Aktuellem und nur erst potentiell Gegebenem wie im Fernhorizont, mit beweglicher Erfahrungsbilanz auch hier. So erscheint in ferneren Dingen lediglich fortgesetzt, was jeweils schon ihre nahe und nächste Umgebung bestimmt.

Husserl hat insbesondere diesem Strukturmerkmal des Nahhorizonts viele Einzelanalysen gewidmet. Der Horizonthaftigkeit dankt alle weltliche Realität ihr wesenhaft unvollkommenes Gegebensein, ihr Erscheinen in Einseitigkeiten, in perspektivischen Abschattungen, da nur ein Kern von wirklich Dargestelltem aktuell gegeben ist. Umgeben ist er von einem Horizont uneigentlicher Mitgegebenheit in mehr oder minder vager Unbestimmtheit. Sie aber bedeutet nicht schlechthin Bestimmungslosigkeit, sondern hat ihre vorgezeichnete Struktur durch den „Sinn des Dingwahrgenommenen überhaupt" und ist insofern Bestimmbarkeit eines fest vorgeschriebenen Stils, die freilich niemals vollständig eingelöst werden kann. „In dieser Weise in infinitum unvollkommen zu sein, gehört zum unaufhebbaren Wesen der Korrelation Ding und Dingwahrnehmung". Und nicht nur zu dieser. Husserl fügt sogleich hinzu, „daß transzendentes Sein überhaupt, welcher Gattung es sein mag, ... nur zur Gegebenheit kommen kann in analoger Weise wie ein Ding ..." (III, 81). Husserl hat diesen Sachverhalt oftmals dazu benutzt, bestimmte Grundsachverhalte der Korrelativität von Bewußtsein und transzendenter Gegenständlichkeit am Beispiel der Dingwahrnehmung zu demonstrieren. Die Modellfunktion der Dingwahrnehmung sah er darin gegeben, daß der Sinn von Gegenständlichkeit allgemein zuletzt auf Wahrnehmung verweist und daß sich im gesetzmäßigen Aufbau der Wahrnehmungsintentionalität, unbeschadet spezifischer Besonderheiten anderer Akte je nach der betreffenden Grundart von Gegenständlichkeit, eine Urgesetzlichkeit des Bewußtseins zu erkennen gibt[47].

Damit ist indes die Horizontstruktur transzendenter Gegenstände noch nicht vollständig erfaßt. Ihre Gegebenheiten der Ferne und Nähe bezeichnen Außenhorizonte, Erfahrungserkenntnis nur extensiv regulierend. Für sie ist aber in fortschreitend weiterem Erwerb dessen, was ‚ferner' zu den Dingen der Welt gehört, ebenso wesentlich eine

---

[47] Dazu III, 81; XI, 19, 320.

Weise des Vordringens, das nicht in die Umgebung der Dinge, sondern in sie selbst hinein zielt. Dem hat Husserl die Innenhorizonte der Dinge zugeordnet (VIII, 147, 163). Die prinzipiell auch hier in infinitum mögliche, ‚fortlaufende‘, aber niemals definitiv abzuschließende Näherbestimmung eines Gegenstandes in seiner Sachstruktur unter Einschluß aller Möglichkeiten der Andersbestimmung bei tieferem Eindringen in den jeweils neu sich bildenden „Hof von unbestimmter Bestimmbarkeit" rechtfertigt es auch hier, nicht bloß metaphorisch von ‚Horizont‘ zu sprechen (III, 129).

Dabei kann es freilich phänomenologisch sein Bewenden nicht haben. Horizonthaftigkeit ist nicht bloß ein deskriptiver Befund in natürlicher Einstellung; sie ist vielmehr ein Titel phänomenologischer Aufweisungen im reinen Bewußtsein. Als Grundstruktur der Welt gegenständlich erscheinend, verlangt sie, weil gemäß dem universalen Korrelationsapriori von Welt und Bewußtsein jene in diesem sich darstellen und Bewußtsein die strukturellen Bedingungen der Konstitution von Welt bereithalten muß, daß nunmehr für sie nach Entsprechungen auf der Seite der Erlebnisse zu suchen ist. Dem Unterschied von Gegenständen und ihrem Hintergrund muß ein Unterschied auf der Erlebnisseite entsprechen. Denn „dieses Horizontbewußtsein bezeichnet einen in der Tat wesentlich andersartigen Bewußtseinsmodus gegenüber dem spezifischen Gerichtetsein-auf ..." (VIII, 145). Den miterfaßten Gegebenheitsweisen der Dinge, in denen sich ihr Zusammenhang und Zusammenschluß zur Welt konstituiert, korrespondieren demnach bestimmte eigentümliche Bewußtseinsweisen, die nicht als Akte im bisherigen Sinne beschrieben werden können.

Akte waren zunächst grob gekennzeichnet worden als intentionale Beziehungen auf Gegenstände. Wie aber jeder Gegenstand wesensmäßig nur erfaßt wird unter Mitgewahrung seiner Umgebung, auf welche ihrerseits weitere aktuelle Intentionen sich richten können, so hat auch jede entsprechende cogitatio ihre erlebnismäßige Umgebung, welche ebenfalls in thematischer Zuwendung in die Aktualität eines cogito gelangen kann. Wird nun fortan der Begriff des Aktes mit Husserl dem aktuellen intentionalen Erlebnis oder dem des cogito in Abhebung gegen seinen Erlebnishorizont vorbehalten, so ergibt sich also, daß die Intentionalität des Bewußtseins nicht aus lauter

Aktvollzügen bestehen kann. Vielmehr ist von ihrer *Aktintentionalität* ihre *Horizontintentionalität* zu unterscheiden. Wie beide zueinander stehen, lehrt zunächst die reflektive Betrachtung der Zeitstruktur des Bewußtseins[48].

Jedes cogito ist aktuelles Erlebnis als jetzt vollzogenes – so indes, daß es als jetziges sogleich vergeht. Aber auch als gewesenes bleibt es noch gegenwärtig, wird noch im Blick behalten während einer retentionalen Phase, ehe es in einen dunklen Zeithintergrund unaufhaltsam und unwiederholbar versinkt. Allenfalls vermöchte Wiedererinnerung, Erinnerung im gewöhnlichen Sinn, es zu vergegenwärtigen, ohne ihm jedoch jemals seine originäre Gegenwärtigkeit zurückgeben zu können. Entsprechendes gilt für die protentionale Phase vorblickender Erwartung eines Jetzt, und das Gegenstück zur Wiedererinnerung ist dann die Zukunftserwartung. Während aber Erinnerung und Erwartung gesonderte, jeweils auch besonders motivierte Akte höherer reflektiver Stufe im Bezug auf das originäre Jetzt-Erlebnis sind, hängen primäre Erinnerung und Erwartung, Retention und Protention, kontinuierlich mit der originären Phase des Jetzt zusammen und machen die Dauer eines Erlebnisses aus. So bietet sich jedes Erlebnis in sich selbst als „ein Fluß des Werdens, es ist ... ein beständiger Fluß von Retentionen und Protentionen, vermittelt durch eine selbst fließende Phase der Originarität, in der das lebendige Jetzt des Erlebnisses gegenüber seinem ‚Vorhin‘ und ‚Nachher‘ bewußt wird" (III, 149).

Auf diese Weise gibt sich die Zeit als eine notwendige Form des Bewußtseins zu erkennen – durch immer neue Inhalte, nämlich durch die einzelnen Erlebnisse hindurch verharrend, deren jedes seine Dauer, sein ‚während‘ hat, und deren doch keines dauert und währt, sondern vorübergeht. Indem so sich Dauer an Dauer stetig zu einem Erlebniskontinuum schließt, bieten sich alle Einzelerlebnisse im doppelten Sinn des Wortes nur als ‚Momente‘ in einem *Erlebnisstrom* dar, und zwar in einer Zeitgestalt, die als immanente Zeit oder Zeit des ursprüng-

---

[48] Diese selbst ist hier nicht Gegenstand. Auf der derzeitigen Betrachtungsstufe verzichtet Husserl ausdrücklich darauf, „in die dunklen Tiefen" des Zeitbewußtseins selbst hinabzusteigen (III, 171). Vielmehr sind die Erlebnisse hier als einheitliche zeitliche Vorgänge in der immanenten Reflexion hinzunehmen. Weiteres hier S. 156 f., 163 f.

lichen Zeitbewußtseins nicht nur strukturell von der objektiven Zeit abweicht, sondern dieser auch als notwendige Bedingung ihrer Konstitution voraufliegt. Dieser Erlebnisstrom hat weder Anfang noch Ende. Er kann nur als ein offen-endloser Strom gedacht werden. Denn kein Erlebnis kann aufhören, retentional absinken ohne Bewußtsein seines Aufhörens und Absinkens, welches jedoch zugleich Bewußtsein eines weiteren originären Jetzt in neuer Erlebnisauffüllung ist. Damit würde die Frage nach einem ersten oder letzten Erlebnis kraft seiner ihm wesensmäßig zugehörigen temporalen Horizonte ohne Sinn bleiben.

Die prinzipielle Grenzenlosigkeit des Erlebnisstroms kann allerdings nicht so gegeben sein, wie einzelne Erlebnisse mit ihren temporalen Phasen immanenter Zeitlichkeit in ihm gegeben sind. Trotzdem hat auch sie nicht bloß ihre pure Denknotwendigkeit, sondern auch ihre eigene Weise zweifelsfreier Gegebenheit. Die Rede vom Erlebnishorizont bezieht sich denn auch nicht nur auf den immanent-zeitlichen Umgebungshorizont jedes einzelnen Erlebnisses; sie verweist mit diesem zugleich auch auf neuartige Gegebenheitscharaktere jedes Erlebnisses selbst. Zu ihnen zählen zum einen Unterschiede seiner Abgehobenheit gegen seine umgebenden Erlebnisse nach verschiedenen Graden der Klarheit und Deutlichkeit. Zum anderen und insbesondere gehört zu ihnen ferner das Bewußtsein von einem Erlebnis als eines prinzipiell Unselbständigen. Daß jedes aktuelle cogito ergänzungsbedürftig ist im Hinblick auf seinen kontinuierlichen Zusammenhang mit anderen Erlebnissen, ist für Husserl aber nur ein anderer Ausdruck dafür, daß der Erlebnisstrom „nichts aufs Geratewohl Gesetztes und Behauptetes, sondern ein absolut zweifellos Gegebenes" ist. Gegeben ist er allerdings nur in der Weise einer kantischen Idee. Das besagt phänomenologisch, daß seine Zweifellosigkeit eine ganz andere Quelle hat als diejenige für die Existenz einzelner Erlebnisse. Es besagt aber auch und vor allem, daß eine vollständige Erfassung des Erlebnisstroms unmöglich, daß adäquate Evidenz für ihn unerreichbar ist.

Bevor den tiefgreifenden Konsequenzen dieses Sachverhalts weiter nachgegangen wird, ist noch eine hier bisher ausgesparte, wenngleich bereits mitgeführte Eigentümlichkeit des reinen Bewußtseins herauszustellen. Sie hängt mit der zeitlichen Form des Erlebnisstroms so eng zusammen, daß sie diesem allererst zu seiner spezifischen Struktur verhilft. Sie ist gekennzeichnet als *Einheit* des Erlebnisstroms oder auch als Einheit des Bewußtseins. Mit ihr tritt zugleich hervor, was bei Husserl der Begriff des Bewußtseinsfeldes besagt.

In der Erlebnisreflexion bietet sich jedes *cogito*, jeder Akt also im terminologischen Sinn, als *Akt meines Ich* (III, 160 ff.). Herausgehoben aus seiner intentionalen Umgebung, scheint nun das cogito auf den ersten Blick in solcher Ichbezogenheit eine Besonderheit zu haben, während die inaktuellen Erlebnisse seines Vorher und Nachher ihrer jedenfalls insofern ermangeln, als in ihnen das Ich in Latenz bleibt. Doch haben, fürs erste roh und ungenau formuliert, auch sie ihren Anteil an meinem wachen, patenten Ich. Denn auch alle Hintergrunderlebnisse meines aktuellen cogito sind die meinen. Auch in ihnen lebe ich; und was jeweils momentan außerhalb meiner Ichaktualität liegt, ist doch insofern mir zugehörig, als es ein Horizont für mögliche aktuelle Zuwendungen ist. So sind nicht nur die aktuellen, sondern alle Erlebnisse meines Bewußtseins Erlebnisse meines Ich. Ein jedes, das aus einer je schon vorhandenen Umgebung an Inaktualitäten in die originäre Phase eines aktuellen Jetzt eintritt, hat als dieses seinen Originaritätshorizont meines Ich-jetzt, und nur von ihm her kann überhaupt die Zeitform des Strömens meiner Erlebnisse in Sicht treten und die Struktur der immanenten Zeitlichkeit meines Bewußtseins nach ihren drei Phasen faßbar werden.

Ebenso ist es die unabweisbare Ichzentrierung des Erlebnisstroms, welche die Einheit meines Bewußtseins bedingt. Als ichzentrierte Einheit ist mein Bewußtsein jedoch nicht nur ‚Strom‘, sondern auch ‚Feld‘; und wenngleich beide Ausdrücke zusammen, als Metaphern im gewöhnlichen Sprachverständnis genommen, wenig stimmig erscheinen, so gehören sie phänomenologisch doch engstens darin zusammen, daß hier die besondere Zeitstruktur des Strömens, da es eben Strömen von ichzentrierten Erlebnissen ist, die notwendige Form für diese ist und sie nach Aktualitäten und Potentialitäten gliedert. So spricht Husserl mit gleichem Recht des Bildes sowohl vom „Zeitfeld" des Ich wie vom „Feld der Potentialität für freie Akte des Ich" (III, 165, 192).

Damit ist die Feldstruktur des reinen Bewußtseins jedoch nun erst in groben Zügen angedeutet. Denn in der Horizontintentionalität geht es nicht nur um den Wechsel von Aktualität und Potentialität in zeitlicher Hinsicht. Wie jede gegenständliche Gegebenheit nicht nur ihre Außenhorizonte in anderen Gegebenheiten, sondern wie sie in sich selbst noch innere Horizonte für ihre eigene Näherbestimmung hat, so zeigt dementsprechend auch jedes cogito noch intentionale Horizonte bezüglich seiner eigenen Bestimmtheiten. Diese Problematik ist aber mit der Frage nach seiner temporalen Umgebung noch gar nicht berührt. Die Untersuchung der Binnenhorizonte der Erlebnisse wird auf ‚Implikate‘ der Akte stoßen, für deren Ermittlung die Intentionalanalyse erst noch zur genetischen Konstitutionsanalyse fortgebildet werden muß.

Solange dieses Instrumentarium – das eigentliche methodische Rüstzeug der Husserlschen Spätphilosophie – noch nicht entwickelt ist, bleibt indes auch eine andere Problematik noch weitgehend verdeckt. Kaum zufällig ist bei Husserl bis zur Ausbildung genetischer Verfahren auch jenes Ich im Schatten phänomenologischer Aufhellung geblieben, das als einheitsbildendes Bezugszentrum aller Erlebnisse des reinen Bewußtseins längst schon in den Blick der phänomenologischen Reflexion geraten ist und Husserl veranlaßt hat, es als reines Ich in der Epoché dem phänomenologischen Residuum des Bewußtseins zuzuschlagen (III, 109 f., 160 f.). Zwar hatte Husserl auch für die Untersuchung des Ich die Weichen schon mit dem Beginn der transzendentalen Phänomenologie gestellt. Doch ging die weitere Forschung zunächst in die Richtung strukturanalytischer Erhebungen, wie sie vornehmlich für die cogitationes als aktuelle Erlebnisse nach der transzendentalen Reduktion fällig geworden waren. War reines Bewußtsein ohnehin „ein großes Feld mühseliger Feststellungen" (III, 179), so konnten seine Einzelprobleme nur schrittweise in Angriff genommen werden.

Reines Bewußtsein war aber nicht um seiner selbst willen von Husserl als Feld transzendentaler Forschung in Aussicht genommen worden. Vielmehr sollte seine Untersuchung im Dienst der nach wie vor offenen erkenntnistheoretischen Problematik stehen. So waren innerhalb der Epoché als nächstes ältere Fragen der *Logischen Unter-*

*suchungen* wieder aufzunehmen. Das Beziehungsgeflecht von Akt, intentionalem und intendiertem Gegenstand war neu und schärfer ins Licht getreten, da die transzendentale Reduktion neuartige und erkenntnistheoretisch maßgebliche Unterscheidungen zwingend gemacht hatte. Sie führten Husserl auf die Problematik von Noesis und Noema. Ihre Korrelation erweist sich als eine durch alle intentionalen Strukturen hindurchgreifende wechselseitige Beziehung. Noetisch-noematische Analysen bilden deshalb das methodische Grundgerüst, das Zentralproblem der Husserlschen Phänomenologie, die Intentionalität des Bewußtseins, unter transzendentalem Aspekt neu und vertieft aufzugreifen.

### § 2 Noesis und Noema

Über frühere Beschränkungen der Analyse ist Husserl inzwischen in zweierlei Hinsicht hinausgelangt. Zum einen führte die Entdeckung der Horizonte zu einer fälligen Konkretisierung des Intentionalitätskonzepts. Während aber die Horizontintentionalität nur erst eine Aufgabe für die Weiterentwicklung des Analyseverfahrens blieb und gleichsam den methodischen Hintergrund bilden sollte für die spätere genetische Analyse, nahm Husserl eine andere aktanalytische Differenzierung mit der Problematik von Noesis und Noema in den *Ideen I* in ganzer Schärfe auf. Ihre Lösung wird sich als maßgeblich für die transzendentalphänomenologische Antwort auf die erkenntnistheoretische Grundfrage nach der Realität der Welt bereits darin erweisen, daß allererst aus der Sicht auf das noetisch-noematische Korrelationsgefüge des transzendentalen Bewußtseins die Realitätsfrage präzis gestellt werden kann.

Dazu seien hier zunächst zwei Distinktionen herausgehoben, welche die Arbeit Husserls seit je bestimmt haben und in zwei verschiedene, tiefere Problemdimensionen verweisen.

Erstens hat sich jeder intendierte Gegenstand gezeigt als einer und derselbe in einer unbegrenzten Vielheit von Einzelakten, die sich auf ihn richten. Dabei war in den *Logischen Untersuchungen* die Identität des Gegenstandes noch ganz aus der Mannigfaltigkeit der entsprechenden Akte verstanden worden, und die so gefaßte Gegenstandsidentität hatte Husserl einen ersten Leitfaden der Aktanalyse geliefert. Vertieftes Aktstudium hatte dann insbesondere auf die identifizierenden Synthesen zur Erfassung des Gegenstandes geführt. Sie boten zugleich Beispiele für gesetzmäßige Aktzusammenhänge und verlangten, die Untersuchung der Intentionalität nicht auf singulierte Akt-Gegenstands-Beziehungen, sondern auf Strukturzusammenhänge von Akten abzustellen.

Eine weitere Distinktion gehört zum Wichtigsten, was bereits Husserls frühe Aktanalyse ebenfalls zutage gefördert hat. Bezieht sich die erste auf Aktmannigfaltigkeiten im Hinblick auf ihren einen, identisch erfaßten Gegenstand, so geht es nun darum, daß in jedem Akt dieser Mannigfaltigkeit der fragliche Gegenstand, wiewohl er als der eine Gegenstand gemeint ist, stets nur in einem bestimmten Aspekt gegeben ist. Mit dergleichen perspektivischen Abschattungen, wie sie mutatis mutandis wesensmäßig für jede Gegenstandsauffassung gelten, kommt eine weitere Relation ins Spiel: diejenige zwischen *Akt* und *Gegenstand im Wie seines Gegebenseins* oder seinem *gegenständlichen Sinn*. Jeder Akt hat seine intentionale Entsprechung nicht einfach in einem bestimmten Gegenstand, sondern in einem spezifischen Gegenstandssinn desselben. Er gibt den Gegenstand in ‚seinem‘ – und nur seinem – ‚Sinn‘; und dieser Gegenstandssinn ist wiederum identisch einer gegenüber einer numerischen Vielheit von ‚gleichsinnigen‘, aber beispielsweise schon durch zeitliche Intervalle voneinander verschiedenen Akten. Da aber alle derartigen Akte ihn jeweils nur in ‚ihrem Sinn‘ vorstellig machen, müssen andere auf ihn gerichtete Akte hinzukommen, damit er ‚im vollen Sinn‘ erfaßt werden kann.

Mithin ist einerseits jeder Gegenstand im Wie seines Erscheinens identisch einer gegenüber der Vielheit der ihn intendierenden Akte. Wiederum ist aber der gemeinte, wirkliche Gegenstand seinerseits einer mit Bezug auf die Vielheit seiner Gegebenheitsweisen oder Gegenstandssinne – und kann doch als dieser eine und wirkliche Gegenstand nicht anders erfaßt werden als im geregelten Durchlaufen dieser Vielheit.

Das waren bereits Erkenntnisse der vortranszendentalen Phänomenologie. Wie nehmen sie sich innerhalb der Epoché aus, und was kommt in der transzendentalen Sichtweise Neues hinzu?

Die transzendentale Reduktion hatte darin bestanden, alle Transzendenzen der natürlichen Einstellung zu transzendentalen Transzendenzphänomenen zu machen, damit so auch die Relation zwischen immanentem und transzendentem Gegenstand als eine transzendental immanente Gegebenheit des reinen Bewußtseins genauer untersucht werden konnte. Insbesondere hatte sie mit der Inhibierung des Seinsglaubens und der Modifizierung transzendenten Seins zum Seinsphänomen dessen Seinscharaktere thematisch werden lassen.

Liegt aber genau darin die entscheidende methodische Funktion der transzendentalen Reduktion, so gilt es nun, in solche Thematisierung analytisch genauer einzudringen. Denn offensichtlich ergeben sich nun sowohl auf der Seite der Akte als auch auf der der Gegenständlichkeit neue Sachverhalte. Insbesondere zählt zu dieser nicht mehr allein der intentionale Gegenstand der natürlichen Einstellung, indessen der intendierte, wirklich existierende Gegenstand bewußtseinstranszendent bliebe. Vielmehr gehört jetzt auch dieser, da er zum als wirklich seiend vermeinten Gegenstand reduziert ist, transzendental zum intentionalen Erlebnisinhalt. Damit aber müssen sich analytische Konsequenzen auch für die Akte ergeben.

Das führt Husserl zunächst zu einer terminologischen Neuerung. So ist, statt von Akten oder cogitationes, fortan vorwiegend die Rede von *Noesen*. Sie indiziert eine erkenntniskritisch bedeutsame Akzentuierung. Bisher war im reellen Bestand der Akte nach Empfindungsdaten und Auffassungscharakteren, sensueller Hyle und intentionaler Morphé unterschieden worden; und diese Differenzierung schien insoweit analytisch komplett, als mit den Auffassungscharakteren jene sinnapperzeptiven Momente ausgemacht waren, durch die nicht allein die Beziehung der Akte auf Gegenständlichkeit überhaupt sich herstellt, sondern sich zugleich auch so konkretisiert, daß der fragliche Gegenstand jeweils als ein so und so bestimmter erscheint. Die transzendentalphänomenologische Analyse verlangt darüber hinaus nunmehr, daß an dergleichen sinnapperzeptiven Aktmomenten noch die doxisch-thetische Komponente abgehoben wird. Speziell diese erhält fortan die Bezeichnung *Noesis*. Sie ist maßgebend dafür, daß ein Gegenstand nicht bloß als ein aktqualitativ bestimmter – etwa als wahrgenommener, vorgestellter, gedachter – Gegenstand apperzipiert, sondern daß er als jeweils dieser auch in einem bestimmten Seinssinn hervorgehoben wird; mag er als wirklicher, fraglicher, möglicher, zweifelhafter Gegenstand gemeint sein.

Somit steht, was Husserl früher als Aktmaterie bezeichnet hat, jetzt als eine Trias von Komponenten vor Augen, deren thetische die entscheidende Rolle für die Ausweisung von Transzendenz und Wirklichkeit spielt. Denn die Noesen sind es, in denen sich die gegenständliche Beziehung der Akte herstellt, und zwar so, daß sich in ihnen speziell die Sinngebung, nämlich die Zuweisung eines bestimmten Seinssinns an den Gegenstand, vollzieht.

Der analytischen Abhebung der Noesis der Akte wird auf der Seite der Gegenständlichkeit Rechnung getragen unter dem korrelativen Begriff des *Noema*. Seine genaue Bestimmung ist um einiges schwieriger als die des Begriffs der Noesis[49]. Bei Husserl ist sie mancherorts undeutlich und sogar irreführend ausgefallen. Seine eigene ambivalente Auslegung der transzendentalen Reduktion in den *Ideen I* hat auch das wichtige transzendentalphänomenologische Lehrstück von Noesis und Noema überschattet.

Seine Bedeutung hat dieses Lehrstück im wesentlichen darin, daß erst mit der noetisch-noematischen Akzentuierung der intentionalen Beziehungen genauer greifbar wird, was in der Epoché für den wirklichen Gegenstand vor der Reduktion sein transzendentaler Status als Gegenstandsphänomen eigentlich besagt. Dergleichen Phänomen besteht zunächst genau darin, daß der Gegenstand – neben allem, in dem er sonst noch erscheint – insbesondere in einem bestimmten Seinsmodus, und zwar dem ausgezeichneten des Wirklichseins, erscheint. Nichts anderes als das so verstandene Gegenstandsphänomen oder der

---

[49] Dem Wortsinn nach ist das Noema Produkt von Noesen. Inwiefern es Produkt ist, zeigt sich erst in der konstitutiven Analyse. Von vornherein ist aber zu beachten, daß beide Begriffe transzendental zu verstehen sind. Wenngleich Husserl ihre außertranszendentale Verwendung auch in gewisser Weise für zulässig hielt – und insofern stellt der Gegenstandssinn, das Noema, eine Erweiterung des semantischen Sinnes der Wortbedeutung dar –, geschah es doch nicht zufällig, daß Husserl seine noetisch-noematische Terminologie erst nach der transzendentalen Reduktion einführte. Erst mit ihr sind denn auch die thetischen Momente der Akte, eben die Noesen, abzuheben und die vormals „intentionale Gegenstände" genannten Gegenstandssinne oder Gegenstände im Wie ihres Erscheinens unter ausdrücklicher Thematisierung ihres Seinsmodus als Noemata zu fassen.

transzendental-immanente Gegenstand in seinem Wirklichkeitsanspruch ist es, was das Noema des Gegenstandes im weitesten Sinne ausmacht. Dazu gehört also alles, was in Entsprechung zu korrespondierenden Akten steht und darunter nun vornehmlich, in thematischer Hervorhebung kraft doxischer Thesen oder der noetischen Aktmomente, ein phänomenales Sein des Gegenstandes, welches weiterhin auf Sinnklärung und rechtmäßige Ausweisung seines Anspruchs als wirkliches Sein wartet. Husserl hat demgemäß das Noema kurz apostrophiert als das „Erscheinende als solches", das es gelte, im Rahmen der Epoché „in reiner Hingabe an das wesensmäßig *Gegebene*" getreu zu beschreiben; und damit war ihm, bezogen wiederum auf das Beispiel der Dingwahrnehmung, gleichbedeutend, „die Wahrnehmung in noematischer Hinsicht beschreiben" (III, 183). Das Noema also nichts anderes als das transzendentale Gegenstandsphänomen, bloß in der angedeuteten Akzentuierung?

Die Frage bedarf um so mehr der Erörterung, als Husserl den direkten Weg für ihre verdiente Verneinung durch eine bezeichnende Schwierigkeit verstellt hat. Denn er hat jenes „Erscheinende als solches" zunächst unter ausdrücklicher Ausschaltung seines Wirklichkeitsanspruchs genommen. Wohl wollte er an ihm dasjenige untersucht sehen, was rein im gegenständlichen Sinn eines Aktes liegt, was dieser in seiner Beziehung auf den erscheinenden Gegenstand ‚im Sinn hat‘, ohne indessen auch sogleich zu berücksichtigen, daß zum „wesensmäßig Gegebenen" eines Aktes eben auch und unablösbar ein bestimmter Seinssinn des Gegenstandes gehört – ein Sinn, der in der noetisch-noematischen Korrelationsanalyse aber von vornherein in Rechnung zu stellen ist, wenn anders die Differenz zwischen Sein und Schein, Wahrheit und Trug ihrer Bedeutung in der transzendentalen Einstellung nicht ganz und gar verlustig gehen soll.

Nun läßt sich für den Anfang der Analyse die Ausklammerung des gegenständlichen Seinsmodus immerhin dadurch rechtfertigen, daß am Gegenstandsphänomen gerade unter bewußtem Absehen von seinem Seinscharakter eine Fülle von Wesenszügen sich zeigt, wie sie Husserl auch außerhalb des noetisch-noematischen Problemrahmens wiederholt exponiert hat. So gehört beispielsweise das einseitige Erscheinen des Gegenstandes, das unterschiedliche Wie seines Gegebenseins in seinen perspektivischen Abschattungen samt allen darin je schon mitgegebenen Verweisungen, deren synthetische Einigung ihn erst zu ‚dem' erscheinenden Gegenstand macht, durchaus zu seinem Noema. Auch wird darin das Noema eines Gegenstandes nicht als eine schlichte, einfache Gegebenheit, sondern als eine noematische Einheit deutlich, die eine je nach Gegenstandstypus kontinuierliche oder gestufte Synthesis aus Teilnoemen ist. Zwar ist deren jedes für sich bereits insofern Gegenstandsnoema, als sich in ihm jeweils ein bestimmtes Wie des erscheinenden Gegenstandes, im Unterschied zu einem anderen Wie, aktualisiert. Es kann jedoch nicht ‚das' Gegenstandsnoema sein, weil für dieses die einzelnen seiner noematischen Gegenstandssinne erst synthetisch geeinigt werden müssen und nur unter spezifischen Bedingungen der Einstimmigkeit geeinigt werden können[50].

Diese Synthesis ist früher schon als eine identifizierende Synthesis hervorgetreten. Was sie bedeutet und worin sie besteht, und zwar in prinzipieller Allgemeinheit für Gegenstände aller Modi von Sein, kann aber erst an der noetisch-noematisch aufgeschlossenen Intentionalität gezeigt werden. Identität eines erscheinenden Gegenstandes impliziert sowohl Verschiedenheit wie Nichtverschiedenheit. Liegt nun jene in den einzelnen Teilnoemen, so diese in einer einheitlichen doxischen Thesis, welche, in den verschiedenen einzelnen Gegenstandssinnen dieselbe, deren Synthesis allererst ermöglicht und sie als Teilnoemata zum Gesamtnoema *des* Gegenstandes zusammenschließt. Die Identität noetischer Setzung durch alle verschiedenen partiellen Gegenstandssinne ‚hindurch' ist es also, die das Erscheinen eines einheitlichen Gegenstandes verbürgt und darin zugleich für seinen bestimmten Seinsmodus aufkommt.

Wenn Husserl dagegen an manchen Stellen den Anschein erweckt, als sei das Noema dasjenige, was rein im Wesen des Gegenstandes ohne Rücksicht auf seine Wirklichkeit oder Unwirklichkeit liegt[51]

---

[50] Für den Begriff des Noema ist zu beachten, daß Husserl ihn sowohl für das volle Noema wie zuweilen auch für Teilnoemata verwendet.

[51] Daß Noema und Wesen gerade nicht verwechselt werden dürfen, ist die erste Auslassung Husserls zum Thema Noema und Wesen im späteren Ideenband; vgl. V, 85 ff.

und wenn er sogar mit der einstweiligen Abstraktion von den gegenständlichen Seinsmodis die transzendentale Reduktion gleichsetzt und diese dann als Reduktion des wirklichen Gegenstandes auf sein transzendentales Noema umschreibt, so ist das nur eine mißliche Konsequenz seiner eigenen Fehldeutung der Reduktion, die hier besondere Verwirrung stiften kann. Nachgerade verhängnisvoll wird diese Deutung aber, wenn Husserl das Noema dahingehend kennzeichnet, das es den wirklichen, transzendenten Gegenstand im transzendentalen Bewußtsein „vertrete", und dies gar mit der Begründung, es habe der wirkliche Gegenstand ganz andere Bestimmtheiten als sein transzendentales Noema[52]. Husserl mochte bei solchen Äußerungen, die wie das transzendentalphänomenologische Sakrileg eines Rückfalls in die natürliche Einstellung anmuten, bestenfalls daran gedacht haben, daß mit der noematischen Einheit des Gegenstandsphänomens die Wirklichkeit des Gegenstandes in der Tat noch nicht gesichert ist. Ersichtlich bedarf es dazu noch eines Kriteriums, nach dem, und zwar am Noema selbst, sich ausmachen läßt, ob es Noema eines wirklichen, wahrhaft existierenden Gegenstandes ist oder nicht.

In der Ausarbeitung und Anwendung eines solchen Kriteriums wird Husserl das Kernstück der phänomenologischen Vernunftproblematik sehen. Dafür muß aber vor allem die nötige Klarheit im Begriff des Noemas geschaffen werden. Näherhin zeigt sich, daß dasjenige, was bisher Husserls Rede vom Noema bestimmt hat, nur eine abstraktive Schicht desselben ist oder der *noematische Kern*. Er allein gestattet jedoch keineswegs, etwa so wesentlich verschiedene Noemata wie die der Wahrnehmung, der Phantasie, der bildlichen Vergegenwärtigung voneinander zu scheiden. Verschieden sind sie aber gerade in dem, was jeweils ihren Seinssinn ausmacht. Der Begriff des noematischen Kerns läßt sich geradezu auf diese Weise definieren: Er ist

---

[52] Husserls bekanntes Beispiel des Baumes, der abbrennen könne, wogegen dies seinem Noema nicht widerfahren könne (III, 184), zeigt das Ausmaß der hier aufgetretenen Konfusion wie auch die Inkonsistenz in Husserls Darstellung der Noesis-Noema-Problematik. Der Grund liegt wohl darin, daß Husserl manchmal volles Noema und noematischen Kern identifiziert, was augenscheinlich auf einer Verwechslung der transzendentalen Reduktion auf Seinsphänomene mit der ganz anderen Reduktion des vollen Noemas auf seinen noematischen Kern beruht.

genau dasjenige am transzendentalen Gegenstandsphänomen, was dem wirklichen wie dem trügerischen, dem realen wie dem fiktiven, dem leibhaftig gegebenen wie dem bloß vergegenwärtigten Gegenstand gleichermaßen zukommt. Diesbezügliche Differenzen lassen sich deshalb nur ausmachen, wenn das entsprechende Noema in vollem Sinne oder kurz als *volles Noema* genommen wird.

Allerdings hat auch die Reduktion eines vollen Noemas auf seinen Kern erkenntnistheoretische Bedeutung. Indem durch sie die doxisch-thetischen Modalitäten vorübergehend beiseite gelassen werden, kann sie die erkenntnistheoretische Grundfragestellung transzendentalphänomenologisch um so deutlicher sichtbar werden lassen. Es ist das alte erkenntnistheoretische Problem, das mittels der Unterscheidung zwischen vollem Noema und noematischem Kern in phänomenologischer Schärfe zutage tritt: wie wirklich Seiendes und wie bloß als seiend Vermeintes sich erkennen lassen, wie mithin in den entsprechenden Urteilen Wahrheit und Falschheit zu unterscheiden, das gültige vom ungültigen Urteilsnoema zu sondern sei. Denn beide sind nicht schlechthin verschieden. Vielmehr haben wahres und falsches Urteil auch ihr Gemeinsames, eben einen gemeinsamen noematischen Kernbestand, und nur kraft dessen kann es überhaupt und grundsätzlich zu beiden kommen. Wahre und falsche, gültige und ungültige Urteile bilden nicht einfach zwei nebengeordnete Urteilsklassen. Kann dies zwar durch die formallogische Operation der Negation so scheinen, so bleibt gleichwohl der Tatbestand, daß ein falsches Urteil nicht Falsches ‚im Sinn‘ hat, sondern stets mit dem Anspruch auf Wahrheit gefällt wird, wogegen das Umgekehrte nicht gilt. So ist das falsche Urteil genaugenommen nicht eines, das man fällt; es ist eines, das man gefällt hat. Falsche Urteile sind, streng phänomenologisch und insbesondere als Produkte entsprechender Urteilsnoesen betrachtet, stets Urteile im Perfekt, davon ausgenommen nur die – intentional anders strukturierten – bewußt falschen Urteile in Täuschungsabsicht. Die Präsensform falscher Urteile, möglich erst durch und nach Einwand, Selbstzweifel und Eingeständnis, bedeutet dann, daß ein zunächst erhobener Wahrheitsanspruch zunichte gemacht, der in ihm zunächst gemeinte Sachverhalt zugunsten eines anderen durchstrichen worden ist.

Noetisch-noematisch betreffen also Wahrheit und Falschheit nicht den noematischen Kern des fraglichen Gegenstandes, sondern sein volles Noema. Eben dieser Umstand verlangt aber, daß auch die Seinscharaktere des Gegenstandes in die noetisch-noematische Analyse einbezogen werden. Die ihnen korrelativ zugehörigen Noesen wie gewiß sein, glauben, meinen, zweifeln, vermuten, in Frage stellen wie auch bestätigen, bekräftigen sowie ihre sinnentsprechenden privativen Modifikationen sind es denn auch, die in allem Argumentieren und Räsonieren zwecks Erkenntnisgewinnung ins Spiel kommen. Auch können sie vielfach variieren; und nicht selten werden sie, vor allem im wissenschaftlichen Erkennen und hier in methodisch geregelter Weise, sogar hinsichtlich eines und desselben Phänomens abgewandelt, wie es etwa im Erwägen, Erörtern, Disputieren und Diskutieren statthat. Dabei kann der gewisse Glaube bezüglich der wirklichen Existenz des Gegenstandes übergehen in bloße Vermutung, er kann den Charakter des Fragens, Zweifelns, auch des Inhibierens annehmen; und je nachdem gilt das Erscheinende als Wirkliches, Mutmaßliches, Fragliches, Dahingestelltes. Auch mancherlei komplexe doxische Charaktere gehören hierher, wie sie in der Erkenntnis höherstufiger Gegenstände eine Rolle spielen, und nicht zuletzt in ihnen findet die noetisch-noematische Korrelationsanalyse ein weit verzweigtes Feld ihrer Betätigung.

Ungeachtet der Fülle phänomenologischer Aufgaben, die sich daraus im Bereich derartiger Modalisierungen stellen, gilt das erkenntnistheoretische Hauptinteresse der schlichten Urdoxa, dem unmodifizierten Seinsglauben. Die Welt mit allem in ihr als wirkliche Welt meinend und darin in seinem natürlichen Recht ganz unbestritten, bietet sich dieser Glaube in der Epoché als ein unbegrenztes und unendlich feinmaschiges Gewebe aus impliziten Noesen, die nunmehr auf ihre Rechtmäßigkeit zu überprüfen sind. Damit tut sich in eins die Frage der Konstitution der Wirklichkeit auf. Daß Husserl sie bereits im Rahmen des Ideen-Werkes zu lösen versucht und sie mit dem intentionalanalytisch vergleichsweise immer noch recht groben Rüstzeug noetisch-noematischer Strukturuntersuchung der aktuellen cogitationes angeht, gibt der Lösung dieser Frage den Stempel einer gewissen Vorläufigkeit. Doch wird es später nicht darum gehen müssen, diese

Lösung zu überholen, sondern lediglich, sie zu komplettieren und weiter zu präzisieren.

### § 3 Wirklichkeit als konstitutives Problem
### Grundzüge der phänomenologischen Vernunftkritik

Es hat sich gezeigt, daß jedes Gegenstandsnoema eine gegenständlich identifizierbare Sinneinheit mit Bezug auf die gleichsinnige Mehrheit seiner Noesen ist; daß aber der intendierte Gegenstand wiederum identisch einer gegenüber der Vielheit seiner Noemata ist.

Nun bleibt auch in der Epoché nicht nur jedes transzendentale Noema als Einheit gegenüber seinen mannigfachen Noesen von diesen verschieden; es fällt auch nach wie vor der wirkliche Gegenstand trotz seiner Reduzierung zum Gegenstandsphänomen keineswegs mit der Vielheit seiner Noemata zusammen. Allerdings besteht diese Verschiedenheit jetzt nicht, wie in der natürlichen Einstellung, zwischen bewußtseinsimmanenter Einheit des Noemas eines Gegenstandes und diesem selbst in seiner Transzendenz. Vielmehr besteht sie zwischen transzendental immanentem – und zwar vollem – Gegenstandsnoema und dem Gegenstandsphänomen als dem Phänomen eines wirklich existierenden Gegenstandes.

In dem Nachweis solcher Existenz sieht Husserl die „funktionellen Probleme" oder auch die der „Konstitution der Bewußtseinsgegenständlichkeiten", und sie sind ihm die allergrößten und umfassendsten Probleme für die transzendentale Phänomenologie. Sie betreffen die Art, wie Noesen, „sich zu mannigfaltigen einheitlichen Kontinuen verflechtend, Bewußtsein von etwas so zustande bringen, daß objektive Einheit der Gegenständlichkeit sich darin einstimmig bekunden, ausweisen und vernünftig bestimmen lassen kann". Dafür hat an die Stelle der vormals an einzelnen Erlebnissen orientierten Analyse nunmehr die Betrachtung der Noesen unter dem „teleologischen Gesichtspunkt" ihrer Funktion zu treten, nämlich der Funktion, synthetische Einheit möglich zu machen (III, 176).

Die hier geforderte Analyse kann das ihr Zugedachte nur als Konstitutionsanalyse leisten. Wird sie aber tatsächlich synthetische Einheit als objektive Einheit realer Gegenstände, anstatt nur gegenständliche noematische Einheit der Bewußtseinsgegenstände, verständlich machen können? Wie lassen sich phänomenologisch beide kategorial verschiedenen Einheiten so unterscheidbar machen, daß die letztere nicht fälschlich für die erstere genommen und daß also objektive Gegenstandskonstitution als solche einwandfrei ausgewiesen werden kann? Die Antwort darauf verlangt zuvor eine schärfere Präzisierung der Frage. Dafür ist aber endlich auf Husserls Konstitutionsbegriff explizit einzugehen.

Husserl hat den Begriff der Konstitution nicht systematisch eingeführt. Zwar wurde er früh schon verwendet, doch blieb seine Bedeutung zunächst unkonturiert. Schärfer umrissen trat er erst in der transzendentalen Phänomenologie hervor, um von da ab zum Schlüsselbegriff der Husserlschen Phänomenologie zu werden. Etwas verkürzt läßt sich sagen, daß die transzendentale Reduktion die Grenzscheide zweier verschiedener, wenngleich zusammenhängender Bedeutungen des Husserlschen Konstitutionsbegriffs markiert. Beide stehen in enger Beziehung zu Husserls Begriff der Intentionalität: Ist anfänglich dieser es, der allererst von Konstitution in der phänomenologischen Analyse sprechen läßt, so wird später ein schärfer profiliertes Konzept der Konstitution maßgeblich für eine gewandelte und vertiefte Auffassung von Intentionalität.

Scheinbar zweideutig spricht Husserl von Konstitution nun sowohl bezüglich der intendierten Gegenstände als auch der intentionalen Sinngebilde, durch die und vermittels deren die Gegenstände intendiert werden. Daß der Gegenstand wie auch seine Noemata sich in entsprechenden Akten ,konstituieren' sollen, wird aber verständlich aus der Grundbedeutung des Konstitutionsbegriffs als *Erscheinung, Präsentation, Bekundung*: Gegenstände, seien sie als bewußtseinstranszendent in natürlicher Einstellung, seien sie als transzendental immanente Gegenstandsphänomene in der Epoché aufgefaßt, bekunden sich im Bewußtsein, stellen sich in ihm dar (III, 117; XVI, 8). Daß statt dessen auch die Rede von ihrer *Konstitution* ist, bedeutet jedoch nicht einfach eine überflüssige Äquivokation. Indem Husserl Erscheinung und Bekundung als Konstitution faßt, soll zum Ausdruck gebracht werden, daß das Erscheinen eines Gegenstandes im Bewußtsein nicht ein einfaches Vorkommnis ist, als ob ein intendierender Akt ihn gleichsam mit einem Schlage komplett vor Augen stellte, sondern daß seine stets nur partiellen Erscheinungen eine identifizierende Synthesis verlangen und er sich erst im Laufe derartiger Einigung als der eine Gegenstand bekundet. Der Ablaufcharakter seiner Präsentation ist es, der ursprünglich in der Redeweise von seiner Konstitution festgehalten ist.

Darin liegt zugleich, daß das ‚Auftauchen‘ des Gegenstandes als dieser eine durch aktive intentionale Zuwendung im Modus cogito gewährleistet ist. Innerhalb der Epoché kommt dabei für die Trias von Noesis, Noema und Gegenstandsphänomen Neues insofern hinzu, als die thematische Abhebung der noetischen Aktmomente sowie ihrer korrelativen gegenständlichen Seinsmodi nun vornehmlich für die Klärung jener teleologischen Funktion der Noesen zu nutzen ist, kraft derer objektive Einheit der Gegenständlichkeit möglich sein soll.

Fragen dieser Art gehören für Husserl in die Phänomenologie der Vernunft. Mit ihnen stehen seine Untersuchungen „vor einem großen Wendepunkt" (III, 280): Geht es doch nun darum, phänomenologische Entscheidungskriterien dafür zu liefern, ob eine in den entsprechenden Noesen konstituierte Sinneinheit Noema eines objektiv wirklichen oder eines bloß vermeintlich wirklichen Gegenstandes ist, sowie vor allem, begreiflich zu machen, was im ersteren Falle seine Wirklichkeit besagt. Dabei kommt den Noesen offenbar die entscheidende Bedeutung zu. Husserl kann deshalb die Phänomenologie der Vernunft auch als „Noetik in einem prägnanten Sinne" kennzeichnen (III, 299).

Das stellt die Konstitutionsproblematik unter neue Aspekte. Mehrfache Äußerungen Husserls wie etwa die, daß die Transzendenz weltlicher Objekte Transzendenz eines sich im Bewußtsein konstituierenden und an Bewußtsein gebundenen Seins sei, oder daß Realitäten jeder Art und Stufe bloße Einheiten intentionaler Konstitution seien, lassen sich in der transzendentalen Phänomenologie, und zumal der Phänomenologie der Vernunft, nicht mehr als Aussagen über lediglich erscheinende oder sich im Bewußtsein bloß bekundende Realität und Transzendenz verstehen. Denn Erscheinung und Bekundung sind nun zurückgeführt auf spezifisch noetische Aktivitäten, und insbesondere mit Bezug auf sie spricht Husserl fortan auch von „Bewußtseinsleistungen". Sie heißen konstitutive Leistungen im Hinblick auf ihr Er-

gebnis, da sie eben zur Konstitution der Gegenstände und ihres Welt-
zusammenhangs führen. Sie heißen seinssetzende und später zunehmend sinnstiftende Leistungen im Hinblick auf die noetischen Mittel,
die zu derartigen Konstitutionen führen. Den Noesen eignet demnach
eine gewisse Produktivität; ihre Konstitution ist Produktion. Ein
Konstituiertes ist für Husserl fraglos ein Produziertes des transzendentalen Bewußtseins.

So könnte der Anschein entstehen, es handle sich bei der transzendentalen Konstitution um nichts anderes als Kreation. Sie aber würde
offenkundig, auch wenn sie streng transzendental verstanden wird,
in das genaue Gegenteil dessen führen, was Husserl als phänomenologische Begründungsbasis der Erkenntnis erstrebt, nämlich in my-
steriöse Untiefen einer rational nicht mehr nachvollziehbaren Er-
schaffung der Welt durch das transzendentale Bewußtsein. Indessen
hat Husserl dem Bewußtsein schöpferische, Sein erzeugende Potenzen
nirgends zugeschrieben – auch nicht dem transzendentalen Bewußtsein.
Sowenig er ausdrücklich zur positiven Bestimmung des Konstitutionsbegriffs beigesteuert hat, so klar und eindeutig geht aus den Kontexten
seiner Verwendung hervor, daß die produktiven Möglichkeiten des
Bewußtseins allein stiftende, und näherhin sinnstiftende Möglichkeiten sind. Die Noesen erzeugen nicht Sein, sie setzen Sein jeweils in
einem bestimmten Sinn. Dabei ist nicht die Frage, woher das Sein
stamme oder gar, wer es gemacht habe. Sie hätte in der Husserlschen
Philosophie gar keinen Ort. Husserls Frage lautet metaphysisch be-
scheidener, aber phänomenologisch eindringlicher: welchen Sinn die
vielerlei Rede vom Sein habe, und als was dieser Sinn begriffen werden könne. Werde aber dazu den Bewußtseinsleistungen im einzelnen
nachgegangen, so zeige sich, daß ein behauptetes Sein an sich, wie es
in der natürlichen Einstellung als bewußtseinstranszendentes Sein
verstanden wird, nichts anderes denn ein *als an sich gesetztes* Sein sei,
da es nicht anders begriffen werden könne als aus dem noetisch gesetzten Sinn, den solches An-sich hat.

Die nähere Explikation dieses Sinnes gehört speziell zu dem, was
Husserl unter dem Titel der vernünftigen Ausweisung als die eigentliche Aufgabe für das Vernunftbewußtsein charakterisiert, denn Wirklich-sein und Vernünftig ausweisbar-sein stehen in Korrelation.

Wie aber ist diese Korrelation beschaffen? Gleichbedeutend damit ist die Frage, wie diejenigen noetisch-noematischen Zusammenhänge zu beschreiben sind, welche die Annahme eines gegebenen Gegenstandes als eines wirklich seienden zwingend machen. Ist aber dieser nur mittels seiner konstituierten noematischen Einheit und transzendental nur als seiend vermeinter Gegenstand gegeben, so konzentriert sich die Erforschung des Vernunftbewußtseins auf die Beziehung von Gegenstandsnoema und Gegenstand selbst. Sie wäre relativ unkompliziert, würde jedes noetisch einheitlich konstituierte Gegenstandsnoema eo ipso gültiges Noema, Noema eines wirklichen Gegenstandes sein. Nun wäre aber eine eindeutige Zuordnung von Gegenstandsnoema und wirklichem Gegenstand nicht bloß eine ungerechtfertigte, sondern evidentermaßen auch eine falsche Voraussetzung. Das Problem vernünftiger Ausweisung stellt sich gerade dadurch, daß ein als seiend vermeinter Gegenstand möglicherweise nicht existiert, daß er auch als wirklich vermeinter bloß fiktionaler, unwirklicher Gegenstand ist, oder auch, daß ein als faktisch möglich erscheinender Gegenstand bloß denkmöglich ist. Die Fraglichkeit betrifft hier prinzipiell alle Seinsmodi der transzendental reduzierten Gegenstandsphänomene. Sie hat in der Differenz von Wirklich-sein und Nichtwirklich-sein nur besonderes erkenntnistheoretisches Gewicht. Worin liegt es aber, wenn der Setzung eines Gegenstandsnoemas die Kraft der Realitätssetzung fehlt? Was muß, anders gefragt, zur synthetischen Einheitsbildung eines Gegenstandsnoemas hinzukommen, damit es vernünftigerweise als Noema eines wirklichen Gegenstandes gelten kann?

Husserl nennt die dafür maßgeblichen Bedingungen mit einem Wort *ausweisende Erfahrung*. „Der echte Begriff der Transzendenz des Dinglichen, der das Maß aller vernünftigen Aussagen über Transzendenz ist, ist doch selbst nirgendwoher zu schöpfen, es sei denn aus dem eigenen Wesensgehalt der Wahrnehmung, bzw. der bestimmt gearteten Zusammenhänge, die wir ausweisende Erfahrung nennen" (III, 89), hatte Husserl schon an früherer Stelle formuliert; und was damit mutatis mutandis für reale Existenz jedweder Gegenstandskategorie gesagt sein sollte, hat nun die nähere Untersuchung des Vernunftbewußtseins zu zeigen. Der Begriff der Erfahrung ist dabei in einem weiteren Sinn zu nehmen. Er bezieht sich nicht allein auf

Gegenstände möglicher Erfahrung im Unterschied zu Gegenständen des Denkens; er bezieht sich vielmehr auf eine bestimmte, für alle Realität spezifische Weise der Gegebenheit im Unterschied zu anderen Gegebenheitsweisen. Sie wird von Husserl als Originarität umschrieben.

Originäre Gegebenheit kennzeichnet diejenige Art und Weise anschaulicher Erfülltheit und evidenter Selbstgebung des Gegenstandsnoemas, die tendenziell nicht nur dieses in toto gibt, sondern es auch so gibt, daß im Verlauf seiner Konstitution ein thematisches Hinblicken auf den Gegenstand als auf einen modal so oder so seienden erfolgt. Damit steht das Erfüllungsbewußtsein unter einer besonderen Erfahrungsnorm. Es kann, zumal wenn der Gegenstand sich als wahrhaft seiender, wirklich existierender Gegenstand erweisen soll, nicht mehr bloß in der identifizierenden Synthesis seiner verschiedenen Teilnoemen bestehen, in welcher er sich lediglich als einer und derselbe konstituiert; es muß vielmehr garantiert sein, daß er in seiner Selbigkeit nicht etwa bloß Phantom ist. Eben dies soll seine originäre Selbstgebung gewährleisten, und Husserl hält zunächst dafür, daß im Falle ihres Gelingens „eo ipso der Gegenstand wahrhaft seiend" ist (III, 296).

Den Begriff der Originarität hat Husserl vor allem am Beispiel eines dinghaft Gegebenen in raum-zeitlicher Transzendenz und weiterhin im Kontext materiell-kausaler Realität wiederholt eingehend erläutert. Dingliche Realität bietet dafür einerseits einen Spezialfall, weil originäre Gegebenheit hier durch den Charakter der Leibhaftigkeit ausgezeichnet ist und zu ihren Intentionen wie zu ihren Erfüllungen spezifische Leibesfunktionen wie optische Wahrnehmung, taktile Empfindung und vor allem die Kinästhesen gehören. Andererseits bildet die Region Ding jedoch nicht bloß einen in den anderen Realitätsregionen nicht anzutreffenden Sonderfall. In der besonderen Weise, in der materielle Realität als unterste Schicht auch allen anderen Realitäten zugrundeliegt, erweist sich, daß die Region des materiellen Dinges als „transzendentaler Leitfaden" fungieren muß, um die Verflechtungen und wechselseitigen Abhängigkeiten der Regionen untereinander durchsichtig zu machen[53].

[53] Die darin liegende Auszeichnung der Phänomenologie der materiellen Natur

Diese Leitfadenfunktion besagt aber unter anderem auch, daß mit der leibhaftigen Gegebenheit des materiellen Dinges originäre Gegebenheit nicht erschöpft ist, sondern nur einen speziellen Originaritätsmodus darstellt, dessen Abwandlungen in anderen Regionen die prätendierten realen Objekte ebenfalls unter die Norm ihnen regional entsprechender originärer Selbstgebung stellen. Demgemäß entspricht jeder regionalen Gegenstandskategorie ein ihr zugehöriger „Grundtypus originärer Evidenz". In ihr ist zwar nicht der je einzelne Gegenstand, wohl aber die Idee seiner Originarität gemäß seinen kategorialen Wesensbestimmungen vollkommen adäquat faßbar[54].

Die identifizierende Synthesis eines wirklich existierenden Gegenstandes steht somit allenthalben unter einer verschärften Evidenzforderung: Die seine einzelnen Noemata konstituierenden und mittels derselben ihn setzenden Noesen können als Seinssetzungen eines realen Gegenstandes nur dann gelten, wenn in der noematischen Synthesis seiner Identifikation er speziell im Modus originärer Selbstgebung als seiender gesetzt ist.

Nun ist diese Bedingung nur eine notwendige, jedoch keine hinreichende Bedingung, wie es die von Husserl zunächst behauptete Äquivalenz von Originarität und Realität nahelegen könnte. Notwendige und hinreichende Bedingung ist sie nicht schon für das wirkliche Sein des Gegenstandes, sondern lediglich für die „vernünftige Motivation" zur Setzung wirklichen Seins. Um diese Setzung auch vernünftig zu legitimieren, bedarf es noch der spezifisch auf die thetischen Charaktere bezogenen Bewährung und Bekräftigung wie ebenso der entsprechenden Gegencharaktere der Entwährung und Entkräftigung (III, 300 f.).

Husserl scheint nun diese Charaktere stellenweise zunächst in die

---

führt jedoch weder zu naturalen Reduzierungen nicht naturhafter wie psychischer und geistiger Realität noch zu einer Eigenständigkeit der anderen Schichten, als dankten sie der materiellen Natur bloß ihre Unterlage. Vielmehr stehen alle Schichten in Bezug zueinander (VIII, 223), weshalb auch ‚Ding' zwar eine ‚Region', jedoch keine ‚Substanz' ist. Zur Funktion des Leitfadens des materiellen Dinges u. a. III, 312 ff.

[54] Näheres III, 288 f., 296. Husserl hält hier allerdings noch adäquate Evidenz im Wesensbereich für möglich. Daher auch hier zuweilen noch die Gleichsetzung von Evidenz mit dem wahrhaften Sein eines selbstgegebenen Gegenstandes.

originäre Selbstgebung einbezogen zu haben. Ihre Einzeluntersuchungen zeigen jedoch, daß es sich bei ihnen um neuartige Synthesen jedenfalls insofern handelt, als sie de facto die Konstitution von Einzelgegenständen übergreifen. In der Tat sind es erst dergleichen *übergreifende Synthesen*, die Husserls Forderung der ausweisenden Erfahrung im prägnanten Sinn erfüllen. Nicht nur beiläufig werden für diese denn auch bestimmt geartete – nämlich je nach originärem Evidenztypus spezifisch geartete – Zusammenhänge geltend gemacht. Mit ihnen wird der Tatsache Rechnung getragen, daß Erfahrung kein Erkenntniserwerb ist, der lediglich in distinkten Synthesen von Gegenstandsnoemen zur Identifizierung entsprechender einzelner Gegenstände besteht. Niemals auch könnte die Phänomenologie auf ihre ausweisende Funktion rekurrieren, würde sie in ihre Klärung nicht alles das einbeziehen, was *Erfahrungszusammenhänge* konstituiert.

So erscheint ein Gegenstand anschaulicher Erfahrung als solcher nicht bloß in einer identifizierenden Synthesis homotyper Noemen, das ist, aufgrund von Akten einer einzigen Qualität; er wird auch bestimmt durch aktqualitativ unterschiedliche Synthesen; nicht durch unmittelbare sinnliche Anschauung allein, sondern auch durch vorstellende Präsentation, erinnernde Vergegenwärtigung, phantasiemäßige Möglichkeitsabwandlung; ferner und zumeist durch mittelbares Gewahrwerden in Mitteilung und Berichterstattung. In allen dergestalt *differenten* noematischen Einheiten aus qualitativ unterschiedlicher Konstitution bei *einsinniger* noetischer Setzung wird er *einstimmig* als wirklicher Gegenstand erfahren. Die Setzung seines Wirklichseins erfolgt also originär im Wege interaktueller Konstitution, und zwar in neuen, höherstufigen Synthesen von je nach Akttyp qualitativ anders, aber je schon homotyp vorgebildeten Gegenstandsnoemen. Als wahrgenommener, erinnerter, vorgestellter, gedachter, erörterter, auch als strittiger, bezweifelter ist der fragliche Gegenstand nicht bloß jeweils ein solcher als identischer in aktspezifischer und distinkter Konstitution seiner noematischen Einheit; als wirklicher, wahrhaft existierender Gegenstand muß er vielmehr prinzipiell auch als einer und derselbe in qualitativ verschiedenen identifizierenden Synthesen setzbar sein. Identifizierende Deckungssynthesen heterotyper Gegenstandsnoemen sind es also, welche die *Synthesen der Bewährung* ausmachen.

Derartige Synthesen bedingen auch die Möglichkeit, auf den Gegenstand immer wieder zurückkommen zu können, ihn vor wechselndem Erfahrungshintergrund und aus unterschiedlicher Motivationslage in stets neuen aktuellen Zuwendungen wieder und wieder als denselben Gegenstand zu konstituieren. Sie zeigen indessen auch, daß seine Wirklichkeitssetzung niemals endgültig, seine Bewährungssynthesis niemals abschließbar ist – auch hinsichtlich seines Seinsmodus ist er Gegenstand nur im prinzipiell endlosen Fortgang weitergehender Konstitution, für die es Ende und Endgültigkeit nicht gibt. Was den Sinn seines Wirklichseins ausmacht, ist letzhin, weil allein ausweisbar, sein vernünftig gerechtfertigtes Gesetztsein. Vernünftig zu rechtfertigen aber ist seine Setzung nur durch einstimmigen Erfahrungsverlauf, dessen Noesen durch alle qualitativen Weiter- und Näherbestimmungen des Gegenstandes hindurch „zur Deckung" kommen – solange nicht eine aus vorangegangener Erfahrung vernünftig motivierte Setzung „durchstrichen" wird (III, 317).

Störungen der Einstimmigkeit führen, falls weitere Erfahrungen nicht ihren Wiederausgleich zulassen, zwangsläufig zur „Explosion" der Setzung; wenn partielle Brüche Korrekturen nicht zulassen, wird die Seinsmeinung des Gegenstandes zunichte. Auch eine derartige Umwertung vom Sein zum bloßen Schein gehört wesensmäßig zum realitätskonstituierenden Erfahrungszusammenhang. Der mit ihr phänomenologisch beschriebene Irrtum ist, in seinen banalsten wie in seinen subtilsten Formen, ein Konstitutivum von Erfahrung überhaupt. Erfahrung ist nicht ohne Irrtum zu haben und kann niemals so eingerichtet werden, daß sie noetisch nur aus Positionen und Affirmationen und nicht auch aus deren Gegencharakteren besteht. So konstatiert Husserl folgerichtig, daß für eine Phänomenologie der Wirklichkeit auch die Phänomenologie des nichtigen Scheins ganz unentbehrlich sei (III, 318).

Synthesen der Bewährung einschließlich ihrer privativen Modi der Entwährung sind es also, welche die ausweisende Erfahrung insgesamt ausmachen. Indem sie die in den einzelnen Synthesen der Gegenstandsidentifikation liegende vernünftige Motivation ihrer Seinssetzung stärken oder schwächen, liefern sie die einzig haltbaren, weil prinzipiell kontrollierbaren Rechtsgründe für Wirklichkeitsannahmen, und jedwede Behauptung, die einem Gegenstand wirkliche Existenz zuspricht, hat ihr Richtmaß allein in derartigen Synthesen. Das gilt für alle Seinsregionen und a fortiori für deren jeweils höherstufige Gegenstände, wie etwa die wissenschaftlichen, die in einfacheren Gegenständen der entsprechenden Region fundiert sind, im übrigen aber neuartige kategoriale Bestimmungsstücke aufweisen. Daß dabei dem jeweils regional bedingten Typus originärer Evidenz auch ein eigener Bewährungsstil entspricht, gilt auch für die doxisch-thetischen Identifikationen.

Die Konstitution von Sein und insbesondere von Wirklichsein ist mithin phänomenologisch auf zweierlei Weise gekennzeichnet. Zum einen sind die Synthesen der Bewährung, in denen vernünftig motivierte Seinssetzungen ihre Rechtfertigung finden, grundsätzlich nicht abschließbar. Zum anderen sind dergleichen Rechtfertigungen grundsätzlich fehlbar. Der prinzipiell endlose Fortgang einer mit Irrtumsmöglichkeiten unabwendbar ausgestatteten Erfahrung läßt es anders nicht zu.

Das besagt nichts Geringeres, als daß sich im Sinne der transzendentalen Phänomenologie Wirklichkeit nicht schlüssig ,beweisen' läßt. Was immer als Wirklichkeit gilt und für die Dauer ungestörter Einstimmigkeit von Erfahrungsverläufen mit Vernunftgründen auch unangefochten fortgelten darf – es vermag ihm dennoch nichts die Garantie der Endgültigkeit zu geben. Wirklichkeit ist ihrem Sinne nach präsumtiv, Wirklichkeit bis auf weiteres, solange keine anderslautenden Erfahrungen gegen sie sprechen. Sie ist trotz aller Bewährung Sein prinzipiell „auf Kündigung" unter stets möglicher Korrektur (XVII, 245). Auch für jede Behauptung über Wirklichkeit und Realität gilt somit: „Diese Wahrheit ist und bleibt ewig auf dem Marsche" (VIII, 47).

Das bedeutet nicht, daß die Welt erfahrungsmäßig mit irgendeinem Zweifel an ihrer Existenz behaftet wäre. Der schlichte, unreflektierte Weltglaube, die Universalthesis der natürlichen Einstellung, hat auch durch die transzendentale Reduktion nicht den leisesten Vorbehalt erfahren – so wenig, daß im Gegenteil die noetisch-noematische Analyse seiner Erfahrungs- und Bewährungsstruktur vielmehr zeigt, daß nichts und weshalb nichts dafür spricht, anzunehmen, daß die

Welt nicht sei; daß dagegen alles dafür spricht, daß und inwiefern sie sei: kraft einer Welterfahrung, in deren Verlaufsgestalt selbst durch einzelne Unstimmigkeiten, partielle Explosionen der Einstimmigkeit hindurch sich die Realitätsthesis der Welt fort und fort bestätigt und bekräftigt und so überhaupt erst die Voraussetzung für Korrekturen einzelner Seinssetzungen bietet. In diesem Erfahrungsstil ist zwar die Existenzgewißheit der Welt eine andere als für jedes einzelne Seiende. Aber sie ist, nicht anders als für jedes Seiende in der Welt, erfahrungsmäßig gegründet und in der „harmonischen Einheitsstruktur der universalen Weltwahrnehmung" selber beschlossen (VIII, 48).

Trotzdem läßt die vollkommene empirische Sicherheit der Welt als prinzipielle Möglichkeit offen, daß die Welt auch nicht sei. Wenngleich schlechterdings nichts dafür spricht, daß diese Möglichkeit jemals faktisch eintritt, so ist doch die Gewißheit der Welt nur die Gewißheit eines Faktums, da der sie konstituierende Erfahrungsverlauf die Erkenntnis der Notwendigkeit für ihre Existenz nicht nur nicht bereithält, sondern ausschließt. Der hypothetische Ansatz der Nichtexistenz der Welt, wie er in ihrer Konstitution grundsätzlich beschlossen liegt, ist mit ihrer empirischen Zweifellosigkeit durchaus verträglich; handelt es sich hier doch nicht um einen Widerspruch zu aller Erfahrungsevidenz, sondern um eine transzendental einsehbare Möglichkeit. Sie ist absolut leere Möglichkeit, gegen die auch die gesamte Empirie mit der vollen Kraft ihrer Einstimmigkeit spricht; und doch ist sie nicht ihrerseits bloß präsumtive, sondern apodiktisch einsehbare, weil im Wesen der Bewährungssynthesen ausweisender Erfahrung liegende Möglichkeit. Prinzipiell braucht die Welt nicht mehr zu sein als ein transzendentaler Schein – in Wahrheit nichts Reales, sondern universaler Trug, der denkmöglicherweise seine Entlarvung noch vor sich hat (VIII, 53 f.).

Husserls Phänomenologie der Vernunft kulminiert somit in einem *transzendentalen, radikal kritischen Rationalismus*: Vernunftkritik besteht hier nicht in dem affirmativen Erweis der objektiven Realität der Welt als einer apodiktisch gewiß existierenden Welt. Vielmehr legitimiert sie, indem sie die Bedingungen der Möglichkeit ihres transzendentalen Scheins, und zwar als transzendental-konstitutive Bedingungen ihrer Erfahrungsgewißheit selber, freilegt, nichts anderes als den Sinn aller vernünftigen Rede von Wirklichkeit und limitiert ihn auf ausweisende Erfahrung[55].

Noch aber ist hier nicht in Sicht getreten, was solcher Erfahrung allererst die volle Kraft der Ausweisung sichert. Die reale Welt ist nicht nur meine Welt, sondern Welt aller Subjekte. So schließt eine phänomenologische Theorie der Weltkonstitution notwendig eine Subjektivitätstheorie ein.

---

[55] Vgl. in diesem Zusammenhang auch Husserls abermalige Kritik an den – aller phänomenologischen Vertiefung fernbleibenden – Evidenztheorien, die mit einem Konzept absoluter Wahrheit operieren. Dagegen läßt sich für Husserl „in Evidenz" zeigen, daß jedwede Wahrheit „in *Relativitäten* verbleibt" und gleichwohl nicht Scheinwahrheit ist (XVII, 254 ff.), und das gilt nicht nur für jedwede mundane, sondern auch für die phänomenologische Erkenntnis selbst (VIII, 398). – In Husserls Begriff der ausweisenden Erfahrung ist übrigens von Anfang an eine Pluralität von Subjekten vorausgesetzt. Das erscheint methodisch inkonsequent, ist aber zulässig insofern, als es sich hier nicht um eine übersehene, sondern zunächst bloß noch un-analysiert belassene Voraussetzung handelt.

Abschnitt C

SUBJEKTIVITÄT UND WELTERFAHRUNG
IN DER TRANSZENDENTALEN PHÄNOMENOLOGIE

Kapitel I

DER TRANSZENDENTALE SOLIPSISMUS UND SEINE
ÜBERWINDUNG

## § 1 ‚Mein‘ reines Ich – ein offenes Problem

„Das Ich selbst . . . lassen wir zunächst außer Betracht, und zwar
das Ich in jedem Sinne“ hatte Husserl bei der Einführung der transzendentalen Reduktion entschieden (III, 61). Der besonderen Problematik des Ich sich sehr wohl bewußt, schien ihm ihr vorläufiger Aufschub dennoch gerechtfertigt. Zum einen glaubte Husserl seinem Ziel
der Wesensanalyse des Bewußtseins am besten näher zu kommen,
wenn er sich vorläufig in methodischer Ausschließlichkeit der Strukturanalyse der Erlebnisse zuwandte. Und hier sah Husserl richtig, daß
so etwas wie Ich niemals ‚Erlebnis‘ werden kann. Zum anderen stand
hier die schwierige Frage der Ich-Spaltung bevor, die sich mit der
notwendig gewordenen Unterscheidung zwischen dem reinen transzendentalen Ich und dem empirischen Menschen-Ich ergeben mußte.
Das erstgenannte Problem wurde von Husserl bezeichnenderweise
dahingehend aufgenommen, daß er zunächst das reine Bewußtsein
gegen zu gewärtigendes Unverständnis des natürlichen Denkens zu
sichern suchte, und die transzendentale Reduktion fungierte insofern
als unerläßliche Maßnahme seiner *Entdeckung* (VIII, 77, 121). Seine
Analyse zunächst weiter rein als Erlebnisanalyse zu betreiben, lag
zudem in der Problemperspektive, wie sie die beiden letzten logischen
Untersuchungen bestimmt hatte. Dementsprechend hatte Husserl in
dieser Ausschließlichkeit und unter ausdrücklichem Absehen von der
Beziehung der Erlebnisse auf das Ich, auch seiner ‚reinen‘ Phänomenologie ihre ursprüngliche Zielsetzung gegeben (II, 44). Das war jedoch

transzendentalphänomenologisch eine Vorentscheidung, die keineswegs selbstverständlich war und deren Folgen, gerade auch unter phänomenologischen Gegebenheitsnormen, problematisch erscheinen konnte.

So wäre es früher Erwägungen immerhin wert gewesen, ob denn die Intentionalität des Bewußtseins tatsächlich damit gegeben ist, daß sich ein Bewußtsein auf die Welt bezieht – oder nicht vielmehr ein Ich dank seines Bewußtseins; ob, anders gefragt, denn nicht ein Ich es sei, welches intentionales Bewußtseins habe, anstatt daß diesem ein Ich zugeschrieben werden müsse, da der Erlebnisstrom es in sich berge (V, 71). Die letztere Überlegung, obwohl im natürlichen Denken schwerlich konkretisierbar, scheint für Husserl gleichwohl die phänomenologisch angemessene gewesen zu sein. Husserl hat sie indes gar nicht ausdrücklich gemacht. Da er methodisch aber den Primat der Erlebnisse für unstrittig hielt, hat er mit der Epoché zum phänomenologischen Forschungsfeld primär das reine Bewußtsein und nicht das reine Ich bestimmt. Relativ spät erst wurde, und für Husserl auch nur im Sinne einer Problemerweiterung, das Ich in die Untersuchung einbezogen. Obwohl in den cogitationes allenthalben da, betrat es die Szene transzendentaler Phänomene doch nicht eigentlich als Ego seiner cogitationes, sondern nur als ein in ihnen Eigentümliches – nicht erscheinend als ein Ich, welches Bewußtsein das seine nennt und insofern hat, sondern als ein Ich, welches gleichsam von einem Bewußtsein gehabt wird. Nicht das Ich eines so und nicht anders strukturierten Bewußtseins, sondern ein Bewußtsein, in welchem sich, obgleich wesensnotwendig, ein Ich nur „mitgegeben" findet; nicht das Bewußtsein als gehörig zu einem Ich, sondern als Bewußtsein bloß mit einem Ich hat in den *Ideen I* die Ausrichtung der Einzelanalysen bestimmt.

Nun ist zweifellos das Ich, aus welchem Aspekt es auch gesichtet wird, phänomenologisch ein höchst komplexer Befund. Auch ist nicht alles Bewußtsein ichliches Bewußtsein; und selbst ein solches fungiert – wie Husserl richtig sah und bald in höchst aufschlußreichen Konsequenzen weiter verfolgen sollte – intentional nicht allenthalben in lauter Ich-Aktivitäten. Insofern bot die Erlebnisanalyse einen sinnvollen Ansatzpunkt. Wird jedoch dem Ich die spezifische Einheitsform des intentionalen Bewußtseins verdankt, so bedeutet das nichts anderes, als daß eine Bewußtseinseinheit von allem Anfang an nur als die meine, unbeschadet des noch vagen Sinnes dieser possessiven Wendung, originär erfahren werden kann.

Es bedeutet ferner, daß es sich um ein Bewußtsein mit einem Ich als Erlebniszentrum handelt, welches in allem Fließen der Erlebnisse dasselbe bleibt. Offenkundig ist ein Ich das Rätselvolle, das unter vielen anderen auch die denkwürdige Eigentümlichkeit hat, trotz der Zugehörigkeit zu und der Unablösbarkeit von seinem Erlebnisstrom nicht mitzuströmen, sondern zu bleiben, als was es sich weiß: ich. In jedem seiner Erlebnisse „lebend", sie insgesamt „durchwaltend", ist es in ihnen doch nicht jeweils ein anderes, sondern wahrt in jedem und in allen als den seinen seine Identität mit sich – gerade im dauernden Wandel und Wechsel seiner Erlebnisse sich dieser seiner Identität mit sich als eines Selbst gewiß.

Diese Selbstgewißheit des Ich ist ferner reflektive Gewißheit. Gewendet auf sich aber, weiß sich das Ich schon in der natürlichen Selbstreflexion nicht nur als identisch bleibendes im Wandel seines fort und fort strömenden Aktlebens; es weiß sich auch als Objekt und Subjekt der Reflexion und in dieser Doppelung wiederum mit sich eins – so jedoch, daß ihm diese Identität niemals evident faßbar werden kann. Mag es sich als Subjekt der Reflexion erneut in einer weiteren Selbstzuwendung zum Objekt machen, so ist es doch auch in ihr wie auf allen möglichen weiteren Stufen der Selbstreflexion immer schon sich selbst voraus. Nicht prinzipiell anders steht es damit für das reine transzendentale Ich, auch wenn dieses sich noch vor eine weitere Identitätsproblematik, nämlich die von transzendentalem und empirischem Ich, gestellt findet. Aber gerade weil es kein anderes, sondern nur ein in spezifischer Weise, nämlich mittels der transzendentalen Reflexion Seinsinn und Seinsgeltung reflektierendes Ich ist, teilt es mit dem natürlichen Ich strukturell alle reflektiven Eigentümlichkeiten und ist wie dieses als Subjekt der Reflexion für die phänomenologische Analyse uneinholbar[56].

Die Identität des Ich ist also von gänzlich anderer Art als etwa die eines Dinges. Zwar setzt auch dingliche Identität Verschiedenheit

[56] Dieser Tatbestand tritt bei Husserl allerdings erst ganz zuletzt hervor. Weiteres zur Ichproblematik hier auch S. 209 ff.

voraus. Ein Ding, das einfach ist, ist nicht schon ‚dasselbe'. Identität ist stets das Resultat eines Prozesses der Identifizierung, und das heißt phänomenologisch, Ergebnis einer speziellen Deckungssynthesis, in der zunächst unterschiedlich vollzogene Sinngebungen des Dinges als Ding in dieser oder jener Hinsicht getilgt werden. Jede Objektidentifizierung hat aber schon ein wenigstens inaktuelles Identitätsbewußtsein des identifizierenden Subjekts von sich zur Voraussetzung.

Wie aber ist dieses Identitätsbewußtsein beschaffen, wie konstituiert es sich selber? Kann es hier – und zumal, wenn es um die Identität von mundanem und extramundanem Ich, getrennt durch den Hiatus der Epoché, geht – überhaupt so etwas wie selbstidentifizierende Synthesis geben, oder muß sich nicht zumindest hier für die Selbstidentifikation des Ich ein ganz anderes Identifikationskonzept ergeben? Bietet die phänomenologische Untersuchung überhaupt Möglichkeiten, Subjektivität sich selbst einsichtig und in gewissem Maße durchsichtig zu machen?

Daß Husserl dazu mit einer negativen Feststellung begann, lag in der Konsequenz seines erlebnisanalytischen Ansatzes. So hielt er anfangs dafür, daß das Ich trotz der eigentümlichen Verflechtung mit seinen Erlebnissen nichts sei, was für sich genommen und zu einem eigenen phänomenologischen Untersuchungsobjekt gemacht werden könne. Denn obwohl beständig da und notwendig da im Feld des reinen Bewußtseins, sei es doch keinesfalls Erlebnis dieses Feldes. Auch könne es wegen seiner Identität gegenüber der Verschiedenheit der Erlebnisse nicht etwa als reelles Moment in diesen gedacht werden. Vielmehr stelle sich das reine Ich innerhalb der transzendentalen Sphäre als eine eigenartige „Transzendenz in der Immanenz" dar; und als phänomenologisches Datum könne es nur insoweit gerechnet werden, wie seine Mitgegebenheit mit dem reinen Bewußtsein reicht. Mitgegeben aber sieht Husserl es hier lediglich als Aktzentrum, als leeren „Pol der Erlebnisse". Davon abgesehen, erscheint es ihm „völlig leer an Wesenskomponenten; es hat gar keinen explikablen Inhalt, es ist an und für sich unbeschreiblich: reines Ich und nichts weiter", weshalb der phänomenologische Blick einstweilen fort vom Ich des Erlebens und auf den „sozusagen ich-abgewandten Gehalt des Erlebnisses" gelenkt werden soll (III, 110, 160 f.).

Damit war vorerst freilich die Sicht auf manches verstellt, was Husserl schon beim Umriß des reinen Bewußtseinsfeldes an durchaus ‚Beschreiblichem' des reinen Ich vor Augen gelegen, aber nicht wahrgenommen hatte, weil auch er nicht fand, was er nicht suchte. Und erst recht blieben damit vorerst auch alle Probleme unaufgearbeitet, die mit der Verhältnisbestimmung von reinem und empirischem Ich sich einstellen mußten.

Darüber hinaus mußte auch die transzendentale Reduktion, vornehmlich durch die Art, in der sie eingeführt und von Husserl gehandhabt wurde, dazu führen, daß die Frage der Beziehung von reinem und empirischem Ich niedergehalten wurde. Denn ist dieses stets Ich inmitten der Welt, unlösbar gebunden an einen Leib und mit ihm der Region der Dinglichkeit verhaftet, so verfällt es mit allem, was es als weltliche Einheit aus Leib, Seele, Geist in seiner Individualität und Personalität ausmacht, der Epoché. Als dergestalt mundanes Ich nur ein im intentionalen Zusammenhang sich Konstituierendes, soll es zwar in allen seinen Erfahrungsbezügen zur Welt mit dieser erhalten, aber der transzendentalen Infragestellung anheimgegeben bleiben.

Zu erwarten gewesen wäre demnach Husserls Zuwendung zur Konstitutionsproblematik des empirischen Ich spätestens mit der Ausarbeitung der noetisch-noematischen Analyse. Daß Husserl dieses bereits recht subtile Gerät dafür nicht nutzte und die mit ihm geschaffenen Möglichkeiten des Zugangs zu Seinssinn und Seinsgeltung ausgerechnet für die Frage des Ich unausgeschöpft ließ, lag nicht zuletzt abermals daran, daß die in der transzendentalen Reduktion vorgesehene Thematisierung des weltlichen Seins einseitig der Inhibierung zum Opfer fiel. So blieb auch das menschliche Ich nicht wirklich in seinem Seinssinn ‚dahingestellt', um transzendental befragt zu werden; es wurde einstweilen de facto ‚ausgeschaltet' und somit in der noetisch-noematischen Problemdiskussion ausgespart. Husserl mochte dies anfänglich um so unbedenklicher scheinen, als er überdies davon ausging, daß das empirische Ich nicht nur selbst ein Dingliches, sondern auch bloß eine der räumlich-zeitlichen Welt „untergeordnete Einzelrealität" (III, 93) sei und daß somit die Ausweisung seines Seinssinnes bloß als eine unter anderen anzusehen sei, die dann weitgehend beliebig in der systematischen Folge seiner Analysen vorgenommen werden könne.

Es wäre müßig zu fragen, welche Entwicklung Husserls transzendentale Phänomenologie genommen hätte, würde Husserl sich der ausgezeichneten analytischen Instrumente, die er schuf, stets auch für das Gegebene, wie eben sie es freizulegen geeignet waren, an gegebener Stelle bedient haben. Verhalfen sie per se zu fruchtbaren und neuartigen Fragestellungen, – und die phänomenologische Frage nach der Differenz und Identität vom empirischen und transzendentalem Ich war gewiß eine solche –, so ließ Husserl doch die mit ihnen sich einstellenden Gegebenheiten oftmals dadurch außer acht, daß er sie durch mehr oder weniger unbemerkte Verschiebungen schon in der Fragestellung verdunkelte. Für die Problematik des Ich führte dies nicht nur zu mißlichem Problemaufschub, sondern auch zu langfristiger Beeinträchtigung seiner Phänomenologie, die später nur mühsam ausgeglichen werden konnte.

Es sei diese Problematik hier aufgenommen mit der Redeweise von ‚meinem' Ich. Daß Husserl mehrfach auf die Ich-Rede des Phänomenologen verweist und auch die ausdrückliche Anweisung gibt, es möge jeder, der seinen Untersuchungen folgt, für sich selber ‚ich' sagen und die von ihm in Gang gesetzten phänomenologischen Aufweisungen strikt als die eigenen vollziehen, ist keineswegs nur als didaktische Anleitung für beginnende phänomenologische Mitstreiter oder auch bloß als zweckdienliche Empfehlung zu nehmen, die sich aus der essentiellen Angewiesenheit einer dezidiert als Arbeitsphilosophie konzipierten Phänomenologie ergibt. Sie indiziert vielmehr ein substantielles Problem dieser Philosophie, deren Letztbegründungsanspruch ab ovo Selbstbegründungspflichten einschließt: Soll jenem durch eine radikale transzendentale Kritik mundaner Erfahrung entsprochen werden, so können diese nur dann erfüllt werden, wenn dabei das Ich dieser Erfahrung nicht nur nicht ausgespart, sondern wenn es auch als solche Kritik sich zutrauendes Ich der phänomenologischen Selbstreflexion unterzogen und seinerseits vorbehaltloser Kritik unterstellt wird[57].

Nimmt man einmal zusammen, in welcher Weise Husserl bis in

---

[57] Husserl wird bald das transzendentale Ich im empirischen Ich „enthalten" finden (VIII, 410 ff.) und damit nicht nur der Ich-Identität, sondern auch der Problematik ‚meines' Ich einen neuen Aspekt geben. Dazu hier auch S. 211 ff.

die Mitte der zwanziger Jahre von ‚ich' und sogar von ‚wir' immer wieder Gebrauch gemacht hat und versucht, den Sinn solcher Rede phänomenologischen Normen gemäß zu verdeutlichen, so ergeben sich bezeichnende Schwierigkeiten. „Phänomenologisches Denken ist niemandes Denken", hatte Husserl 1907 in seiner ersten Skizzierung der transzendentalen Phänomenologie kurzerhand konstatiert und ergänzt: „Wir abstrahieren nicht bloß vom Ich, als ob das Ich doch darin stehe ..., sondern wir schalten die transzendentale Setzung des Ich aus und halten uns an das ... Bewußtsein im reinen Sinn" (XVI, 41). Der „zunächst ganz natürlichen, aber nicht zulässigen Ausdrucksweise im kommunikativen Plural" erst später eingedenk (VIII, 55), hatte Husserl hier offensichtlich nicht nur das menschliche Ich transzendental ausgeschaltet, wie es auch für das spätere Ideen-Werk kennzeichnend blieb; er ließ auch mit der vollständigen Verdecktheit selbst der Problematik des reinen Ich die selbstkritische Frage nach dem Sinn jener kommunikativen Ausdrucksweise noch im Schlagschatten ‚reiner' Bewußtseinsanalyse – so sehr, daß er sie nicht einmal als ebenso zwangsläufige wie zwangsläufig vorerst ungeklärte Redeweise gerechtfertigt, geschweige denn sie zum Anlaß genommen hätte, die Untersuchung des mit der transzendentalen Reduktion eröffneten Feldes der reinen Erfahrung von vornherein anders zu orientieren.

Phänomenologisches Unbehagen, das dem aufmerksam-kritischen Mitarbeiter, wie Husserl ihn sich wünschte, hier bleiben mußte, konnte bestenfalls sich gedämpft sehen in der Einsicht, daß Husserls anfängliches Vorgehen, mit allen Signalen noch unsicheren Tastens und Probierens zumal, ungeteilte Zustimmung kaum erheischte. „Niemandes Denken" zu vollziehen, durfte ernsthaft denn auch nichts anderes heißen als Husserls Denken zum eigenen des Mitphänomenologen zu machen, wie es dementsprechend Husserl auch explizit nahegelegt hat. Das aber konnte nicht den Sinn des Abweisens eines überhaupt subjektbezogenen, sondern nur den des dezidierten Anweisens eines transpersonalen Denkens haben, in dem nach Struktur und Inhalt nichts von dem ins Spiel zu bringen erlaubt sein sollte, was mein Denken als mein individuelles hic et nunc bestimmen mag. Darin kam indes weit mehr zum Ausdruck als lediglich Husserls Pathos einer Sachlichkeit und selbstvergessenen Sachbezogenheit, wie sie alle echte

Forschung kennzeichnet. Damit brachten sich vielmehr auch inhaltliche Implikate der Philosophie Husserls insoweit zur Geltung, wie sie anzeigten, in welchem Sinne denn ‚mein' Ich qua phänomenologisierendes Ich verstanden werden sollte.

Indirekten Aufschluß darüber gibt bereits Husserls Wesenslehre in der ihr zugedachten Funktion für die transzendentale Phänomenologie. Darin geht es spezifisch um das Wesen des Bewußtseins und die Gewinnung seiner invarianten Strukturen, und zwar durch Ideierung und phantasiemäßige Abwandlung dessen, was in der Erlebnisreflexion des eigenen Ich an intentionalen Beständen strukturell sich findet. Doch bietet sich darin mein Bewußtsein gerade nicht als das meine gegen dasjenige eines anderen, sondern als *das* Bewußtsein, das als dieses aber weder mir noch sonst jemand zugehört, geschweige denn ein gemeinsamer Erlebnisstrom aller denkbaren menschlichen Subjekte wäre. Vielmehr stellt mein Bewußtsein, wie ich es in Wesenseinstellung in mir antreffe, nur eine exemplarische Vereinzelung eines Wesensallgemeinen dar, das als dieses völlig indifferent gegen faktisches, empirisches Bewußtsein zu verstehen ist (V, 143).

Damit unterliegt meine natürliche Ich-Rede schon im Rahmen der Wesensphänomenologie des Bewußtseins einer nicht zu übersehenden Sinnesmodifikation. Ich mit einem so verstandenen Erlebnisstrom bin nicht länger menschliches Ich, sondern habe mich als jenes reine Ich zu verstehen, welches der Erlebnisstrom birgt „nach idealer Möglichkeit" (V, 71) und das seinerseits von einem zufällig in der Welt existierenden faktischen Ich unbetroffen gedacht werden soll.

Nun ist ein eidetisch reines Ich selbstverständlich nicht mein Ich und kann es nicht sein. ‚Das' Ich im Sinne puren, idealmöglichen Wesensbestandes von Bewußtseinsstrukturen brächte es niemals dahin, mein Ich zu sein. Mein Ich setzt anderes Ich voraus. Mein Ich und anderes Ich fordern sich gegenseitig, stehen also phänomenologisch zueinander im Verhältnis wechselseitiger Sinnimplikation. Ich und andere sind aber weder als pure Wesenheiten noch auch als Wesensmomente ‚eines' reinen Ich faßbar. Wenn Husserl gleichwohl von ‚meinem' reinen Ich spricht, dabei auch sogleich anderes Ich in Rechnung stellt und Bewußtsein als geschlossenen Zusammenhang sogar nur als Verflechtung meines Bewußtseins mit demjenigen anderer versteht (III, 70), so ist damit die Rede von seinem und meinem Ich doch phänomenologisch noch nicht gerechtfertigt. Denn ist in ihr zwar sinngemäß eine Vielheit von Subjekten vorausgesetzt, so ist sie doch selber phänomenologischer Klärung noch bedürftig. Sie wäre aber im Rahmen purer Erlebnisanalysen nicht einmal sinnvoll problematisierbar, wie denn für einen leeren Pol der Akte, als der das Ich bisher einzig sich darbot, eine kommunikative Pluralität nicht wohl angenommen werden könnte. Damit ist nicht behauptet, daß von meinem reinen Ich zu sprechen in Husserls Phänomenologie sinnwidrig wäre. Gesagt ist nur, daß Husserl soweit die Possessivität des Ich nicht hat explizieren können. Offenkundig bezieht sie ihren Sinn aus Quellen, die einer bloßen Wesensphänomenologie des Bewußtseins verschlossen sind.

Nun soll allerdings nicht schon die eidetische, sondern erst die transzendentale Reduktion auf letzte Sinnursprünge führen. Da jedoch die transzendentale Sinnausweisung auch meines Ich als des meinen jetzt so zu erfolgen hat, daß ein etwaiges Mitspielen vorphänomenologisch verstandenen Sinnes meines Ich als meines mundanen Ich ausgeschlossen ist, müßte sie folgerichtig von jenem Ich her vorgenommen werden, welches nun allein als reines transzendentales Ich in Betracht kommt. Alles andere jedoch als ein phänomenologisch gegebenes Ich, ist es allem Anschein nach bereits deshalb gänzlich ungeeignet, einen brauchbaren Ansatzpunkt zur Lösung der Ich-Problematik abzugeben.

Indessen ist nicht zu übersehen, daß Husserls Analysen gerade auch im Hinblick auf das transzendentale Ich bereits über jene Behauptung hinausgelangt sind, daß dieses Ich eigentlich unbeschreibbar und „nichts weiter" als eben Bezugspol der Akte sei. Zumindest ist Husserl längst weitergehende analytische Verpflichtungen als bloß die einer phänomenologischen Neufassung des kantischen ‚Ich denke‘ eingegangen, indem er Kants Ich der transzendentalen Apperzeption nicht nur von seinem vorgeblich nebulosen Schleier befreien und zu einem transzendentalphänomenologisch zugänglichen Problem machen wollte, sondern indem er es auch von allem Anfang an – unkantisch genug – eben als ‚mein‘ transzendentales Ich eingeführt hat.

Wenn hier nicht unauflösbare Aporien die weitere phänomenologische Forschung unwegsam machen sollten, so galt es also, Verbesse-

135

rungen, gegebenenfalls auch Modifizierungen des analytischen Instrumentariums in Angriff zu nehmen. Dies bedeutete vor allem, auf bisher unbeachtet gebliebene Bestände im transzendentalen Bewußtseinsfeld sich auszurichten, um endlich von der Phänomenologie der Erlebnisse zu der des Ich, von einer Phänomenologie des Bewußtseins zu einer phänomenologischen Philosophie der Subjektivität zu gelangen.

## § 2 Selbsterfahrung und Fremderfahrung

Mein Ich ist meines nur im Verband mit anderen. Ich als transzendentales Ego müßte, um es rechtmäßig das meine nennen zu können, andere transzendentale Egos neben mir und außer mir haben, als von mir verschieden und dennoch meinesgleichen. Ihre Andersheit wie ihre Gleichheit stellen aber gleichermaßen vor neue, unerwartete Schwierigkeiten. Worin sollte ihre Andersheit gründen? Sind sie andere Egos, so sind sie Bezugszentren eines Erlebnisstroms außerhalb des meinen. Dann könnte ich jedoch von ihnen als anderen gar nicht wissen. Ich könnte nicht einmal sinnvoll nach ihnen fragen, da jedwedes transzendentale Außerhalb zu meinem Bewußtseinsfeld ein sinnwidriger Gedanke wäre. Sollten sie aber andere Subjekte innerhalb dieses meines Bewußtseinsfeldes sein, so könnte ich sie wiederum nicht als meinesgleichen erfahren, würde alsdann doch ihre bloße Phänomenalität für mich als dem absolut verstandenen Ich ihrer Gleichstellung mit mir widerstreiten.

Die Alternative führt also offenkundig in ein Dilemma. Sollte Husserls Methode hier an eine unüberwindbare Grenze stoßen? Ist am Ende seine transzendentale Phänomenologie bereits mit dem empirischen Tatbestand der Intersubjektivität, der zu ihrem unabweisbaren Phänomenbestand gehört, in eine Situation geraten, aus der konstitutionsanalytisch jedenfalls kein Entkommen ist? Wie will eine Phänomenologie im Einklang mit ihrem bisherigen Konzept der Konstitution alles Seins im transzendentalen Bewußtsein der Lage Herr werden, in der zumal nicht bloß fremdes mundanes Ich in meinem Ich ausgewiesen, sondern auch fremdes transzendentales Ich in seinem Seinssinn zu klären ist – in der demnach die eigene transzendentale Sphäre gesprengt werden muß, wenn anderes Ich ernsthaft als das begriffen werden soll, was es seinem ureigensten Sinne nach als anderes, fremdes Ich in Wahrheit ist?

Daß Husserl für diese Problematik Lösungswege überhaupt gesucht hat, bringt seine transzendentale Phänomenologie als die erste und bisher einzige Gestalt einer Transzendentalphilosophie zur Geltung, die sich der Frage der Intersubjektivität überhaupt gestellt hat. Auch hat Husserl sie in einer Weise in Angriff genommen, daß schließlich nicht bloß eine abstrakte Vielheit leerer Ichpole, sondern eine transzendentale Intersubjektivität konkreter Egos als das *an sich Erste* aller Sinnstiftung und Seinsgeltung, als Urgrund des *für uns Ersten*, der vorgegebenen Welt, in Sicht tritt.

Die bemerkenswerte Stringenz, mit der Husserl diese Lösungswege, nach einigen Vorbemerkungen schon in der Zeit seiner *Ideen*, in den zwanziger Jahren beschritten, zuerst in Vorlesungen erprobt und dann in der fünften seiner *Cartesianischen Meditationen* in knapper Form systematisch dargestellt hat – um später auch darüber noch hinauszugelangen –, sollte indessen Licht und Schatten zugleich auf seine Unternehmung im ganzen werfen. Konsequenz und Stetigkeit seines Vorgehens zumal in diesem Felde eindrucksvoll dokumentierend, rückte Husserl indessen nicht nur das hier – und nicht ohne wiederholte Selbstkritik – Erreichte, sondern ungewollt auch das nicht Erreichbare in deutliches Licht.

Die Zielsetzung der *Ideen I* ließ allerdings Selbstzweifel an der Tauglichkeit des gewählten Verfahrens für die phänomenologische Aufklärung von Intersubjektivität noch gar nicht aufkommen; war diese doch auch keineswegs Thema, sondern nur mitgegebenes Phänomen im Hintergrund des leitenden erkenntnistheoretischen Interesses klassischer Prägung durch die philosophische Tradition. Was darin schon von Anfang an auf intersubjektive Zusammenhänge in meinem Erfahrungsfeld verwies, waren auch zunächst nur bestimmte Gegebenheiten, die genauer zu analysieren nur die phänomenologische Fundierung einschlägiger Erfahrungswissenschaften zu fördern schien: Nicht nur die Region raum-zeitlicher Dinglichkeit und ihre Kausalitäten, sondern auch die weiteren Regionen animalischer und psychischer Leiblichkeit sowie schließlich des Geistigen und seiner Motivationen hatten deshalb zu näherer Untersuchung angestanden, damit jeweils das regionalontologische Apriori sichtbar wurde, in dessen Rahmen sich jede positive Einzelwissenschaft a limine bewegt.

Auffällig aber ist daran nicht nur, daß Husserl diese so bezeichnete ‚konstitutive' Problematik vorerst rein wesensphänomenologisch abhandelte und sie vollständig einer nichttranszendentalen Untersuchung überließ (IV; V, 1–92). Bemerkenswert ist auch, daß Husserl in den *Ideen I* innerhalb der transzendentalen Epoché andere Subjekte nur als mundane Ich-Wesen erfaßte und folglich in ihrer transzendentalen Phänomenalität gar keine besonderen gegenüber den sonstigen Konstitutionsproblemen hat heraufkommen sehen. Damit aber schien umstandslos eine Priorität des eigenen transzendentalen Ich gesetzt, die vorerst den Weg zur Aufklärung ‚meines' Ich ebenso versperrte wie sie eine angemessene Erörterung der Intersubjektivitätsfrage erschwerte.

Man muß sich allerdings auch vergegenwärtigen, daß Husserls transzendentales Ego, wie undurchsichtig es auch als das meine noch sein mochte, alles andere als ein willkürlicher Ansatz oder auch ein Indiz seiner eingangs allzu bedenkenlosen Gefolgschaft Descartes' auf einem – zwar Cartesisch motivierten, aber schon nicht mehr Cartesisch durchgeführten – ersten Weg in die transzendentale Phänomenologie gewesen ist. Dem würde nicht nur Husserls beständiges und bis zuletzt auch durch alle anderen Wege in die Epoché hindurch bewahrtes und durch keinerlei Skepsis gebrochenes Festhalten am *ego cogito* als dem recht verstandenen Urboden aller Sinnkonstitution und Seinsausweisung entgegenstehen. Vielmehr hatte Husserls ego cogito seinen ursprünglichen Rechtsgrund in der unangreifbaren Ausgangsposition, die in ihrer unentfalteten Struktur denn auch nicht anders als tautologisch zu sein schien: Was immer mir gegeben ist, ist Gegebenes für mich. Was immer mir in seinem Sein an sich vorstellig ist, ist es als Sein an sich für mich. Und begegnet mir darunter auch anderes Ich, so ist es anderes Ich für mich.

Der tautologische Anschein mußte jedoch alsbald mit der weitergehenden sachhaltigen Behauptung Husserls weichen, daß auch an sich Seiendes niemals ein solches ist, welches Bewußtsein und Bewußtseins-Ich nichts anginge (III, 89), daß vielmehr nur in mir ausgewiesen werden könne, was Sein und Seiendes, und zwar nicht bloß für mich, sondern was es seinem Sinne nach gerade an sich wahrhaft ist. Diese fundamentale These Husserls hat ihr maßgebliches und für eine Phänomenologie als philosophische Grundwissenschaft unabdingbares Motiv erkennen lassen in der phänomenologischen Reflexion. Ihre Zuspitzung, daß nur und allein *mein ego cogito* den „letzten Urteilsboden" (I, 7) abgeben könne, hat sie erst mit der transzendentalen Reduktion erfahren.

Denn auch vor allen transzendentalen Erwägungen war in der natürlichen Reflexion bereits zu scheiden gewesen: das nicht bezweifelbare und insofern absolute Selbst immanenter Gegebenheiten meiner cogitationes samt ihrer cogitata auf der einen, die prinzipielle Fraglichkeit bewußtseinstranszendenter Gegenständlichkeit auf der anderen Seite. Daß es mithin so etwas wie immanente Wahrnehmung, welche einzig, wenn überhaupt, Apodiktizität verbürgen könnte, nur in mir gibt, bedeutet dann zweifellos eine „ausgezeichnete Sachlage" für mich (III, 85 f.). Doch würde sie ihre Auszeichnung im strengen Sinne erst gewinnen, wenn sie nicht für mich wie für andere, sondern wenn sie für mich allein bestände. Eben dafür aber hat die transzendentale Reduktion gesorgt. Läßt sie mit der Inhibierung des gesamten Weltglaubens sogar die prinzipielle, wenn auch durch keine Erfahrung jemals nahegelegte Denkmöglichkeit zu, daß anderes Ich außer dem meinen nicht sei, so bedingt diese Reduktion eine transzendentale Einmaligkeit meines Ego, welche auch durch keine noch so eindringliche Phänomenalität anderer Egos und nicht einmal durch das ausgewiesene Recht ihres Seinsanspruchs mediatisiert werden kann.

Das führt aber für alle weiteren phänomenologischen Aufweisungen, und anscheinend unausweichlich, in einen *transzendentalen Solipsismus*. Als methodischer Solipsismus bedarf er zwar keiner weiteren Legitimierung als derjenigen aller methodischen Vorkehrungen[58]. Als dieser bildet er auch nur die Rahmenvoraussetzung für eine Konstitutionsanalyse besonderer Art, nämlich jener Ich-Vielheit, wie sie in meinem Erfahrungsfeld als transzendentales Phänomen gegeben ist. Was aber

---

[58] Zur Begründung z. B. VIII, 396; XVII, 238. Zu Husserls Abwehr des Einwandes, sein phänomenologischer Idealismus sei qua solipsistischer Idealismus unhaltbar V, 151. Zum Husserlschen Idealismus zusammenhängend hier Abschn. D, Kap. I, § 2.

will es besagen, daß aus mir nicht nur transzendente Objektivität, sondern auch andere, fremde Subjektivität ihre „Erfahrungs- und Rechtsquelle" schöpft? Was bedeutet es insbesondere, daß in mir allein andere zur Ausweisung ihres Seinssinns sollen kommen können, da doch bislang noch gar nicht der Sinn der Rede von ‚meinem' Ich geklärt ist?

Die Antwort darauf wird nicht zuletzt davon abhängen, wie Husserl derlei Ausweisungen von eigener und fremder Subjektivität beginnt. Sie aber bieten einmal mehr ein Beispiel für die Aspektabhängigkeit auch der Husserlschen phänomenologischen Beschreibungen. Husserl zentriert sie um eine bestimmte Differenz von Unmittelbarem und Mittelbarem. Sie ist angezeigt in dem, was mit dem seinerzeit geläufigen Terminus der *Einfühlung* ausgedrückt werden soll. Obgleich nicht unmißverständlich und darum auch von Husserl selbst als „wenig passend" empfunden[59], meinte er dennoch, ihn verwenden zu sollen und von Fehldeutungen freihalten zu können. Inexplizit wird der Begriff der Einfühlung einfach im Gegensatz zur originären Erfahrung meines Selbst aufgenommen und bleibt denn auch solange unverfänglich, wie darin lediglich eine nicht zu leugnende Mittelbarkeit der Erfahrung anderen, fremden Bewußtseinslebens im Vergleich zu meinem eigenen angezeigt ist: Der andere ist zwar selbst da und in eins mit seinem Leibe da, aber er ist mir als anderes Ich mit seinem Seelenleben nicht wie sein Leib originär gegeben (III, 8). Gleichwohl ist er *selbst* da und nicht etwa nur als er selbst aufgrund seiner leiblichen Präsenz gedeutet.

Genau diesen Tatbestand sucht Husserl mit dem Begriff der Einfühlung zu kennzeichnen. Die Einfühlung ist phänomenologisch ebenfalls ein anschauender, wenn auch nicht mehr originär anschauender Akt. Als anschauender aber ist er allemal gebender Akt. Darin ist zunächst die irrige Auffassung, die sich seinerzeit um das psychologische Konzept der Einfühlung – sei es im Sinne induktiven Folgerns, sei es unbewußter Analogieschlüsse vom eigenen auf fremdes Ich – vielfach gerankt hatte, abgewiesen. Einfühlung ist bei Husserl viel-

<hr/>

[59] VIII, 63, 134. Das gleiche trifft auch auf den vorübergehend aufgenommenen Begriff der Eindeutung zu (V, 8, 109).

mehr ein Titel für die Aufgabe, die Gegebenheitsweise von Fremd-
seelischem phänomenologisch zu erfassen, und diese hat gerade ihre
Besonderheit, auch ihre besondere Verwickeltheit, darin, daß in ihr
nicht vom meinem Eigenseelischen auf Fremdseelisches geschlossen
wird, sondern daß anderes Bewußtsein sich mir anschaulich und doch
nicht originär kundgibt.

Husserl hat über Jahre hinweg in verschiedenen Wendungen und
Formulierungen die Gegenbenheit eines anderen Ich zu fassen versucht. Sie zeigen, wie sehr er sich durch die Frage der Selbsterfahrung
und Fremderfahrung, seit sie ihn um 1910 bereits zu beschäftigen
begonnen hatte, durch fast vier Jahrzehnte hindurch immer wieder
herausgefordert sah. Sie lassen aber auch erkennen, daß Husserl für
seine Analysen jene Differenz von Leib und Seele fraglos übernahm,
wie sie als Dualismus zweier ,Seiten' des menschlichen Subjekts historisch lange präfiguriert worden war. Doch ging es bei Husserl nicht
um den Dualismus zweier metaphysischer Entitäten. Es ging ihm
phänomenologisch um zwei verschiedene Weisen der Gegebenheit,
welche im einzelnen transzendental einsichtig zu machen ihm schließlich auch nur durch etliche abstrakte Sonderungen gelingen wollte.
Hätte Husserl aber hier anders als aus tradierter dualistischer Sichtweise verfahren sollen?

Daß ich anderes menschliches Ich stets als leibliches Ich erfahre,
und zwar dergestalt, daß mir sein Leib je schon als Ausdrucksfeld
seines Seelischen erscheint, ist auch von Husserl stets gesehen und
in mehreren treffenden Wendungen umschrieben worden. Demnach
hätte er sich also rechtmäßig vor die Aufgabe phänomenologischer
Beschreibung und Durchdringung der sinnlich-sinnhaften Einheit des
Menschlichen gestellt finden können, wie sie in einem eigentümlichen
Ineinander von Sehen und Verstehen des anderen sich darbietet. Dann
hätte indes eine genaue Beschreibung solchen Sehens, auch und insbesondere in seinen deutlichen Abweichungen vom Sehen in bloßer
Dingwahrnehmung, ebenso nahegelegen wie eine Analyse jenes unmittelbaren und von allem hermeneutischen Sprachverstehen wiederum
unterschiedenen Ausdrucksverstehens, ehe dann die Frage nach den
konstitutiven Bedingungen für beides anzuschneiden gewesen wäre.

Husserl setzte indes seine analytischen Instrumente anders an. Es muß dahingestellt bleiben, welchen Verlauf seine Phänomenologie der Intersubjektivität genommen haben würde, wäre ihm – statt einer rein sinnlichen Wahrnehmung des Leibdinges und der vermeintlich durch sie bloß vermittelten Eindeutung fremden Seelenlebens – vielmehr unmittelbares Ausdrucksverstehen des anderen und die durch es bereits bedingte besondere Weise des Gewahrens fremden Leibes zum Thema geworden. Daß dies nicht geschah, mußte nicht zwangsläufig die Analyse in eine verfehlte Richtung führen. Es hat aber spätere Korrekturen in Husserls Behandlung der Intersubjektivitätsproblematik erschwert.

Daß Husserl die Verschiedenheit von Leib und Seele in keiner anderen als der Differenz zweier Gegebenheitsweisen gesehen hat, schrieb seiner analytischen Behandlung der Konstitutionsproblematik von vornherein eine bestimmte Systematik vor. Danach sollte der andere zunächst als Leibding, nicht prinzipiell anders als andere Wahrnehmungsdinge, in sinnlicher Anschauung erfaßt sein. Füglich gelangten Abweichungen in der Leibeswahrnehmung nicht primär im Vergleich mit anderen Dingen, sondern mit Bezug auf den eigenen Leib in den Vordergrund. Husserl ist der Gewahrung des eigenen Leibes in mannigfachen Detailuntersuchungen bis in die einzelnen Felder der Sinnesempfindungen nachgegangen: aufzeigend, wie in ihr sich zunächst ein räumliches Innen und Außen bekundet; wie ferner, in dieser Trennung gegründet, die ursprüngliche Differenz von Eigenem und Fremdem, und damit auch von Immanentem und Transzendentem, sich konstituiert und wie sich, sobald in das Transzendente fremde Leibgegebenheit einbezogen wird, auch der Sinn ‚meines‘ Leibes und damit schließlich ‚meines‘ Ich als einer weltlichen Leib-Seele-Einheit verständlich machen läßt.

Aus dem Konstitutionsaspekt ist daran bemerkenswert, daß die Bedeutungserfüllung des eigenen Ich, genauer, der es meinenden Intention, wesensmäßig gebunden ist an den eigenen Leib. Das ist phänomenologisch trivial nur solange, wie noch nicht deutlich geworden ist, daß auch jedwede Erfüllungssynthesis zwecks Sinnklärung meines transzendentalen Ich zuletzt auf meine Leiblichkeit zurückführt, und wie speziell mein transzendentales Ich in der Existenz meines Leibes verankert ist. Die hier aufbrechende Problematik der Selbstkonstitution des transzendentalen Ego blieb allerdings vorerst weiter verhüllt durch eine Ich-Konzeption Husserls, der zufolge das reine Ich seinen Leib noch nicht als ein Moment der Verfaßtheit seiner selbst, sondern lediglich als eine bloß in ihm auch konstituierte Realität in der Welt zu Gesicht bekommen sollte. So ging denn hier die weitere Frage zunächst auch nicht auf die Konstitution des eigenen reinen Ich, sondern auf die Konstitution fremder Leiblichkeit vermittels meines eigenen, der insofern „die Rolle des *Urleibes*, von dem die Erfahrung aller anderen Leiber sich ableitet", spielt (VIII, 61).

Nun ist mir mein eigener Leib in einer „Doppelschichtigkeit", in der Husserl das Ergebnis aus der Analyse seiner psychophysischen Einheit zusammenfaßt, gegeben; und sie macht es, daß meine Erfahrung eines anderen nicht mehr ungeteilte Erfahrung ist. Denn daß auch im anderen sich Psychisches verleiblicht findet wie in mir, das „sehe" ich ihm, und zwar aufgrund meiner eigenen Doppelverfassung „an" (VIII, 134 f.) und kann es im gemeinsamen Erfahrungszusammenhang fortlaufend bestätigen und bekräftigen. Doch ist mir Fremdpsychisches nicht wie Eigenseelisches selbstgegeben; es ist in der Erfahrung fremden Leibes zwar da, jedoch nur „appräsentativ mitgemeint" (VIII, 62). Der besondere Stil der Bewährungssynthesen unseres gegenseitigen Erfahrungsaustausches zeigt ferner, daß dergleichen Appräsentation auch niemals originäre Präsentation werden kann. Daß ich einen anderen qua anderen leibhaftig und insofern a fortiori originär vor mir habe, hindert also nicht daran, daß er mir dabei in seinem psychischen Eigenwesen gar nicht zu ursprünglicher Gegebenheit kommt und nicht einmal kommen kann – er wäre denn bloß Moment meines eigenen Ego und schließlich er selbst und ich wesentlich einerlei (I, 139).

Soweit so gut. Nun soll aber damit fremdes Ich als in meiner Erfahrung begegnendes nicht nur beschrieben sein. Es soll darüber hinaus fremdes Ich auch aus mir als transzendentalem Ich, zu dem ich mich mit dem Vollzug der transzendentalen Reduktion formiert habe, den Sinn seines Seins allein schöpfen. Auch der andere ist in der Epoché, wie jede meiner Erfahrungsgegebenheiten, transzendental reduziert zum Phänomen des anderen und muß konstitutionsanalytisch daraufhin durchforscht werden, was es mit seinem ‚Seinsanspruch' auf sich habe, wie es mit dem Sinn seines Seins stehe. Erst mit dieser Frage-stellung tritt Husserls transzendental-solipsistischer Ansatz zutage. Seine methodische Ausführung ist die transzendentale Egologie. Sie soll indes nur Übergang und Durchgangsstufe sein zur transzenden-talen Theorie der Intersubjektivität.

Was Husserl dazu in der fünften seiner *Cartesianischen Meditatio-nen* im einzelnen ausgeführt hat, entspricht allerdings nicht werkgetreu Stand und Tiefe seiner Jahre zuvor bereits durchgeführten Unter-suchungen: An die vorhergehenden Meditationen anschließend, die insgesamt eine neue, strenger gewordenen Ansprüchen an Radikalität genügende Einleitung in die transzendentale Phänomenologie bilden sollten, fügt auch die fünfte Meditation dieser Absicht insofern sich ein, als sie inhaltlich zwar einen systematischen Entwurf zur Lösung der Intersubjektivitätsfrage darstellt, methodisch jedoch das Haupt-augenmerk abermals auf eine konsequentere und verschärfte Durch-führung der transzendentalen Reduktion gerichtet hält. Auch ent-sprach es Husserls Ziel, welches er sich seit je gesetzt, mit diesem Werk aber in einer seither nirgends erreichten gedanklichen Geschlos-senheit verfolgt hat, daß die Bearbeitung der Frage der Intersubjek-tivität hier nicht eigentlich im Zeichen ihrer selbst, sondern einer anderen Problematik stand: Die erkenntnistheoretische Frage der Objektivität verlangte phänomenologisch die Aufklärung objektiven Seins und objektiver Wahrheit. Sie konnte jedoch nicht einmal sinnvoll formuliert werden, wenn nicht zuvor die Gemeinschaftsbeziehungen zwischen verschiedenen Subjekten entfaltet und konstitutionsanaly-tisch geklärt waren. So mußte im Rahmen der transzendentalen Epoché und der bereits freigelegten universalen Strukturen des ego-cogito-cogitatum vor allem jenes Phänomen der Appräsentation frem-den Bewußtseinslebens wieder aufgenommen werden, um die sich die Frage des Seinssinns anderer Subjekte jetzt wesentlich zentrierte.

Husserl greift dieses Problem auf, indem er es – scheinbar – zu-nächst beiseite schiebt. Aus methodischen Gründen rechtfertigt er eine weitere sogenannte *thematische Epoché* (I, 124 f.). Sie stellt innerhalb der bereits vollzogenen universalen Reduktion einen neuen, eigenarti-gen Reduktionsschritt dar: Mit ihr sollen alle diejenigen Phänomene einstweilen ausgeblendet werden, die ihrem Sinne nach unmittelbar oder mittelbar auf andere Subjekte verweisen. Methodisch erforderlich wird dieser Schritt durch den Umstand, daß der andere in meinem Erfahrungsfeld nicht einfach als anderes Menschen-Ich zum Ausgangspunkt konstitutiver Analyse genommen werden darf, sondern auf eine konstitutive Unterstufe zurückgeführt werden muß, da sonst eine objektive Welt, in der er als Ich wie ich erscheint, schon vorausgesetzt wäre. Husserls Konstitutionstheorie der Intersubjektivität gewinnt insofern mit der thematischen Epoché ihre maßgebliche Perspektive. Durch eine derartige Ausblendung, die einer radikalen Durchstreichung aller durch andere mitkonstituierten Gegebenheiten in meinem transzendentalen Erfahrungsfeld gleichkommt, erreicht Husserl eine zwar nur abstraktiv zu gewinnende, jedoch analytisch noch greifbare „Schicht" egologischer Erfahrung, von der aus dann die Konstitution anderer Subjekte in einsichtiger Folge eines stufenweisen Aufbaus vollzogen werden soll.

Was mir in dieser Erfahrung verbleibt, ist auf eine zusammenhängende Schicht primordialer Eigenheit restringiert. Husserl zeigt auf, daß innerhalb der Primordialsphäre mit der Gegebenheit meines Leibes bereits die Innen-Außen-Relation sowie eine primitive Lokalisierung nach Hier und Dort und damit eine erste primordiale Transzendenz herausgebildet wird und somit auch die Erfahrung eines fremden Leibkörpers. Mit ihm stellt die Eigenheitssphäre eine erste egologische Grundschicht für die Klärung der Indikation fremden Seelenlebens dar, für welche nun abermals auf meine Appräsentation als auf eine bestimmte, und zwar durch den anderen wohlmotivierte Leistung meines Bewußtseinslebens zurückgegriffen wird.

In dieser Appräsentation als einer transzendentalen sinnstiftenden Leistung liegt aber mehr als die im Rahmen der universalen Epoché lediglich modifizierte Wiederholung früherer Resultate aus den Untersuchungen zur regionalen Ontologie des Fremdpsychischen[60]. Daß der andere in meiner Primordialsphäre ursprünglich als Leib erscheint und mit ihm ein anderes Seelenleben und anderes Ich, besagt nämlich nicht nur wie bisher, daß mir anderes Ich nur zugänglich wird als Teil

---

[60] Husserl hat dazu in natürlicher Einstellung zahlreiche, allerdings nicht durchweg befriedigende und phänomenologisch einwandfreie Untersuchungen durchgeführt. Einschlägige Texte vor allem in XIII und IV.

der Welt, als Stück meines transzendentalen Weltphänomens. Denn dies geschieht auch so, daß die Konstitution des anderen durch mich mit meiner eigenen mundanen Selbstapperzeption, der Erfassung meiner selbst als Mensch, einhergeht. Daraus resultierten einige weitreichende Konsequenzen. Sie bleiben allerdings solange verborgen, wie man mit Husserl dafürhält, daß die Welt das Insgesamt aller Kontingenzen bilde, zu denen dann, wie das eigene, so auch das fremde Menschen-Ich gehöre. Denn das bedeutete bisher lediglich: Weil – zufällig – zum anderen ein Leib wie zu mir gehört, muß er, als dieses kontingente Faktum, sich zeigen wie andere Kontingenzen der Welt und sich in seinem Sinn als dieses phänomenologisch begreiflich machen lassen.

Nun zeigt sich aber gerade durch die thematische Epoché, daß die transzendentale Konstitution anderer weltlicher Subjekte nicht einfach aus sinnstiftenden Leistungen unter anderen hervorgehen kann. Ihre Besonderheit ist, daß das in ihr Geleistete, nämlich der Sinn meines und fremden leiblichen Seins, auf wechselseitiger Konstitution beruht. Das bedeutet aber ferner und vor allem, daß dergestalt Geleistetes auch seinerseits schon als Grund eines konstituierenden Leistens aufgefaßt werden muß. Was die universale Epoché, allein als diese, bloß als Leibphänomen eines anderen in meinem transzendentalen Erfahrungsfeld zugänglich gemacht hat, das bringt die thematische Epoché dahingehend zu näherer Ausführung, daß es zum Seinssinn dieses eigentümlichen transzendentalen ‚Phänomens‘ Leib gehört, seinerseits Grund, und zwar konstituierender Grund für andere Leibphänomene in der Welt zu sein. Demnach gehört es also zum Seinssinn des Leibes, einerseits durch ein reines Ich gestifteter, transzendental konstituierter Sinn eines bestimmten Teils der Welt, andererseits jedoch selber bereits Bedingung für die Sinnstiftung von Welthaftem zu sein – und überdies eben für solche Sinneinheiten der Welt, denen ich ihrerseits eine konstituierende Funktion für mein weltliches Sein zuzudenken habe. Und nicht nur für dieses.

Die Problematik der Leibkonstitution verschärft sich noch angesichts der Tatsache, daß ich, da ich mich in der Sinnzuweisung anderer mundaner Subjekte als transzendentales Ich verstehen soll und als sinnkonstituierendes Ich auch nur verstehen kann, dem anderen ebenfalls alle diejenigen konstituierenden Leistungen zuzusprechen habe, die für die Sinnstiftung ihres Seins ich mir zuschreibe. Der andere ist also für mich nicht bloß menschliches Ich in der Welt; er ist auch seinerseits als konstituierendes Ich für die Welt zu verstehen und mithin als transzendentales Ich wie ich es bin. Das stellt vor eine Reihe weiterer Fragen.

Zum einen tut sich hier die Schwierigkeit auf, daß der von Husserl bisher unterstellte Seinssinn des Leibes als derjenige eines bloß Konstituierten durch das reine Ich nicht mit den eigenen konstituierenden Funktionen des Leibes vereinbar ist. Zum anderen steht damit die Annahme einer bloßen Faktizität des Leibes in Opposition zur Notwendigkeit des transzendentalen Ich. Husserls Konstitutionsanalyse der Fremderfahrung läßt nicht länger übersehen, daß mein Leib, und mit ihm zugleich anderer Leib, seinen Seinssinn gerade nicht einseitig einer transzendentalen Konstitution aus reinen Bewußtseinsleistungen verdankt, sondern daß er seinerseits schon mitfungierend ist in diesen, daß er also Mitbedingung vor allem auch für die Konstitution transzendentaler Intersubjektivität ist. Denn erst mit einer Vielzahl von Leibern erhält die transzendentale Subjektivität Pluralstruktur. Sie bedeutet eine Vielheit von Subjekten mit Leibesbeschaffenheit, und erst mit einer derartigen Vielheit ist so etwas wie Subjektgemeinschaft, Intersubjektivität gegeben und wird auch transzendentale Intersubjektivität überhaupt erst zu denken möglich. Für diese aber müßte, unbeschadet des Sinnes, den Husserl ihrer Notwendigkeit zuweist, die Annahme einer bloß faktischen Leibesverfassung des Subjekts in kategorialen Widerstreit münden. Denn mag die Notwendigkeit des transzendentalen Ich als Denknotwendigkeit nach dem Vorbild des Cartesischen Ego gemeint oder als logische Unmöglichkeit der Annahme seiner Nichtexistenz verstanden werden; mag sie als eidetische Notwendigkeit für die Existenz einer Welt gemeint sein, die wesensmäßig auf Intersubjektivität bezogen ist und nicht anders als durch sie ihren Seinssinn gewinnen und als existierende Welt zur Ausweisung kommen kann – allemal könnte die Leibesverfaßtheit des Subjekts nicht als ein Kontingentes, bloß Faktisches angesehen werden, wenn sie an der Selbstkonstitution des transzendentalen Ego teilhat.

Husserl hat später diese modale Unstimmigkeit ausgeräumt. Der

Feststellung, daß „jedes transzendentale Ich ... notwendig als Mensch in der Welt konstituiert sein muß" (VI, 189 f.), lag eine mittlerweile veränderte Problemsicht Husserls im Hinblick auf das prinzipielle Verhältnis von leiblichem und reinem Ich zugrunde, welche durch den sogleich angeschlossenen Nachsatz, „daß also jeder Mensch ein transzendentales Ego in sich trägt", auch die Frage nach der angemessenen Interpretation der transzendentalen Reduktion neu aufwerfen würde.

In den *Cartesianischen Meditationen* finden sich für diese Veränderungen bestenfalls Vorausdeutungen, ohne daß diese jedoch schon als deren Vorbereitung verstanden werden könnten. Worum es Husserl in der fünften Meditation vornehmlich ging, das war die phänomenologische Gewinnung einer transzendentalen Intersubjektivität, und zwar so, wie sie in zweierlei Hinsicht längst zu einem Desiderat geworden war.

Husserl hatte sich lange gehalten gesehen, in bewußter und vermeintlich strengster methodologischer Prinzipientreue sein Augenmerk primär auf die Struktur des ego-cogito-cogitatum zu richten. So war anscheinend ein zwar nur methodischer, aber auch als dieser auf die Dauer nicht haltbarer transzendentaler Solipsismus entstanden, gegen den sich dann auch vornehmlich, wie Husserl empfand (V, 153), die Kritik an seiner phänomenologischen Position des Ideenwerkes gerichtet hatte. Darum galt es nun zum einen, den Schein des Solipsismus aufzulösen (I, 176; XVII, 213). Zum andern ging es um eine notwendige Erweiterung des absoluten Urteilsbodens meines Ego, damit er tragfähig werden konnte für alle diejenigen sinnstiftenden Leistungen, die zu vollbringen nicht in meiner Macht allein steht und die nur als intersubjektive Leistungen die transzendentale Konstitution von Objektivität möglich machen und einsichtig werden lassen.

## § 3 Intersubjektivität und objektive Welt

Der konstitutionsphänomenologische Zusammenhang von transzendentaler Intersubjektivität und Objektivität legt eine kritische Besinnung auf Husserls Analyse der Fremderfahrung nahe. Ist es nicht trotz der Konstitution des andern dabei geblieben, „daß aus *meinem*

Erkennen, aus *meinem* Leben alle Wahrheit, die für mich ist und soll sein können, sich verstehen muß", daß somit mein Ego „das an sich Erste, ... der Urgrund, auf den alle Begründungen zurückbezogen sein müssen" ist (VIII, 396)? Schien doch im Konstitutionshergang des anderen Ich der egologische Ansatz nicht verworfen, sondern im Gegenteil nur konsequent fortgeführt worden zu sein. Das läßt die Frage aufkommen, ob denn die transzendentalphänomenologische Suprematie meines Ego, wie sie mit Husserls Ansatz zwangsläufig sich ergab, schließlich wirksam genug gebrochen worden sei, um nicht nur das Gespenst des Solipsismus zu bannen und ohne undurchschauten Rest in das verdiente Nichts aufzulösen, sondern um vor allem transzendentale Intersubjektivität phänomenologisch begreifbar werden zu lassen.

Dagegen muß nicht schon sprechen, daß Husserl niemals aufgehört hat, von Intersubjektivität, Wir-Gemeinschaft, Mitsubjekten als durch mich konstituierte Gegebenheiten zu sprechen. Mein Ich als Ur-Ich aller Konstitution war nur methodisch folgerichtig: „Die Epoché schafft eine einzigartige philosophische Einsamkeit, die das methodische Grunderfordernis ist für eine wirklich radikale Philosophie." Sie ist die Einsamkeit des Ego meiner Epoché, das „seine Einzigkeit und Undeklinierbarkeit nie verlieren kann" – nicht einmal dadurch, daß es sich für sich selbst deklinierbar macht durch transzendentale Konstitution von Intersubjektivität (VI, 187 f.). Scheint in derartigen Wendungen Husserls, sogar noch aus der Spätzeit, der methodische transzendentale Solipsismus, statt überwunden, sogar bis ins äußerste getrieben, so ist gleichwohl darin ebensowenig eine unangemessene Vorrangstellung meines Ego proponiert, wie in der alltäglichen Rede mit meiner Behauptung, über einen anderen letztverantwortlich nur aus eigenen Erfahrungen mit ihm aussagen zu können, seiner Anerkennung als meinesgleichen Eintrag geschieht und eine Priorität meines eigenen Ich beansprucht ist.

Dennoch besteht für die transzendentale Konstitution von Intersubjektivität hier eine eigentümliche Schwierigkeit; geht es doch in ihr nicht bloß um die Eigenerfahrung als letzten Rechtfertigungsgrund für meine Aussagen über bereits existierende andere, sondern um die von Husserl reklamierte Freilegung der Bedingungen der Möglichkeit, den Seinssinn anderen Subjektseins zu verstehen. Läßt aber Husserls egologischer Ansatz die Konstitution anderer Subjekte wirklich als diese und mithin als meinesgleichen überhaupt zu? Erst im zu bejahenden Fall würde Intersubjektivität tatsächlich erreicht und der transzendentale Solipsismus gebannt sein.

Da ich dafür dem anderen als Alterego und weiterhin auch einer offenen Vielheit solcher Alteregos alle jene sinnstiftenden Aktivitäten zuzudenken habe, die auch mein Fungieren als transzendentales Ego ausmachen, reicht aber offenkundig meine bloß ins Transzendentale transponierte Einfühlung als Appräsentation fremden Bewußtseinslebens nicht aus. Zumindest impliziert diese, recht verstanden, daß auch ich mich als Appräsentiertes der anderen zu verstehen habe, daß ich also durch meine Konstitution anderer in meiner Selbstapperzeption erheblich rückbetroffen bin. Habe ich andere nicht bloß als andere Subjekte in der Welt, sondern als transzendentale Egos gleich mir zu konstituieren, so bedeutet dies, daß ich die Konstitution meiner selbst niemals mir allein zuschreiben kann, sondern daß ich dazu der sinnstiftenden Mitleistung anderer ebenso bedarf wie sie für ihre je eigene Selbstkonstitution auf die meine angewiesen sind.

Die hier aufbrechende Problematik wechselseitiger Konstitution von Intersubjektivität ist von Husserl klar erkannt worden. Daß „Selbstbewußtsein und Fremdbewußtsein untrennbar ist" (VI, 256), hieß für ihn auch nicht nur, daß Ego und Alterego erfahrungsmäßig gleich ursprünglich sind, sondern bedeutete näherhin auch, daß eines sich dem anderen in seiner Selbstkonstitution verdankt. So wird denn auch, was Husserl in Einzelheiten bei der Intersubjektivitätskonstitution als „Paarung" von Ego und Alterego ausführt (I, 141 ff.), bald als wechselseitige ins Auge gefaßt; und was insgesamt als „Übertragung" von mir auf andere gesehen wurde, ist zugleich als Rückübertragung auf mich selbst verstanden. Insofern wäre der Einwand gegenstandslos, Husserl habe in seiner Theorie der Fremderfahrung den transzendentalen Solipsismus nicht zu überwinden gewußt.

Trotzdem bleibt kritischen Bedenken jedenfalls gegen Husserls Darlegungen in der fünften Meditation immer noch ein gewisses Recht. Waren die bisher eingesetzten Untersuchungsinstrumente für die Konstitutionsanalyse wechselseitiger Sinnimplikationen kaum vorgesehen, wollte Husserl dabei jedoch leicht sich anbietende dialektische Winkelzüge meiden[61], so waren Änderungen oder Verfeinerungen des procedere mindestens insoweit nötig, daß sehr viel genauer jenes Ego bestimmt werden konnte, das nunmehr als Glied einer kommunikativen Gemeinschaft hervortreten sollte.

Es ist indes eine der Unebenheiten im Gang der fünften Meditation, daß Husserl dafür bereits wirksame Vorkehrungen schon Mitte der zwanziger Jahre getroffen, sie auch in den voraufgegangenen Meditationen dargelegt hatte und sie gleichwohl gerade für die Entfaltung der Konstitutionsproblematik der Intersubjektivität nicht genutzt hat. Wohl sind Ego und Alterego jetzt nicht mehr als jene leeren Erlebnispole versanden, bei denen Husserl anfangs geglaubt hatte, es bewenden lassen zu müssen. Statt dessen treten nun ‚monadisches‘ Ego, intersubjektive ‚Monadengemeinschaft‘, sogar ‚Geschichte des Ego‘ hervor – Konzepte, die erkennen lassen, daß Husserl inzwischen auf den Weg von der von ihm nunmehr so bezeichneten ‚abstrakten‘ zur ‚konkreten‘ Phänomenologie gelangt ist. Was in ihnen an bereits voraufgegangenen Erträgen einer neuartigen Untersuchungsweise, nämlich der genetischen Konstitutionsanalyse, sich niedergeschlagen hat, ist in Husserls Theorie der Intersubjektivität jedoch nicht zum Austrag gekommen. Obgleich diese Art der Analyse bereits seit Jahren in Arbeit und Erprobung war, ist die fünfte Meditation im wesentlichen der statischen, allein auf Strukturverhältnisse ausgerichteten Betrachtungsweise verhaftet geblieben. Verständlich wird dies allenfalls aus jenem zweiten Aspekt der Husserlschen Intersubjektivitätstheorie, welcher sich damit als der beherrschende und übergeordnete erweisen sollte: jenen absolut ersten Urteilsboden des transzendentalen Ego zu dem einer transzendentalen Gemeinschaft von Egos zu erweitern, damit von ihm her die Konstitution von Objektivität möglich und einsichtig werden kann.

---

61 Für dialektische Gedankengänge bietet Husserls Philosophie um so weniger Raum, als Dialektik keine Methode im Sinne systematischer Wegbereitung zur Erkenntnis ist. Den ihr eigentümlichen Gefahren, Undeutlichkeiten in Pseudopräzision zu bieten und Geredetes für Gesagtes zu nehmen, ließe sich mit einem phänomenologischen Kriterium, etwa nach dem Modell der Erfüllung von Leerintentionen, jedenfalls kaum begegnen. Die Frage einer möglichen ‚dialektischen Evidenz‘ würde aber hier zu weit führen.

Husserls Frage hatte von Anfang an gelautet, wie sich Transzendentes im Bewußtsein zeige und wie es zu der Immanenz der Bewußtseinserlebnisse stehe, in denen es sich zeigt. Mit der transzendentalen Wende und der Reduzierung alles Transzendenten zu einem transzendental-immanenten Transzendenzphänomen hatte diese Frage der Konstitution von Transzendentem gegolten, und diese war bisher als Vielfalt von Synthesen der Identifizierung noetisch-noematischer Sinneinheiten und einstimmigen Bewährungen eines Identifizierten im Fortgang der Erfahrung beschrieben worden.

Dabei war eine bestimmte Gleichsetzung im Spiel gewesen, die indes noch der Auflösung bedurfte. Stillschweigend war nämlich vorausgesetzt worden, daß alles Transzendente auch als ein Objektives konstituiert werde. Nun ist zwar alles Objektive, und zumal mit Bezug auf ein Einzelbewußtsein, auch Transzendentes. Das rechtfertigt aber die umgekehrte Annahme keineswegs. Hier besteht vielmehr eine Differenz, die bisher latent blieb. Sie konnte allerdings auch erst mit der Analyse der Intersubjektivität zutage treten.

So war in den voraufgegangenen Untersuchungen unberücksichtigt geblieben, daß eine rein egologische Konstitution von Objektivität nicht möglich ist, oder anders, daß in dieser ein dem Sinne nach Überschüssiges liegt, welches durch meine alleinigen konstituierenden Leistungen prinzipiell nicht auszuweisen ist. Zwar mag ich die Konstitution von Transzendentem insoweit mir allein zutrauen dürfen, wie in ihm nicht mehr als ein Jenseits und Außerhalb meines eigenen Leibes gelegen ist. In diesem Sinne konnte Husserl bereits von einer primordialen Transzendenz in meiner Eigenheitssphäre innerhalb der thematischen Epoché sprechen. Dagegen wäre eine solipsistisch konstituierbare Objektivität schon als bloßer Gedanke widersinnig. Objektives verweist, und zwar ab ovo auf allen Stufen seiner Konstitution, auf andere Subjekte außer mir. Es setzt Intersubjektivität dergestalt voraus, daß es nur in miteinander harmonierenden, aber einzelsubjektivisch verschiedenen Thesen gesetzt und ausgewiesen werden kann. Die geläufige Entsprechung von ‚objektiv' und ‚intersubjektiv' hat darin ihren Grund. Daß beide Begriffe als Korrelatbegriffe verstanden werden, verlangt, wie Husserl richtig sah, für die noetisch-noematische Analyse von Objektivem den Rekurs auf eine Mannigfaltigkeit konstituierender Subjekte. Sie kann auch nicht bloß als *Vielheit*, etwa aus eidetischer Abwandlung meiner Konstitution von Transzendentem, verstanden werden, wobei die egologische Sphäre gar nicht prinzipiell überschritten wäre. Vielmehr muß sie *Vielfalt* verschiedener, für mich und untereinander fremder Ich-Subjekte sein[62].

Die Vielfalt von Subjekten ist sowohl notwendige als auch hinreichende Bedingung für die Konstitution von Objektivität. Notwendige Bedingung ist sie aus Gründen eben jener Ergänzungsbedürftigkeit einzelsubjektivischer Konstitution, die sich aus dem Sinnüberschuß von Objektivität ergibt. Hinreichende Bedingung ist sie insofern, als die Struktur einer derartigen subjektiven Vielfalt und der verschiedenen Konstitutions- und Bewährungssynthesen einen spezifischen Erfahrungsstil mit sich bringt, der über Einzelerfahrung wesentlich hinausgeht, da nun diese unabhängig von ihr selbst kontrollierbar wird und das Bekräftigen wie Durchstreichen einzelsubjektivischer Setzungen ein dauerndes – und sogar zeitlich überdauerndes – Korrektiv gewinnt.

Die bisher erörterte Korrelation von Intersubjektivität und Objektivität ist zunächst eine bloß formale. Die beiden Beziehungsglieder lassen inhaltlich unbestimmt, wie weit das eine im Verbund mit dem anderen reicht. So gibt es größere und kleinere, speziellere und allgemeinere Subjektgemeinschaften nebst ihren objektiven Korrelaten, untereinander wiederum in verschiedener Weise miteinander verflochten, voneinander getrennt, aufeinander ein- oder wechselseitig verweisend und bezogen, bis hin zur allumschließenden Gemeinschaft transzendentaler Egos, die als das Konstituens der einen Welt zu denken ist, der Welt für ,jedermann', einer Welt, die für alle eine und dieselbe ist als *die* Welt mit einer durchgehenden objektiven Raum-Zeit-Struktur, einer einzigen Natur für uns alle und schließlich in einer Weltgeschichte.

Der Sinn dieser Einzigkeit steht, wie Husserl hervorhebt (I, 167), sehr wohl im Einklang mit Leibnizens Idee einer prinzipiell möglichen

---

[62] Die Vielfalt der Subjekte führt auf das Problem der Individualität. Individuelles läßt sich nach Husserl aber nur in und aus der intersubjektiven Genesis der Egos verstehen (VIII, 238). Zu Genesis und Geschichte bei Husserl vgl. den hier folgenden Text.

Vielheit monadologischer Welten, welche allerdings inkompossibel wären. Das besagt phänomenologisch, daß ich als dieses transzendentale Ego mich in freier Variation umdenken kann und derartigen Möglichkeitsabwandlungen meiner selbst viele mögliche Welten entsprechen würden, deren jede indes durch andere und insbesondere durch die wirkliche Welt aufgehoben wäre. Daß aber die wirkliche Welt eine und nur eine Welt ist, erklärt sich dann daraus, daß – unbeschadet einer offenen Vielheit verschiedener denkbarer Monadenwelten durch je voneinander getrennte monadische Egos, welche gleichermaßen inkompossibel wären wie die Welten aus den eidetischen Abwandlungen meines Ego – eine allumspannende vergemeinschaftete Monadenvielheit existiert, ein „transzendentales Monadenall", welches alle aus wechselseitiger Konstitution koexistierenden Einzelmonaden und Monadengruppen umfaßt. Deren je spezifische Welten sind demnach ‚Umwelten', so jedoch, daß sie zugleich Aspekte der einzigen und allen gemeinsamen objektiven Welt sind.

Husserls terminologische Anleihe bei Leibniz speziell im Rahmen seiner Untersuchungen zur Intersubjektivität kam nicht von ungefähr. Nicht nur entspricht dem Singular wie dem Plural in der Rede von ‚Welt' und ‚Welten' in alltäglicher Erfahrung ein deskriptiver Befund, der phänomenologische Rückfrage verlangt; er verweist auch auf die transzendentale Problematik einer Gemeinsamkeit von Subjekten, welche Vielfalt durch Verschiedenheit nicht ausschließen darf. Eben dieser Verschiedenheit bis hin zur Individualisierung der Einzelsubjekte sollte die monadologische Konzeption des transzendentalen Ego Rechnung tragen. Denn als Monade wollte Husserl das Ego „in voller Konkretion", in der ganzen „strömenden Vielgestaltigkeit seines intentionalen Lebens" verstanden wissen, das zudem längst auch sich ihm in „Habitualitäten", bleibenden Eigenheiten aus vergangenen konstitutiven Leistungen, gezeigt hatte (I, 102 ff.). Und kaum zufällig hatte Husserl den Begriff der Monade, wohl erstmalig, Jahre zuvor schon aufgenommen, als ihm aufgegangen war, daß in aller Konstitution ein Gewordensein und Werden ist, welches füglich auch das Ego nur in einer transzendentalen Genesis konkret faßbar werden läßt. Mithin wird auch jede Vielheit koexistierender Monaden nur als miteinander genetisch verbundener Monaden bestimmbar und erst durch die genetische Betrachtung die Möglichkeit einer Welt verstehbar (XI, 343).

Daß Husserl aus dieser genetisch-konstitutiven Forschung, die er bereits um 1920 begonnen und, wenn auch nicht systematisch, so doch stetig fortgesetzt hatte, nur einige wenige Resultate in die *Cartesianischen Meditationen* übernahm und selbst diese für seine Intersubjektivitätstheorie nur marginal nutzte, ist weder seiner Analyse der Fremderfahrung noch auch dem phänomenologischen Verständnis des eigenen transzendentalen Ego in seinen monadischen Charakteren günstig gewesen. Ein transzendentales Ich als personales Ich, und nun allererst als dieses *mein* Ich im vollen Sinne – lagerten hier nicht undurchschaute mundane Reste, die seine Reinheit als transzendentales Ich trübten und, wenn untilgbar, für immer trüben mußten? Oder war am Ende der Transzendentalität des Ich ein ganz anderer Sinn als bisher abzugewinnen? Wie aber würde er sich darstellen, wenn jene Transzendentalität nicht mehr ein durch die Epoché bloß transzendentalisiertes Cartesisches ego-cogito noch auch lediglich ein radikalisiertes, extramundanes kantisches Ich-denke indizierte, sondern ein Ego, das nur ist und auch als transzendentales Ego nur ist, was es ist, in und aus einer Genesis? Erst Husserls genetische Konstitutionsanalyse kann dazu nähere Aufschlüsse liefern. Aus ihr aber muß sich auch allererst der Sinn dessen ergeben, was nach Husserl Genesis und genetische Konstitution bedeutet.

Kapitel II

HUSSERLS IDEE DER KONSTITUTIVEN PHÄNOMENOLOGIE

### § 1 Intentionalanalyse als genetische Konstitutionsanalyse

Für Husserls Analyse des reinen Bewußtseins hatten sich bereits mit der Entdeckung der Horizontintentionalität neue analytische Forderungen ergeben. Sie galten vor allem für den Innenhorizont des Gegebenen und hatten mit einer ersten Scheidung von Aktualität und Potentialität erstmalig zu einem differenzierteren Intentionalitätsbegriff geführt.

Solange Aktualität und Potentialität nur als verschiedene Weisen der Intention auf Gegenständliches gefaßt worden waren, gehörten sie allerdings noch in die statische Analyse noetisch-noematischer Strukturen. Beide Begriffe lenkten jedoch alsbald auch den Blick auf bestimmte Beziehungen der Erlebnisse untereinander. Dabei zeigte sich, daß Aktualität und Potentialität intentionaler Erlebnisse nicht nur zueinander stehen wie thematisch Gegebenes zu seinem horizonthaft Mitgegebenen, sondern daß sie auch und vor allem eine Beziehung zeitlicher Art verbindet. Das Thematisieren von Mitgegebenheiten geschieht zeitlich als Eindringen in die Horizonte eines Vorher und Nachher, welche das Jetzt eines jeden aktuellen cogito jeweils umgeben. Dabei handelt es sich um jene immanenten Zeitmodi, nach denen sich das Bewußtsein ursprünglich temporal strukturiert zeigt. Als diese sind sie freilich nur greifbar, indem sie zugleich als Phasen der Gegenstandskonstitution hervortreten. Umgekehrt erweist sich diese dank der Zeitstruktur des Bewußtseins als zeitliche Konstitution.

Das Spezifische dieser immanenten Bewußtseinszeit hatte Husserl schon in der Vorphase seiner transzendentalen Phänomenologie herausgearbeitet. Was aber dort noch vornehmlich aus dem Aspekt der Analyse des Zeitbewußtseins zutage getreten war, wurde zu Beginn der zwanziger Jahre fruchtbar gemacht für erneute Untersuchungen zur Gegenstandskonstitution. Das erforderte eine grundlegende Neugestaltung der Analyse. War diese bisher im wesentlichen noetisch-noematisch auf den gegenständlichen Sinn eines fertigen Gegenstandes angelegt gewesen, so gelangt Husserl nun zu der wichtigen Einsicht, daß sich die Frage nach der noematischen Konstitution der Gegenstände ohne Rücksicht auf deren Temporalität gar nicht sinnvoll stellen läßt, da jeder erdenkliche Gegenstand der Erfahrung seine zeitliche Extension hat. Er ist insofern Zeitgegenstand, *„res temporalis"* (III, 312) und in diesem ersten Sinne *„res extensa"* (XI, 333). Damit soll jetzt gesagt sein, daß der Gegenstand nur erfahrbar ist in einem gesetzmäßigen, wenngleich prinzipiell unabschließbaren System von Erscheinungsmannigfaltigkeiten dergestalt, daß diese nicht einfach so durchlaufen werden, als ob die Phasen seiner Konstitution bloß den zeitlichen Modi des Bewußtseins gemäß abliefen und spurenlos vorübergingen, sondern daß die Zeitlichkeit des Konstitutionsvorgangs ihrerseits konstitutiv für das Konstitutionsergebnis ist. Das bedeutet insbesondere, daß vormals erbrachte Leistungen mit eingehen in gegenwärtige Konstitution[63]. Genau darin ist sie genetische Konstitution.

Dafür ist die Intentionalanalyse weiterzubilden zu einem Verfahren der Freilegung früherer konstitutiver Sinnschichten und der Enthüllung der ‚anonym' gewordenen sinnstiftenden Vorleistungen, welche in die fertig konstituierten gegenständlichen Einheiten schon eingegangen sind. Erst damit wird die intentionale Analyse genetische Konstitutionsanalyse.

Mit dieser intentionalen Analyse im engeren Sinn der Husserlschen Spätphilosophie sollte die Phänomenologie ein außerordentlich präzises und empfindliches Instrument für genaueres Eindringen in einzelne Sinnstrukturen und Sinnzusammenhänge des Gegebenen gewinnen; ein Instrument, dessen bisher unerreichtes analytisches Auflösungsvermögen selbst noch in vorprädikative und passiv vorkonstituierte, den aktiven Sinnbildungen vom Typus noetisch-noematischen Leistens noch voraufliegende Sinnschichten reichen würde. Insbesondere aber gewann mit dieser Analyse Husserls Phänomenologie eine tiefgreifende Neuorientierung und gelangte in einen Horizont des Forschens, den sie selber lange nicht gewahrt hatte, ja den Husserl anfangs sogar

---

[63] Entsprechendes gilt, wenngleich mit Abwandlungen, für die Protentionen und Vorerwartungen. Sie können jedoch wegen ihrer vergleichsweise geringeren Rolle für die genetische Konstitution hier unberücksichtigt bleiben.

rigoros ausgeschlossen wissen wollte. Die grundlegende, um nicht zu sagen grundstürzende Bedeutung der genetischen Analyse sollte sich schließlich darin zeigen, daß sie Husserl zu einer höchst folgenreichen Aufarbeitung bislang unbeachteter Implikate der Phänomenologie selber zwang.

Am Beginn steht die Erkenntnis, daß das Bewußtsein nicht regellos ist, als bringe jedes neue Jetzt eines intentionalen Erlebnisses ungeordnet neue Gegebenheiten hervor, sondern daß eine feste Ordnungsregel Bindungen vorschreibt; und diese ist primär eine Ordnung der Zeit. Denn der Bewußtseinsstrom „ist nicht ein bloßes Nacheinander, sondern Auseinander, ein Werden nach Gesetzen notwendiger Folge, in dem aus Urapperzeptionen ... konkrete Apperzeptionen von verschiedener Typik erwachsen, darunter all die Apperzeptionen, welche die unversale Apperzeption einer Welt entstehen lassen" (XI, 216, 339). Die intentionale Analyse hat also jetzt dem Umstand mehr als bisher Rechnung zu tragen, daß die Bewußtseinerlebnisse nicht anders denkbar sind als im apriori vorgezeichneten Rahmen ihrer Zeitgesetzlichkeit nach urimpressionalen, retentionalen und protentionalen Intentionen, daß ferner Erinnerung und Erwartung nicht bloß zufällige Erlebnistypen unter anderen, sondern schlechthin notwendige Strukturelemente jedes Bewußtseinsstromes sind, „sozusagen Formstrukturen eines Bewußtseinslebens überhaupt" (IX, 233). Nicht anders als für die statische Phänomenologie gilt indes auch für ihre genetische Weiterbildung die Maxime korrelativer Untersuchungen dahingehend, daß nur und genau in dem Maße Einblick in die Wesenseigentümlichkeiten des Bewußtseinslebens zu gewinnen ist, wie es gelingt, den Aufbau von Gegenstandssinn und das vermittels seiner zu klärende Gegenstandsein in seinem transzendentalen Werden durchsichtig zu machen.

Husserl hat dieser Aufgabe die letzten eineinhalb Jahrzehnte seines Schaffens gewidmet – mit einer Ausschließlichkeit und Intensität, mit einer Rastlosigkeit auch, die seine späten Veröffentlichungen von eigener Hand schwerlich erkennen lassen. Die zahllosen Einzelanalysen, teils in Vorlesungen vorgetragen, zum überwiegenden Teil jedoch in nachgelassenen Forschungsnotizen fixiert, gehören zum Ergiebigsten, was die transzendentalphänomenologische Methode zu leisten vermochte. Sie führen in Tiefen der Einsicht in die Zusammenhänge wechselseitigen Werdens von Subjekt und Welt, wie sie, geleitet und gezügelt durch das unerbittliche Selbstdiktat der Klarheit und kritischen Rechtfertigung des eigenen Tuns zumal, vor Husserl keine Philosophie zu erreichen vermocht hat. Zu dem immer wieder in Aussicht genommenen systematischen Werk, welches den Niederschlag seiner Idee von Transzendentalphänomenologie und deren verbindliche Endgestalt bieten sollte, haben sie sich jedoch nicht fügen wollen – sei es, daß die fortlaufend neu sich einstellenden Probleme Lösungsversuche verlangten, deren sorgsame Erprobung für Husserl unbedingte Priorität vor aller literarisch gefaßten Darbietung hatte; sei es, daß Husserl sich dabei auf Lösungswege geführt fand, die von sich aus einer abschließbaren Systematik allzu sehr widerstanden. Für beides dürfte sprechen, daß gelegentliche Anläufe Husserls, die Problematik der transzendentalen Genesis wenigstens in Grundzügen zu skizzieren, nur zu wenig stringenten Ergebnissen geführt haben. Auch die verschiedenen, ohnehin fragmentarisch gebliebenen Versuche, die leitenden Untersuchungsaspekte für die transzendentale Genesis anzugeben, lassen überzeugenden Zusammenhang nicht erkennen. So mag es für die hier beabsichtigte Darstellung, der nicht nur aus Gründen gebotener Knappheit nachträgliche Systematisierungsversuche versagt sind, zulässig sein, Husserls genetische Phänomenologie um die Klärung ihrer wichtigsten Begriffe zu zentrieren.

Aktualität und Potentialität, Thema und Horizont, Explikation und Implikation hatten in Husserls transzendentaler Phänomenologie von Anfang an ihre Stelle. Nicht zufällig als Begriffspaare gebildet, kennzeichnen sie Gegensätzlichkeit wie Zusammengehörigkeit unterschiedlicher Weisen von Gegebenheit. Hinzu kommt jetzt die besonders wichtige und phänomenologisch grundlegende Differenz von Aktivität und Passivität. Die erstgenannte von Aktualität und Potentialität in gewisser Weise ablösend, zeigt sie indessen nicht bloß an, daß Husserl das aktuelle cogito, von dem er früher alle „Mythologie der Tätigkeiten" (XIX/1, 393) ferngehalten sehen wollte, nun als aktive Leistung des Ich versteht[64]. Tätig ist das Ich jetzt nämlich im

---

[64] Zum Ich als „Zentrum in Aktion" und einer differenzierteren Auffassung von ,Intention' XI, 84 f. Weiteres dazu hier S. 160–168.

Herausfassen, Identifizieren, Bewähren und Entwähren, dem jeweils eine bewußte Stellungnahme zu einem thematisch Intendierten im Horizont potentieller Mitgegebenheiten entspricht, mit der prinzipiellen Möglichkeit, auch diese in aktuelle Gegebenheiten zu überführen. Als dergestalt in seinen konstituierenden Einheitsbildungen im Wege mannigfacher identifizierender Synthesen auf Selbstgebung und Selbsthabe gerichtetes Ich wird es von Husserl als tätiges, handelndes Ich aber nunmehr auch angetroffen auf einem bislang übersehenen Boden passiver Vorgegebenheiten, auf dem sich allererst das freie Walten des Ich in aktiver, stellungnehmender und speziell prädizierender Konstitution entfalten kann. Als derartiger Boden erweist er sich nunmehr als schon da insofern, als er nicht bloß die fundierende Unterlage für alle Aktivitäten des Ich abgibt, sondern als er zugleich auch als fungierende Unterschicht in aller aktiven Konstitution wirksam bleibt. Er ist füglich in die phänomenologische Analyse einzubeziehen, weil sonst die aktiven sinnstiftenden Leistungen und insbesondere die Sinnkonstitutionen höherstufiger Objekte, speziell von Theorien, völlig unverständlich bleiben müßten (XI, 118, 252, 275).

In diesem ‚schon da‘ wird man die wesentliche Entdeckung Husserls sehen dürfen, die zum Angelpunkt seiner Spätphilosophie geworden ist. Es hat sowohl dem Husserlschen Konzept der Intentionalität wie dem der transzendentalen Konstitution abermals neue Perspektiven erschlossen und demgemäß auch zu einem modifizierten Phänomenbegriff geführt. Was jenes ‚schon da‘ unter dem Titel *Passivität* umfaßt, läßt sich indes um so weniger in einer bündigen Begriffsdefinition einfangen, als ihm eine bezeichnende, wenn auch nicht verwirrende, Zweideutigkeit anhaftet.

So ist zum einen passiv alles, was als Gegenständlichkeit der Erfahrung nur erfahrbar ist durch Vorgegebenheit, „so daß das Subjekt bloß Akte der Rezeptivität übt, Akte des Erfassens ... dessen, was schon da ist, schon erscheint" (XI, 291), zuvörderst also die Gegenständlichkeit der Wahrnehmung. Schon in der statischen Analyse bietet sich die Wahrnehmung als eine kontinuierliche Synthesis dergestalt, daß sie Einigung der drei Zeitphasen ist, indem jedes urimpressionale, anschaulich erfüllte Jetzt protentional leere Vorerwartungen einschließt, die sich in dem Maße erfüllen – oder auch enttäuschen, wie es retentional absinkt, dabei anschaulich schwächer und schwächer wird, während beständig neues Jetzt sich mit neuem Inhalt, nämlich erfüllten Vorerwartungen, einstellt. Entscheidend daran ist nun, daß dergleichen Synthesen nicht aktiv gestiftet werden, sondern in reiner Passivität sich herstellen. Sie sind insofern von eigener Art, als sie nicht zu den identifizierenden Synthesen oder Deckungssynthesen gehören (XI, 75 f.). Das gilt sowohl für die kontinuierliche, sich im zeitlichen Wechsel von Leerintention und Erfüllung vollziehende Einigung der Wahrnehmungsaspekte zu einer Gesamtwahrnehmung als auch für ihre Verbundenheit mit und gleichzeitige Abgehobenheit von ihren wechselnden Horizonten. So kann Husserl sagen, daß die Wahrnehmung rein als solche „ihre eigene Intentionalität" hat, die noch nichts vom aktiven Verhalten des Ich in sich birgt, in welchem es Stellung bezieht, urteilt und dazu erst im spezifischen Sinn den „Ich-Aktus der *positio*, der Setzung vollzieht und im noetischen ja oder nein sich entscheidet" (XI, 52 f., 121).

In diesem Sinne bezeichnet Passivität zunächst eine Weise der Synthesis nebst ihren korrelativen Gegebenheiten *in Relation* zu aktiver Konstitution und ihrer Gegenständlichkeit. Dieser Begriff der Passivität ist insofern wiederum funktional zu verstehen, als er nur zu bestimmen ist im Hinblick auf dasjenige, was auf der Basis einer passiv vorgegebenen Unterschicht, und zwar in einer prinzipiell offenen Stufenreihe, Gegenstand aktiver Konstitution, aktiven Stellungnehmens und Urteilens ist. Diese Passivität ist ferner dadurch gekennzeichnet, daß sie zwar Inaktivität ist, daß jedoch die ihr korrespondierenden Gegebenheiten nicht ohne jedwede subjektive Zutat verstanden werden können. Mit Bezug auf aktiv Konstituiertes zwar vorgegeben, sind sie gleichwohl vorkonstituiert, passiven Synthesen entstammend, die jeweils mit Einstimmigkeiten und Unstimmigkeiten ihre eigenen intentionalen Vorkommnisse zeigen. Wohl fehlt derartigen passiven Synthesen noch das ‚Gerichtetsein-auf' der intentionalen Erlebnisse im engeren Sinn, das Abzielen auf Selbstgegebenheit eines Gegenständlichen und auf seine Wahrheit. Dennoch sind sie der Intentionalität zugehörig, da selbst noch im bloßen Rezipieren auch das bloß Rezipierte nur sich einstellt, sofern es als dieses erfaßt, gemeint wird[65].

---

[65] Auch passives Geschehen ist noch ein synthetisierendes (XI, 71 ff.), und Husserl

Derartige passive Synthesen sind es, die das Forschungsfeld der konstitutiven Phänomenologie eröffnen und die intentionale Analyse als genetisch-konstitutive Analyse fordern. Denn das passiv Vorkonstituierte liegt nicht einfach konstituierender Aktivität statisch zugrunde. Vielmehr steht es zu diesem seinerseits in einem zeitlichen Zusammenhang so, daß in ihm die spezifische Zeitstruktur des Bewußtseins nach seinen drei immanenten Modi seinerseits zum Tragen wie auch andererseits selber erst zur Erscheinung kommt.

Die für alle Gegenstandskonstitution fundamentale Rolle der Zeit kann erst deutlich werden, wenn zuvor noch auf eine zweite Bedeutung von Passivität eingegangen wird. Bezieht sich die erste auf *Vorgegebenes* als Voraussetzung für aktive Gegenstandskonstitution, so ergibt sich eine weitere aus dem Erfordernis für die transzendentale Phänomenologie, den konstitutiven *Bedingungen* derartiger Vorgegebenheit nachzugehen. Läßt Passivität im erstgenannten Sinn, dem funktionalen Charakter ihres Begriffs gemäß, sowohl die Frage aufkommen, wie aktiv Konstituiertes in Passivität absinken als auch, ob und wieweit passiv Gewordenes reaktiviert werden kann, so ließen sich für die Passivität in der zweiten Bedeutung dergleichen Fragen offenkundig gar nicht sinnvoll stellen. Es ist also, kurz gesagt, zu unterscheiden Passivität, welcher begrifflich in etwa die vormalige, doch statisch gefaßte Potentialität entspricht und die nun ihre transzendental-genetische Problemdimension hinzugewinnt, und Passivität im Bezug auf das Bedingungsgefüge, in dem jene gründet und sie allererst als möglich begreifbar macht.

Nun läßt sich in der konkreten Durchführung der Analyse beides schwerlich trennen: Gegenstandskonstitution in ihrem transzendentalen Werden phänomenologisch aufzuhellen, bedeutet, mit der Frage, wie passive Genesis verläuft und als Vorleistung für aktive Konstitution fungiert, stets auch die andere Frage angehen, in welchen Gesetzmäßigkeiten solche Genesis gründet. Da es sich aber dabei um Gesetzmäßigkeiten für passive Synthesis handelt, treten sie, je tiefer sie liegen und zu orten sind, desto weniger als Gesetze in Erscheinung,

kann insofern von einem auch in der Rezeption tätigen Ich sprechen, als es auf eine vorangehende Affektion reagiert. Dazu hier S. 165 f.

deren Resultate, wie jene Vorgegebenheiten erster Art, einer Reaktivierung zugänglich sind.

Zugang zu diesen Gesetzmäßigkeiten der passiven Synthesis bietet am ehesten eine Frage, die sich aus der rezeptiven Konstitution eines Wahrnehmungsgegenstandes ergibt. Denn scheidet dabei jedwede Aktivität setzender Identifikation und Spontaneität der Apperzeption des Wahrnehmungsgegenstandes als eines so und so gesetzten noch aus, so ist offen, wie überhaupt der Gegenstand, zumal in Sonderung gegen seine Umgebung, ‚sich einstellen' kann.

Husserl findet nun auch im Rezipieren noch ein Agieren des Ich, wenngleich ihm noch nicht das freie Walten einer spontan vom Ich ausgehenden Intention urteilsmäßiger Setzung mit der Zielrichtung auf das wahre Selbst des Gegenstandes entspricht. Vielmehr macht Husserl, der „rezipierenden Aktion" vorangehend, eine *Affektion* aus dergestalt, daß durch eine Hintergrundvorstellung eine bestimmte „Weckung" des Ich erfolgt, die Implizites explizit werden läßt (XI, 75, 151, 172 f., 179), indem ein gerichteter Reiz ausgeübt wird. Das Ich leistet dem Folge, eine Zuwendung so vollziehend, daß es ein bestimmtes Datum von möglichen anderen so abhebt, daß es dieses in seiner zeitlichen Extension, und zwar gemäß dem „affektiven Gesamtrelief", mit bestimmten anschaulichen Inhalten erfüllt (XI, 84, 164 f., 139, 141).

Husserl hat in zahlreichen, äußerst subtilen Analysen – die vor allem auch die hier obwaltenden diffizilen Verhältnisse von Leerintention und Erfüllung wie auch die im Passiven vorkommenden Bewährungssynthesen behandeln – die Bestimmtheit solchen Inhalts durch Konkreszenz und Kontrast im Gang der Affektion, seine synthetische Einheit dagegen in Homogenität und Ähnlichkeit gefunden. Er sah demgemäß in Affektion und Assoziation und ihren gesetzmäßigen Abhängigkeiten voneinander die wesentlichen Bedingungen für passive Synthesen. Genauer gesprochen, sind sie die Bedingungen wirklichen Zustandekommens passiv-synthetischer Einigung. Dagegen sind weitere, tiefer liegende Bedingungen auszumachen, die als ‚bloße' Bedingungen ihrer Möglichkeit anzusehen, dafür aber die letzterreichbaren Bedingungen sind.

Es sind dies die ursprünglichen Synthesen der Zeitigung. So konnte

Husserl die Gesetze des ursprünglichen Zeitbewußtseins auch als „Urgesetze der Genesis" bezeichnen. Zu ihnen zählen insbesondere die Gesetze der unmittelbaren Folge von Protention, Urimpression und Retention wie die der Reproduktion und ihres ‚Auftretens', das sich nach bestimmten Gesetzmäßigkeiten der Assoziation regelt. Urgesetzlich ist zumal der Zusammenhang der ursprünglichen Zeitmodi in zweifacher Hinsicht.

Zum einen ist mit ihnen so etwas wie Gegenwart, Vergangenheit und Zukunft bereits in jeder Gegenwart vereint gegeben, diese als „lebendig strömende" Gegenwart bestimmend. Es erweist sich dieser Zusammenhang der ursprünglichen Zeitmodi als allererster oder, analytisch betrachtet, als letzturprünglicher Zusammenhang, da hinter ihn genetisch-konstitutiv zurückzufragen ohne Sinn wäre. Als dieser ist er aber auch Zusammenhang letzterreichbarer passiver Synthesis insofern, als mit ihm die Zeit selber ursprünglich ‚sich' konstituiert[66].

Zum andern ist die ursprünglich zeitigende Synthesis ein Urgesetz transzendentaler Genesis auch darin, daß sie die letztausweisbare für alle passiven Synthesen ist, welche als Unterschicht aktiver Konstitution fungieren. Von daher versteht sich, daß „das Zeitbewußtsein" die Urstätte aller Konstitution von Identitätseinheit und Gegenständlichkeit ist. Doch ist es nur eine allgemeine Form herstellendes Bewußtsein. Bloße Form ist freilich eine Abstraktion, und so ist die Analyse des Zeitbewußtseins von vornherein eine abstraktive Analyse (XI, 128).

Das besagt konstitutionsgenetisch, daß in der ursprünglichen Synthesis des Zeitbewußtseins zwar die fundamentale notwendige Bedingung aller passiven Synthesis erreicht ist, daß aber für diese unter dem Gesichtspunkt der Aufklärung von Gegenstandskonstitution andere Bedingungen hinzukommen müssen. Denn der fragliche Gegenstand ist nicht einfach zeitlicher Gegenstand einer Dauer, sondern ist dauernder seines Inhalts. Eben für diesen aber war Husserl auf solche Er-

---

66 Zeitliche Konstitution und Zeitkonstitution selbst stehen in überaus schwierigen Beziehungen zueinander. Die Analysen zur passiven Synthesis versteht Husserl als „ABC der Konstitution" (XI, 125), nicht dagegen als Analysen zur ursprünglichen Zeitigung. Diese wird vielmehr von Husserl auch hier ausdrücklich vorausgesetzt.

scheinungen wie die der Affektion und assoziativen Weckung gestoßen. So ergab sich für ihn im Bereich der Passivität eine Stufenfolge von Synthesen, welche zuunterst diejenigen der ursprünglichen Zeitigung sind und fernerhin Synthesen der Assoziation, welche insgesamt vorkonstituierend für alle weiteren aktiven Synthesen, für die konstituierenden Leistungen im engeren Sinne, fungieren[67].

Ein sehr eigenartiges Problem bietet hier jene „affektive Weckung", die doch gar keine Leistung des Ich, sondern, als bloße Weckung, offenkundig auf ein im Bewußtseinsstrom Vorgegebenes verweist, das nicht in der aktiven Verfügbarkeit des Ich steht. So ist Weckung denn für Husserl auch nur möglich, weil es in einem „Hintergrundbewußtsein" schon konstituierten Sinn gibt, wenngleich in dieser „unlebendigen Form, die da Unbewußtsein heißt" (XI, 179). Demnach aber muß der Bewußtseinsstrom offenbar eine bisher analytisch nur ungenügend wahrgenommene Beschaffenheit haben, und auch das Ich in concreto muß anders sein, als es bisher gesichtet wurde: Ich, *das eine Vergangenheit hat* – so indes, daß darin noch anderes liegt als bloß das unaufhörliche retentionale Absinken des Jetzt in ein Soeben-gewesen und das weiter und weiter in immer größere Gegenwartsferne mit mehr und mehr entschwindenden anschaulichen Gehalten entrückt. Der wesenhaften Unaufhaltsamkeit dieses Strömens entspricht allerdings die doppelte Ohnmacht des Ich, leibhaftig Gegenwärtiges urimpressional festzuhalten wie auch, seinen Inhalt zu ‚behalten'. Denn was im retentionalen Fluß kontinuierlich dahingeht, versinkt schließlich in eine tote Leere. Doch ist dies nicht alles und kann es nicht sein. Anschauungsleere endloser Vergangenheit könnte nicht Hintergrund einer Weckung des Ich sein. A fortiori vermöchte sie nicht für dasjenige aufzukommen, was als Reproduktion, Wiedererinnerung doch unbestreitbares Phänomen ist.

So bedeutet denn retentionales Absinken gegenwärtiger Inhalte auch nicht ihr Verschwinden schlechthin. Vielmehr sorgt es für ein beständiges Reservoir des im lebendigen Gegenwartsprozeß Konstituierten. Sind seine Bestände darin zwar für das Ich verschlossen,

---

[67] XI, 115 ff. Husserl beansprucht für diese Untersuchungen nicht, die „hier bestehenden Probleme reinlich gelöst", sondern sie nur bestimmt aufgewiesen und die Methode ihrer Lösung vorgezeichnet zu haben (XI, 119).

so stehen sie dennoch in sehr eigener Weise zu seiner Verfügung. Denn ihr Sein ist kein anderes als ihr ursprüngliches Erfahrensein. Ihr einstmals originales Bewußt-sein hört selbst in noch so ferner Retention nicht auf, bewußt zu sein und ist insofern ein Bewußt-bleiben. Obgleich nicht mehr affektiv lebendig, ist ihr Sinn noch weiterhin da. Er ist nur ohne strömendes intentionales Leben. Er ist damit, als ‚toter' Gehalt, auch unmittelbar wirkungslos für neue Konstitution im aktiven Jetzt – und kann dennoch in neuer Gestalt wirksam, sogar konstitutiv wirksam werden: Jede lebendige Gegenwartsleistung einer Sinnstiftung bildet im retentionalen Absinken ihren Niederschlag „und zwar in der Weise einer festen Sedimentordnung, da stetig, während am Kopfende der lebendige Prozeß neues, ursprüngliches Leben erhält, am Fußende alles, was gewissermaßen Enderwerb der retentionalen Synthese ist, sich niederschlägt"[68].

Was hier von Husserl an bisher nie Gehörtem indikativ schlicht festgestellt wird, obwohl es direkter Analyse offenkundig entzogen ist, kann nur den Sinn eines methodischen Postulats haben, wonach es sich wie behauptet verhalten ‚müsse', damit solche Bewußtseinsvorkommnisse wie affektive Weckung und Erinnerung transzendental begreiflich werden. Jedoch muß der darin implizierte Regreß transzendentalphänomenologisch recht verstanden werden: Nicht geht es Husserl bei der Sedimentierung retentional abgesunkener Gegenwartsleistungen um ein nicht weiter befragbares Faktum des Bewußtseinsstroms, von dem auszugehen wäre, um daraus alle greifbaren zeitlichen Phänomene des Gegenwartsbewußtseins transzendental deduzierbar zu machen. Vielmehr ist jenes Faktum erst Faktum als Resultat von Analysen der passiven Synthesis, die zu ihm führen und die dartun sollen, daß und weshalb es als Faktum anzunehmen plausibel ist.

Nicht zufällig nehmen Husserls genetische Untersuchungen ihren systematischen Ausgang von konstitutiven Tatbeständen der Bewußtseinsgegenwart. In kontinuierlicher Ausarbeitung dessen, was schon in der statischen Analyse als explizite und implizite, aktuelle und

---

68 XI, 177–179. Es ist dies wahrscheinlich die früheste Stelle, an der Husserl auf die später so bedeutsamen *Sinnsedimente* in aller Konstitution stößt.

potentielle Phänomenbestände in Sicht getreten war, wählt Husserl diese Differenzen jetzt zum Angelpunkt genetischer Betrachtung. Wenn er dafür mit dem „Urphänomen der Weckung" (XI, 172) einsetzt, so nicht deshalb, weil hinter ihm grundsätzlich kein anderes Phänomen mehr auszumachen wäre. Vielmehr ist die Weckung Urphänomen in methodischer Hinsicht, indem sie bereits innerhalb der direkt zugänglichen lebendigen Gegenwart ein eigentümliches affektives Vorkommnis ist, welches unter Konstitutionsaspekten den Charakter einer ersten, ursprünglichen Bewußtseinsleistung hat. Sie ist nämlich Weckung von Verborgenem, die es macht, daß in impliziter Intentionalität Eingehülltes expliziert werden kann. Auch erweist sie sich als diese bereits mehrfach gestuft: Außer der ersten „enthüllenden" Weckung (IX, 175, 180) ist für die Gegenstandskonstitution in jedem aktuellen Jetzt nicht minder bedeutsam eine zweite Stufe der „rückstrahlenden Weckung", welche aus zeitlich entfernten und längst verdunkelten Leervorstellungen implizite Sinngehalte wieder zu affektiver Geltung bringt. Und wo diese sich in einer weiteren Stufe anschaulich erfüllen, wird ermöglicht, was im präzisen Sinn Wiedererinnerung heißt.

Husserl hat im einzelnen aufgezeigt, daß und wie Wiedererinnerungen durch Weckung von Leervorstellungen entspringen, die als leer gewordene Vorstellungen wiederum nur einer vergangenen lebendigen Gegenwart anschaulicher Kontinuität entstammen. Indem er dabei den ins Spiel kommenden Assoziationen nachging, gewannen auch die traditionellen Assoziationsgesetze der Ähnlichkeit, der Kontiguität und des Kontrastes in ihrem bisher zwar einleuchtenden, aber vage und unverständlich gebliebenem Wahrheitsgehalt phänomenologisch präzisen Sinn. Insgesamt gehören Husserls Analysen der Wiedererinnerung mit ihren scharfsichtigen Unterscheidungen nach kontinuierlicher und diskontinuierlicher Weckung, nach mehr oder weniger tiefer Zurückleitung in verschiedene Schichten der sedimentalen Vergangenheit, nach sprunghafter und gleitender Rückwendung auf das kontinuierlich zusammenhängende System der Sedimente sowie durch die eingehende Erörterung der möglichen Modalisierungen, Unstimmigkeiten, Enttäuschungen samt deren partiellen Kompensationen und weiterhin der Abgrenzung von Erinnerung und Wahrnehmung zu den subtilsten und fruchtbarsten Forschungen, die jemals in der Philosophie auf die Reproduktion verwandt worden sind.

Diese sehr eigentümliche und hochkomplexe Leistung einer *Vergegenwärtigung*, mußte, indem sie bloß diese und dennoch diese ist, unübersehbar auch ihre Konsequenzen für das Begreifen aller originären Gegenwärtigung zeitigen. Sie führten Husserl zu einer um ganz neue Einsichten bereicherten und grundlegend gewandelten Auffassung von aktueller, aktiv setzender und Setzung ausweisender Gegenwartskonstitution sowie zu einem abermals gewandelten Konzept der Intentionalität[69]. Sie betraf schließlich seine Konzeption von sinnstiftender Subjektivität und kontinuierlicher Objektivität im ganzen bis hin zu jenem An-sich allen Seins, wie es seit je das Kernproblem seiner Phänomenologie gewesen war.

Husserl hat dazu ausgeführt, daß alle Rede von Gegenständen auf Wiedererinnerung verweist und daß das Konstitutionsproblem überall und prinzipiell primär ein Problem der Konstitution eines „An-sich der Wiedererinnerung" ist (XI, 100 f., 204 f.). Denn in der Wiedererinnerung kommt das Bewußtsein zu einer zwar unvollständigen und nur approximativen Selbstgebung, doch ist sie Selbstgebung der eigenen Bewußtseinsvergangenheit, die jeder jeweiligen Gegenwart transzendent ist. Diese in der Immanenz der ursprünglich strömenden Gegenwart zur Urstiftung gelangende „Urtranszendenz" der Bewußtseinsvergangenheit, wie sie frei verfügbar und in wiederholter Reproduktion zur Selbstgebung und Selbstbewährung gelangt, soll indes nicht nur eine Spezialität für eine Theorie der Wiedererinnerung liefern. Indem mit ihr eine sich stetig bereichernde, in Identität mit sich verbleibende Domäne von Gegenständlichkeit an sich da ist, insofern sie dem Ich nicht mehr beliebig verfügbar ist, auf die es aber dennoch als aktiv konstituierendes Ich prinzipiell beliebig oft ‚zurückkommen' kann, findet es in ihr nicht bloß ein Vorhandenes, je schon Vorgegebenes für alles aktive Herausfassen, Identifizieren, Bewähren und Entwähren von aktuell Gegenständlichem. Es findet vielmehr

---

[69] Dazu XI, 84 ff., 540. Erst aus diesem erweiterten Intentionalitätsbegriff resultieren Husserls später oft verwendete Konzepte des ‚intentionalen' und ‚transzendentalen Lebens'.

darin auch ein Stehendes und Bleibendes, dem das wirkliche Reproduziert-werden äußerlich und zufällig ist.

Damit aber konstituiert sich ein Sinn von An-sich und Transzendenz, der nicht auf den Bereich bloßer Bewußtseinsvergangenheit restringiert ist, sondern der sich, in strenger Korrelation zu und aufgrund dieser, in aller aktiven Konstitution von objektiver Gegenständlichkeit gleichsam wiederfindet. Denn jenes mehr oder weniger zufällige Zurückkommen-Können bezieht sich nicht allein auf Vergangenheitserfahrungen, sondern auf alles, was in aktueller Gegenwart objektiv konstituiert ist. Somit gilt für das An-sich, auch über alle Objektivität hinaus, daß auch dieses nicht etwas ist, das von Bewußtsein und Ich unberührt wäre, sondern das seine Sinnursprünge in der Sinngeschichte der Subjektivität hat.

## § 2 *Subjekt und Welt als Forschungsaufgaben im Aspekt genetischer Konstitution*

Die intentionale Analyse als genetische Konstitutionsanalyse steht als Durchdringung und Verlebendigung sedimentierter Sinnimplikate in allen gegenständlichen Einheiten vor anderen Problemen als die frühere Strukturanalyse der Aktintentionalität. Daß diese nicht mehr als adäquat gelten kann, zeigt sich sowohl auf der Problemseite der gegenständlichen Konstitution, deren entsprechende intentionale Aktivitäten nun bis auf letzterreichbare Ursprünge in der passiven Synthesis zurückzuverfolgen sind, als auch, in Korrelation dazu, in der nunmehr genetisch auszuweitenden Analyse der Subjektivität.

Da alle gegenständliche Konstitution Sinnstiftung ist, muß jedes Sinngebilde nach seinen Implikaten aus voraufgegangenen Sinnstiftungen befragt werden. Die genetisch-konstitutive Untersuchung besteht also nicht in der Erforschung passiver Synthesen allein, sondern in dieser allererst mit dem Ziel, im Bereich der Passivität die maßgeblichen Bedingungen für aktive Gegenstandskonstitution aufzuspüren und im Hinblick darauf die passiven Synthesen als vorkonstituierende Bewußtseinsgeschehnisse zu sehen, welche die eigentlich setzenden, identifizierenden Synthesen fundieren. Umgekehrt erweisen sich nun alle erfahrungsmäßig gegebenen Objekte als „fertige" Einheiten ihrer

Konstitution, die nach ihrer gesamten Genesis, und zwar nach deren eidetisch zu fassenden Wesensformen, zu befragen sind, da in ihnen *„nicht nur der* offene oder *fertige Sinn, sondern der implizierte beständig mitzureden* hat" (XVII, 185). Da solche Einheiten insgesamt aber mit all ihren Horizonten die Welt ausmachen, kann die Welt transzendentalphänomenologisch nur als eine ‚werdende' Welt begriffen werden. Das betrifft ihre Genesis in eine offene, antizipierte Zukunft hinein nicht weniger als ihre Herkunft aus ihrer Vergangenheit.

Die wesentliche Aufgabe für diese Art der Forschung hat Husserl mehrfach auch als *Reaktivierung von Sinnesgeschichte* umschrieben, die jedwede aktiv konstituierte Einheit habe. Plastischer noch sprach er wohl auch von *sedimentierter Geschichte* (XVII, 217). Von ‚Geschichte' ist hier insofern die Rede, als es nicht länger darum zu gehen hat, aktive Konstitution bloß als aktuell vollziehbare im temporalen Modus des Jetzt zu beschreiben, als vielmehr darum, ihre Abkunft aus vormaligen Sinnstiftungen – und damit auch ihr prinzipielles Offensein für Werden und Wandel aus künftigen Sinnbildungen – zu begreifen. Nicht also die Statik feststellenden Hinsehens auf Gegebenes und eine bloß deskriptive Analyse seiner aktuell vorfindlichen Strukturen, sondern ein tiefer dringender Blick, welcher derartige Strukturen nunmehr als transzendentale Fertigprodukte eines bislang anonym gebliebenen Werdens durchschaut, beherrscht fortan die phänomenologische Forschung Husserls. Erst damit soll nun auch dem phänomenologischen Anspruch des Verstehens der Phänomene Genüge getan werden können: „Auf die intentionalen Ursprünge und Einheiten der Sinnbildung zurückführen – das ergibt eine Verständlichkeit, die (was freilich ein Idealfall ist), einmal erreicht, keine sinnvolle Frage übrig ließe. Aber schon jedes ernstliche und echte Zurückgehen von einem ‚Fertig-Seienden' auf seine intentionalen Ursprünge ergibt . . . soweit es reicht, doch ein wirkliches Verständnis" (VI, 171).

Nun ist das hier gemeinte Werden allerdings kein zeitliches Werden im strengen Sinn. Phänomenologische Genesis hat, und als transzendentale Genesis zumal, keineswegs die Bedeutung ihres gleichlautenden mundanen Begriffs. Denn alles Vorher, Vormals und Einstmals muß hier, nicht anders als jedes Demnächst und Künftig, als zeitlich in einem außerwesentlichen Sinne verstanden werden, und dies schon deshalb, weil die in diesen Angaben natürlicherweise mitgemeinte Zeit nicht vorausgesetzt werden darf, da sie selber allererst im Stufengang bestimmter genetischer Konstitutionen herausgebildet wird und in ihnen die Bedingung speziell für ihre Objektivierung findet. Ist aber die Zeit erst einmal objektiv konstituiert, kann freilich die transzendentale Genesis in jeweils aktuell, momentan vorgenommener Reaktivierung voraufliegender Sinnstiftungen als Genesis in der Zeit erscheinen. In der Zeit erscheint dann genetische Konstitution aber nicht anders als etwa ein Forschungsobjekt der Archäologie mit seinen in der Zeit gebildeten Schichten und Lagen; und es ist bezeichnend, daß Husserl seine genetisch-konstitutive Forschung gern einer ‚phänomenologischen Archäologie‘ zugerechnet hätte, wäre diese Kennzeichnung nicht schon durch eine andere Wissenschaft okkupiert gewesen (VIII, 29).

Husserls ‚sedimentierte Geschichte‘ stellt also bewußt einen terminologischen Kompromiß dar. Er ist nicht unglücklich gewählt. Nirgends verdunkelt er, daß die Frage der transzendentalphänomenologischen Genesis gar keine eigentlich historische Frage ist. Denn nicht ist hier das Problem, wann jeweils die fraglichen Konstitutionsleistungen erbracht worden sind, sondern wie diese Leistungen ausgefallen sind, worin sie bestehen und in welcher Weise sie als Implikationen in den derzeitig fertigen Sinngebilden jeweils fungieren und ihr Verstehen möglich machen. Husserl war sich also völlig darüber im klaren, daß er hier zur eigentlichen Geschichte Zugang noch gar nicht gefunden hatte. Er wurde im hier erörterten Zusammenhang auch gar nicht beansprucht. Das wird daran deutlich, daß Husserl, wo es um sinngenetische Probleme ging, von ‚Geschichte‘ niemals anders als in Anführungsstrichen gesprochen hat (XVII, 278; I, 109, 112)[70]. Seine Sinngeschichte blieb Sozusagen-Geschichte – und konnte dennoch, auch als bloß diese, einen Bezug zur Geschichte im herkömmlichen, weltlich gemeinten Sinne nicht verleugnen. Dafür sind aber zunächst noch

---

[70] So durchweg in Husserls Manuskripten. Das Verhältnis von transzendentaler Sinngeschichte und mundaner Geschichte hat Husserl etwa seit 1921 ebenfalls ständig beschäftigt. (Dazu liegt noch nicht alles Forschungsmaterial publiziert vor). Zur Problematik vgl. meine *Phänomenologischen Studien*, a.a.O., S. 139–159.

etliche Voraussetzungen freizulegen. Sie betreffen insbesondere die phänomenologische Erkenntnis der Subjektivität.

In den *Cartesianischen Meditationen* war das Ego vermöge seiner transzendentalen Genesis als konkretes, personales Ich erkannt, jedoch von Husserl mehr konstatiert als analysiert worden. Doch hatten seine voraufgegangenen, bis dahin unpublizierten Untersuchungen zur passiven Synthesis schon die Hilfsmittel bereitgestellt, damit die Konkretion des Ego besser in Sicht gebracht und genauer expliziert werden konnte, was es heißt, daß auch das Ego nur denkbar ist in einer Genesis, und sich für sich selbst „sozusagen in der Einheit einer ‚Geschichte‘ " konstituiert (XI, 125; I, 109). Erst durch jene Untersuchungen wird auch verständlich, was Husserl im Sinn hatte, wenn er in der Problematik der phänomenologischen Auslegung des monadischen Ego alle konstitutiven Probleme überhaupt zusammengeschlossen sah und meinte, daß die Phänomenologie der Selbstkonstitution des monadischen Ego sich mit der Phänomenologie überhaupt decke (I, 102 f.). Gemeint war klärlich nicht, daß die Phänomenologie fortan nur noch transzendentale Monadologie, etwa als genetisch-analytische Erforschung der Konstitution meines Ego, sein sollte, sondern daß sie Erforschung der Selbstkonstitution des Ego in intersubjektiver Verflochtenheit mit anderen Egos und damit Konstitution der transzendentalen Monadengemeinschaft in wiederum strenger Wechselseitigkeit mit der Konstitution von Gegenständlichkeit und Welt, und zwar als der als wahrhaft seiend auszuweisenden Welt, zu sein habe.

Für Husserls Vorgehen konnte dieses zweifache Implikationsverhältnis nur bedeuten, die gegenständlichen Einheiten jedweder Art und Stufe nunmehr zu Leitfäden in einer tieferen Bedeutung zu nehmen: zum einen für den Rückgang auf die konstitutiven Bedingungen in der sinnstiftenden Subjektivität, zum anderen für die Enthüllung von Phasen und Stufen der Konstitution der Subjektivität selbst; wobei stets erst anhand der Verfolgung gegenständlicher genetischer Sinnbildung und Sinnstiftung die Genesis des Subjekts greifbar wird.

So hatte die genetisch-konstitutive Einzelforschung einerseits der Erkenntnis der Welt – und endlich in genauerem Hinblick auf alle ihre Formungen und Gestaltungen – zu gelten; gibt es diese Welt doch nicht bloß im formalen Sinn als den einen universellen Rahmen für das Insgesamt der Dinge und deren allgemeinen Horizont, sondern unmittelbar als Welt der schlichten Erfahrung wie auch – und in höchst komplizierter Vermittlung – als durch die verschiedenen Wissenschaften geprägte Welt; gibt es sie doch ferner als durch je begrenzte Subjektgemeinschaften geprägte, soziale und kulturelle Umwelt und darin jeweils als Welt in einer Geschichte, indessen sie auch als diese nirgends eine von den Wissenschaften in ihren neuzeitlichen Erkenntnisstrukturen unberührte Welt ist, seit es mit der Entstehung der neuzeitlichen Physik diese Wissenschaften gibt. Diese sind also in ihren geschichtsenthobenen allzeitlichen Prägungen der Welt gleichwohl selber ein geschichtliches Vorkommnis innerhalb der Weltgeschichte; einst in sie eingetreten, mit Entwicklung und Wandel, mit Vergehen und Verschwinden in einzelnen Gehalten auch – und dennoch dauern und bleibend in dem, was in ihnen einmal als Maßstab gültiger Erkenntnis gesetzt, als Richtschnur wissenschaftlicher Wahrheitssuche verbindlich geworden ist und deren Einmal insofern ein Ein-für-allemal werden sollte.

Wenn dies alles aber zur Aufgabe transzendentalphänomenologischer Aufklärung der Welt gehören sollte und allererst sollte gehören können, so waren diejenigen Probleme nicht eben geringer, die sich, bei grundsatztreuer Wahrung des allgemeinen phänomenologischen Begründungskonzepts, andererseits für das Subjekt und seine transzendentale Erfahrung der Welt stellen mußten. Zwar konnte für diese Erfahrung längst nicht mehr jenes ego cogito, vormals bequemer Ausdruck für alle transzendentalen Ich-Bestände, stehen. An seine Stelle war ein *transzendentales Leben des Ich* getreten, seit dieses Ich sich in lebendiger Gegenwart, Vergangenheit und Zukunft gezeigt und selbst im scheinbar rein aktuellen Jetzt seiner aktiven Konstitution auch von Erinnerung und Erwartung geprägt sich dargestellt hatte (VIII, 83 ff., 123). Damit konnte indessen nicht nur ein fortschreitendes Eindringen in immer tiefere sinnkonstituierende Schichten von Objektivität und Subjektivität in genetisch-analytischer Korrelationsforschung verbunden sein. In dem Maße, in dem diese sich bewährte, mußten sich vielmehr aufs Neue die alten Fragen nach der Identität des Subjekts in seiner zweifachen Doppelung als Leib- und Bewußtseinswesen, als mundanes Menschenwesen und extramundanes transzendentales Subjekt sowie nicht zuletzt als Glied einer weltlichen und transzendentalen kommunikativen Gemeinschaft stellen.

Wollte man Husserls Arbeit der Spätzeit knapp skizzieren, seine ungezählten Analysen ihrerseits unter Leitfäden sehen, so könnte es wohl durch diese vielgestaltigen Aufgaben geschehen, denen Husserl wieder und wieder, in immer neuen Anläufen, auch mit ständig wachgehaltenen Selbsteinwänden bis zuletzt zu genügen versucht hat. Die Fülle der Probleme hätte Beschneidung wohl nahegelegt; die Art der Probleme in ihren immer weiter greifenden Verzweigungen ließ sie nicht zu. Die rasch wachsenden Schwierigkeiten boten jedoch oftmals und über längere Zeitspannen geteilte Konzentration auf die eine oder andere Einzelproblematik. Das erklärt zum einen Teil die breite Streuung der Themen wie auch manche Wiederholung in Husserls späten Forschungen. Zum anderen Teil erklärt es das Fehlen einer Systematik in ihnen durch Husserls eigene Hand, auch wenn Husserl sich im analytischen Detail an systematischer Strenge nichts geschenkt hat[71].

Was die höchst disparaten Untersuchungen zu den vielfältigen Themen dennoch zusammenhielt und sie zu einer gegliederten, wenn auch zu Zeiten weit und in kaum mehr wahrnehmbare Hintergründe entrückten Einheit fügte, war Husserls seit Anbeginn unverrückbar feststehende und auch über alle verschlungenen Pfade seiner Einzelstudien durchgehaltene Zielsetzung einer phänomenologischen Grundlegung der Wissenschaft, die ihrerseits eigenen Maßstäben strenger philosophischer Wissenschaft zu genügen hatte. Husserl hat diese Zielsetzung gerade in seiner späten genetisch-konstitutiven Phänomenologie intensiver und rückhaltloser denn je verfolgt. Sie blieb das untergründige Band, das scheinbar so weit auseinanderliegende Untersuchungen seiner Spätphilosophie wie die konstitutionsphänomenologischen Untersuchungen zur Logik auf der einen, die phänomenologischen Analysen zur Lebenswelt auf der anderen Seite verknüpfte. Daß die einen wie die anderen neuerlich als Einleitung in die transzen-

---

71 Husserl arbeitete Ende der zwanziger Jahre an der Abfassung eines systematischen Grundwerkes, welches die endgültige Darstellung seiner Phänomenologie werden sollte. Doch reichte die Arbeitsenergie seiner letzten Lebensjahre nicht mehr aus, es zustande zu bringen. (Näheres z. B. XVII, XXIV ff.).

dentale Phänomenologie angelegt wurden, kennzeichnet aber nicht so sehr den lebenslangen philosophischen Anfänger Husserl – der in beiden Fällen auch keineswegs mit der Transzendentalphänomenologie begann, sondern deren Anfänge umstandslos voraussetzte. Es kennzeichnet vielmehr das Bemühen, des ‚Kopfendes‘ der Wissenschaft in ihrer formalen und allgemeinsten Disziplin wie ihres ‚Fußendes‘ in der schlicht erfahrenen Alltagswelt grundlegend gerecht zu werden, um beides, Wissenschaft und Lebenswelt, noch auf gemeinsame Ursprünge in der transzendentalen Subjektivität zurückzuführen. Beides aber sollte auch die Frage der eigenen wissenschaftlichen Strenge und die Problematik der Selbstbegründung der Phänomenologie zuletzt noch einmal neu aufwerfen.

Kapitel III

## WISSENSCHAFT, LEBENSWELT, TRANSZENDENTALE PHÄNOMENOLOGIE

### § 1 Formale Logik in phänomenologischer Genesis Husserls Konzept der transzendentalen Logik

Husserl hatte nach ersten phänomenologischen Ansätzen einer Wesens-klärung der Logik in den *Logischen Untersuchungen* die weitere Ver-folgung dieser Aufgabe fürs erste ausgesetzt. Wenn er sie, spät erst, wieder aufnahm mit dem alten Ziel, „eine intentionale Explikation des eigentlichen Sinnes der formalen Logik" vorzunehmen, dazu indes nun die theoretischen Gebilde der Logik in dem, „was ihren traditionellen objektiven Gehalt ausmacht, ... in die lebendige In-tention der Logiker, aus der sie als Sinngebilde entsprangen", zurück-versetzen wollte (XVII, 9), so war dieses Vorhaben als ein transzen-dental-logisches umrissen. Zugleich war in ihm methodisch alles das beschlossen, was seither die phänomenologische Analyse – von ihren ersten Aktuntersuchungen über die noetisch-noematische Strukturfor-schung bis hin zur Durchdringung der passiven Synthesis als dem ersten Probestück genetisch-konstitutiver Analyse – in mehrfachen Differenzierungen und Vertiefungen durchlaufen hatte.

So ist, was Husserl 1929 als *Formale und transzendentale Logik* vorgelegt hat, abermals ein Niederschlag langjähriger Studien sowohl zur Explikation der formalen Logik als auch zum Verfahren, diese Explikation transzendentalphänomenologischen Normen gemäß zu leisten. Auch waren die seit fast einem Jahrzehnt voraufgegangenen Analysen zur passiven Konstitution schon unter dem Rahmentitel einer transzendentalen Logik gefaßt worden. Daß dementsprechend 1929 von ihren Ergebnissen Gebrauch gemacht wurde, liefert einen weiteren Hinweis auf die größeren Zusammenhänge, in denen Hus-serls Neubearbeitung der logischen Problematik seit Beginn der zwan-ziger Jahre stand. Für die Begründung ihrer Wiederaufnahme schälen sich zwei einander ergänzende Argumentationen Husserls heraus, die sich in der weiteren Durchführung des Logik-Werkes als Koordinaten des Sinnes erweisen, in dem Husserl die formale Logik transzendental-phänomenologisch auffaßt.

Bereits speziell als Logik im weitesten Rahmen einer Theorie des Logos und seiner Beziehbarkeit auf Seiendes allgemein ist formale Logik formal in dem geläufigen Sinn, daß ihre Grundgebilde, die logischen Urteile, frei von aller Sachhaltigkeit sind und ihre Grundformen und ihre Abwandlungen keinen anderen als reinen Operationsgesetzen gehorchen. In ihnen konkretisiert sich das formale Apriori und grenzt sich gegen das materiale Apriori der Wesensgesetzlichkeiten ab. Zwar sind auch sie frei von aller Empirie, jedoch regeln sie sachhaltige Wesenssphären. Insofern ist materiales Apriori kontingent und kein Apriori der reinen Vernunft. Denn dieses ist nicht nur über alles Empirisch-faktische, sondern über alles Sachhaltige überhaupt erhaben[72]. Reine Vernunft ist „der Titel für das in sich geschlossene System reiner Prinzipien, die noch allem hyletisch-sachhaltigen Apriori und allen damit beschäftigten Wissenschaften vorangehen und andererseits doch sie selbst als Vernunftgebilde – das ist der Form nach – beherrschen" (XVII, 26).

In dieser Herrschaft der reinen Vernunft durch ihre logischen apriorischen Formen tritt die formale Logik, unbeschadet ihrer Ausgestaltung zu einer rein theoretischen Disziplin, in der Erfahrungserkenntnis und insbesondere in den empirischen Wissenschaften als allgemeinste Theorie des Wissens und Erkennens in Erscheinung und ist insofern *allgemeinste Wissenschaftstheorie*. In der unbefragten Selbstverständlichkeit ihres derartigen Fungierens als allenthalben unbezweifelte, universale Norm akzeptiert, wo immer Urteile gebildet, Urteilszusammenhänge behauptet und bewiesen werden, bedarf die formale Logik philosophisch aber der Rückfrage, wie diese ihre Normierungsfunktion zu verstehen ist; wie, genauer, reine, ideal-apriorische Formen der Vernunft Kontingentes und zumal Empiri-

---

[72] So ist beispielsweise ein Satz über Töne in ihrer Wesensallgemeinheit zwar ein Satz apriori, aber ein Satz über Kontingentes. Er hat in dem Eidos Ton einen hyletisch-sachlichen Kern, der ihn an das Gebiet ideal möglicher Töne bindet. Sachhaltiges Apriori ist deshalb, anders als das logische Apriori, kein Apriori der reinen Vernunft (XI, 33 f.).

sches so bestimmen können, daß jedwede Setzung von Sein in der Wahrung der logischen Gesetze die unverzichtbaren Bedingungen ihrer Vernünftigkeit und Wahrheit hat.

Aus der Notwendigkeit dieser Rückfrage ergibt sich für Husserl ein weiterer Aspekt der formalen Logik. Steht sie aus langer geschichtlicher Tradition seit der Antike im Zentrum als apophantische Logik oder Logik des prädikativen Urteils, so geht sie darin doch nicht auf. Als mathesis universalis, welche zumal auch die formale Mathematik in sich aufnimmt, muß sie weiter gefaßt werden, wie denn die bloße Apophantik selber sich bereits als ergänzungsbedürftig erweist: Heißt urteilen soviel wie über Gegenstände urteilen, von ihnen Sachverhalte, Eigenschaften, Relationen, Vielheit, Anzahl, Menge, Ganze und Teile aussagen, so geht es dabei um formale Gegenstandskategorien, nämlich um Kategorien des ‚Gegenstandes-überhaupt‘, wie er, jeden möglichen Sachverhalts bar, nur im leeren Allgemeinheitsmodus eines ‚Etwas‘ Substrat der logischen Urteile – und nur der logischen Urteile – ist. Die Gegenstandskategorien sind somit von den apophantischen Bedeutungskategorien wie Urteil, Satz, Begriff, Wahrheit verschieden. Doch korrespondieren sie ihnen in bestimmter Weise, da sie in der Apophantik „auftreten" und ihre Unterschiede in allen formalen Unterscheidungen der Urteile mitbeschlossen sind (XVII, 68 f.).

Die genauere Klärung dieses Auftretens fällt für Husserl in die *formale Ontologie.* Von ihr zu sprechen, nämlich von einer formalen Region des Etwas-überhaupt, hat Husserl vielfach Bedenken getragen. Wenn er sie in seinem logischen Spätwerk ausräumt, so müssen damit Einsichten einhergehen, die sich erst aus genaueren phänomenologischen Differenzierungen der formalen Logik ergeben können.

Gleich zu Beginn gelangt Husserl zu einer dreifachen Scheidung in der logischen Grundbegrifflichkeit, die als Dreischichtung logischer Urteile ein neuartiges, bisher nirgends freigelegtes Binnenrelief der Logik bietet und die auch die unentbehrlichen Anhaltspunkte für die vorgenommene Sinnklärung des Logischen liefert. So wird die reine Formenlehre der Urteile oder der ‚Bedeutungen‘ im Sinne der *Logischen Untersuchungen* von der Konsequenzlogik unterschieden und diese wiederum von der eigentlichen Wahrheitslogik abgegrenzt. Husserl spricht hier wohl auch von drei Teildisziplinen der formalen Logik, da sich für jede von ihnen ein eigener Urteilsbegriff abheben läßt, welcher in seiner logischen Normierung von den anderen abweicht (XVII, 43 ff.).

Die reine Formenlehre bildet insofern die an sich erste Disziplin, als es in ihr um die bloße Möglichkeit von Urteilen als Urteilen ohne Rücksicht auf ihre Widerspruchsfreiheit und Wahrheit geht. Verselbständigt läßt sie sich, wie ansatzweise in Husserls vierter Untersuchung, als reine Grammatik betreiben. In ihr sind die Formen der Urteile syntaktische Formen, die lediglich daraufhin untersucht werden, welche als unsinnig auszuscheiden haben.

Der Spielraum des logisch Möglichen verengt sich in der Konsequenzlogik; er wird hier durch die Norm der Widerspruchsfreiheit begrenzt. Historisch nur unvollkommen entwickelt, da in der Tradition die Urteilsformen, einzeln oder in komplexen Schlußformen, stets daraufhin betrachtet worden waren, inwiefern sie Bedingungen möglicher Wahrheit und Falschheit für alle möglichen Urteile entsprechender Formen sind, wird die Konsequenzlogik bei Husserl jedoch ausschließlich als Logik des analytischen Beschlossenseins und Ausgeschlossenseins in völliger Abtrennung von der Wahrheitsfrage verstanden. Sie hat allein Fragen der logischen Konsequenz und Inkonsequenz zu behandeln, wie sie sich an Urteile *in forma* stellen lassen, die mithin als solche – in terminologischer Strenge – auch nicht unter der Norm der Wahrheit, sondern der *Geltung* stehen[73].

Husserl sieht die Exposition dieses in sich abgeschlossenen Begriffs einer ‚puren Apophantik' als höchst bedeutsam an, da mit ihr erst die formale Wahrheitslogik mit einem eigenen Urteilsbegriff hervortreten kann. Als dritte Stufe auf den beiden vorhergehenden aufruhend und durch sie fundiert, ist durch diese die Wahrheitslogik aber nicht vollständig normiert und in ihren eigenen Wesensbedingungen

---

[73] Zum terminologischen Unterschied von Wahrheit und Geltung XVII, 48. Danach ergibt sich eine „Doppelseitigkeit" der logischen Prinzipien (XVII, 58 ff.), die allerdings bei Husserl einer unbemerkten Doppeldeutigkeit unterliegt, da sie sich zum einen auf den zweifachen Aspekt der korrelativen Untersuchung, nämlich der logischen Ergebnisse und der sie konstituierenden Tätigkeiten nebst ihren Habitualitäten bezieht (so z. B. XVII, 26, 30), zum anderen auf die zweifache Betrachtungsweise der formalen Apophantik und der formalen Ontologie (so z. B. XVII, 13).

bestimmt. Sie reicht darin noch über die pure Apophantik hinaus, daß in ihr der Bezug auf Gegenständlichkeit *thematisch* wird. Dabei gewinnen die Gesetze der syntaktischen Formen und der Konsequenzlogik mittelbar den Sinn notwendiger Bedingungen möglicher Wahrheit. Analytischer Widersinn schließt indessen sachlichen Widersinn nicht aus. Diesen zu beseitigen, bedarf es weiterer Kriterien, mit denen die Stufe apophantischer Geltung in Richtung auf die der Urteilswahrheit überschritten wird.

In der Wahrheitslogik werden die Urteile mithin nicht mehr lediglich als Urteile betrachtet, sondern als von einem Erkenntnisziel geleitet. Daß es außerhalb ihrer selbst liegt und daß mit ihm Gegenständlichkeit, Seiendes als Geurteiltes, ins Spiel kommt, entzieht der logischen Analytik nicht den Boden ihrer Zuständigkeit; geht es hier doch nicht um inhaltliche Wahrheit als solche, sondern um Wesenseinsichten in mögliche Urteilswahrheit in rein formaler Allgemeinheit. Es sind auch diejenigen Einsichten, die der Rolle der Logik als formaler Wissenschaftstheorie zugute kommen. Ferner wird mit ihnen derjenige Aspekt gewonnen, aus dem der Zusammenhang von Logik und Erkenntnistheorie klarer, als dies in den *Logischen Untersuchungen* der Fall gewesen war, hervortreten kann, da nun erst die Unterschiede wie auch die komplexen Beziehungen zwischen Urteilen und Erkennen logisch präzis aufzudecken sind.

Dazu bedarf es nach Husserl vor allem einer Präzisierung des Urteilsbegriffs, wie er sie mit jener Dreischichtung erreichen wollte. Was sie deutlich macht, ist zum einen, daß die drei Schichten der formalen Logik nicht gleichrangig sind, sondern Stufen im Aufbau des ,vollen' Urteils bilden, welches erst als ,Urteil-über' seine eigentliche, für das Erkennen und seinen Wahrheitsbezug maßgebliche Funktion erhält. Zum anderen zeigt sich an dieser Stufung, wie sich von den rein syntaktischen Urteilsformen und ihrem an sich ersten, aber auch weitesten und vagesten Urteilsbegriff über die analytischen Konsequenzverhältnisse bis hin zur Wahrheitslogik der Urteilsbegriff zunehmend verengt und sich in dem Maße präzisiert, wie seine Normierung strenger wird. Husserl expliziert diese Normierung in einer entsprechend dreigeschichteten Analyse der Evidenz. Was er dazu, in differenzierter Fortführung seiner früheren Untersuchungen, hier im einzelnen dargelegt hat, dient einem doppelten Zweck (XVII, 49 ff., 140 ff.).

Zunächst geht es um eine genauere Bestimmung des Verhältnisses von Evidenz und Wahrheit. War dieses Verhältnis schon in der sechsten logischen Untersuchung fern von einer einfachen Korrespondenz, geschweige denn Äquivalenz geblieben, so wird es nun minutiös aufgeschlüsselt (XVII, 53 ff.), indem nach Evidenz der Deutlichkeit im Bereich rein apophantischen Geltens und Evidenz der Klarheit zum Erwerb von Wahrheit unterschieden wird und in beiden wiederum hinsichtlich evidenter Selbsthabe und der speziell im Urteilsbereich so bedeutsamen „vorverbildlichenden Antizipation" mit ihren je eigenen Originaritätsmodi und Gradualitäten.

Erst aus diesen Analysen geht eindrücklich hervor, was evidente Selbsthabe, Erfassung eines Seienden als es selbst heißt, wodurch sie bedingt ist und was sie leistet. Als eine mehrfach gestufte kategoriale Aktivität freigelegt, tritt Evidenz nicht mehr einfach als ‚Erlebnis', sondern als eminente Leistung, hervor (XVII, 249), wie unvollständig sie auch stets bleiben muß und wie anfällig gegen allerlei Täuschungsmöglichkeiten sie auch immer ist. Indem aber Evidenz unter der regulativen Idee vollkommener Selbstgebung der im Urteil intendierten Gegenständlichkeit steht, wird sie in ihrer grundlegenden Funktion und ihrer universalen Struktur offenbar, kraft derer das gesamte intentionale Bewußtseinsleben durchgehend sich auf Vernunft angelegt zeigt, da es durch sie ‚teleologisch', nämlich in seiner Abzielung auf Richtigkeit und Wahrheit sowie auf Durchstreichung von Unrichtigkeit und Falschheit und insbesondere auf kritische Prüfung und Ausweisung bestimmt ist (XVII, 143).

Ferner wird erst aus Husserls logischer Analyse der Evidenz verständlich, warum neben der Wahrheitslogik auch noch eine formale Ontologie zur Geltung gebracht werden soll. Da beide dem Problembestand nach umfangsidentisch sind, tritt ihre Differenz um so weniger klar hervor, als Husserl ausdrücklich nur die pure Apophantik gegen die formale Ontologie absetzt, aber auch an manchen Stellen jene gegen die Wahrheitslogik, wo nicht spezifische Belange ihn sogar die letztgenannte Opposition auf Apophantik und Gegenstandstheorie verkürzen lassen[74].

Nun bleibt diese Opposition ganz im Rahmen der formalen Logik, sie gerade in ihrem vollen Sinn als formale Analytik bestimmend. Die Exposition ihrer gegenstandstheoretischen Ebene dient hier hauptsächlich dazu, das Terrain für eine Untersuchung der Beziehungen zwischen formaler Logik und reiner Mathematik abzustecken. Denn reine Mathematik ergibt sich dann als eine spezifische formale Gegenstandstheorie, insofern sie sich als Teilgebiet der logischen Analyse, nämlich speziell unter den Grundkategorien Vielheit, Anzahl, Menge stehend, darbietet[75].

Anders steht es mit dem fraglichen Verhältnis von formaler Logik und der von Husserl ins Auge gefaßten formalen Ontologie. Es läßt sich verstehen aus der Differenz zweier verschiedener Einstellungen auf die logische Problematik. In der formalen Logik geht es um jenes Etwas-überhaupt, das in der formalen Analytik allein unter wahrheitslogischem Aspekt betrachtet wird, indessen die Frage nach seinem Sinn und zumal dem Ursprungssinn seines Seins in ihr nicht gestellt wird. Als ontologische Frage in Husserls Phänomenologie thematisiert, ist sie aber zugleich eine transzendentale Frage. So indiziert der angedeutete Wechsel der Einstellung nichts anderes als den Übergang von der *formalen* zur *transzendentalen* Logik.

Welchen Sinn aber hätte es, einer leer-formalen Gegenständlichkeit eine ontologische Dignität zuzuschreiben, ihr gar eigens, und sei es auch nur in terminologischer Analogie zu den regionalen Ontologien, eine ‚Seinsregion‘ zuzusprechen? Könnte das nicht aufs Neue den Anschein erwecken, als solle hier einem unausweislichen logischen Platonismus das Wort geredet werden? Daß Husserls Region Gegenstandüberhaupt indes gar kein Reich idealen, subjektunabhängigen Ansich-

---

74 Die Abgrenzungen sind also undeutlich, zumal Husserl rückblickend auch die formale Ontologie in seine Prolegomena von 1900 hineingedeutet hat (XVII, 11, 18, 77, 98). Hier wird im folgenden Text eine Klärung versucht.

75 Vgl. XVII, 78–109. Husserl nimmt hier seine Überlegungen aus dem Schlußkapitel seiner ‚Prolegomena‘ zur Problematik der Einheit systematisch vollendeter Theorie wieder auf und skizziert eine Theorie der deduktiven Systeme oder der Mannigfaltigkeitslehre, wobei er die Systeme der Mathematik als definite Mannigfaltigkeiten, d. i. mit einem vollständigen Axiomensystem, ausgezeichnet sieht. Abgesehen davon, daß daran mathematisch nicht allgemein festgehalten werden kann, sind hier bislang viele Fragen phänomenologischer Observanz bei Husserl offen, die in diesem Zusammenhang nicht diskutiert werden können.

seins bilden könnte, liegt offen zutage. Was formaler Gegenstand als Gegenstand möglicher Urteile seinem Sinn nach ist, was mit ihm gemeint ist, das ergibt sich allein aus den logischen Formen der Urteile, in denen er gemeint ist und im Maße evidenter Erfüllung logischen Intendierens zur Selbstgegebenheit kommt. Seine Region ist keine andere als die formale Logik mit ihren Urteilsgesetzlichkeiten. Ein Sein außerhalb der logischen Gesetze könnte ihm phänomenologisch gar nicht zukommen.

Indessen ist damit der *Sinn* formal-logischer Gegenständlichkeit noch nicht ans Licht getreten. Wird aber nach ihm in der transzendentalen Logik gefragt, so bedeutet dies nach Husserl, ihn aus einer Sinnstiftung der transzendentalen Subjektivität zu begreifen, ihn in seiner Sinnesgenesis aus letzten Ursprüngen freizulegen. Transzendentale Logik im Sinne Husserls kann somit nur transzendental-genetische Logik sein. Sie hat die im aktiven Urteilsvollzug konstituierten logischen Gebilde in ihrer Sedimentordnung durchschaubar zu machen, indem sie die kategorialen Aktivitäten des Urteilens über alle voraufliegenden Stufen vorkategorialer Konstitution zurückverfolgt und die mehrfach gestuften Urteilssynthesen auf die sie fundierenden Grundgeschehnisse passiver Einigung reduziert.

Nur aus einem derartigen Regreß kann denn auch die ideale Objektivität der logischen Gebilde und der Sinn ihres Apriori geklärt und die Frage beantwortet werden, wie es zu verstehen ist, daß logische Objektivität nicht nur das flüchtige Dasein des in aktueller Bildung Auftretenden und Vergehenden, sondern den Seinssinn bleibender Fortgeltung hat; daß der Sinn ihrer Gültigkeit über die Akte des Erkennens hinausreicht, indem er als bleibend begriffen wird, auch wenn niemand logische Akte vollzieht.

Was so in unreflektierter Blickrichtung als logisches An-sich erfahren wird, ist transzendentalphänomenologisch jedoch nur eine spezifische Weise des Meinens, eines ‚Geltens als' An-sich, dem phänomenologisch beschreibbar nichts anderes als Verbindlichkeit für jedes Vernunftwesen entspricht. Sie aber bedeutet nichts anderes als intersubjektive Identifizierbarkeit und Nachverstehbarkeit zu beliebigen Zeitpunkten und beliebig oft in einer objektiven, prinzipiell endlosen Dauer. Daß so das logisch denkende Subjekt immer wieder auf dasselbe und in gleicher Weise zurückkommen kann, dankt es demnach nicht einer fortwährend neu zu aktualisierenden Schau ewiger Formen, sondern der spezifischen Formstruktur seiner Vernunft – so indes, daß es, wann immer es logische Gebilde aktuell konstituiert, aus Quellen seiner Habitualität schöpft und damit aus voraufgegangenem Erwerb, in welchem eigene und fremde Vorleistungen aus intersubjektiv verflochtener Genesis zu gemeinschaftlich-unteilbarem Besitz geworden sind. Die transzendentalphänomenologische Ursprungsklärung des Sinnes der logischen Gebilde läßt somit ein bewußtseinsjenseitiges, übersinnliches Reich zeitloser Geltung und Wahrheit nicht zu. Vielmehr nimmt sie es zurück auf eine ‚Region‘ des Etwas-überhaupt, die durchaus, allerdings in transzendentaler Bedeutung, subjektrelativ ist. Indem sie damit auch die vorgebliche Zeitlosigkeit des Logischen auf *Allzeitlichkeit* restringiert, gibt sie dem logischen Apriori vertretbaren Sinn und sichert der Behauptung seiner Idealität annehmbare Rechtfertigung.

Nur einen geringen Teil der Arbeit an den konstitutionsgenetischen Aufgaben in der Logik hat Husserl noch selber vorlegen können. Indem er das Problem der Urteilsevidenz aufgriff, mußte er sich aufs Neue an die Frage verwiesen sehen, wie nun spezifisch logische Evidenz in grundlegenderen Evidenzen fundiert ist, wie und in welchem Sinne vor allem formal-kategoriale Selbstgebung, obgleich in sie anschaulich Vorgegebenes nicht eingeht, gleichwohl letztlich in sinnlich anschaulichen Gegebenheiten gründet. Was Husserl darüber im letzten Abschnitt der *Formalen und transzendentalen Logik* ausgeführt hat, empfand er selbst als „mehr anregend als letztlich ausführend". Es ließ abermals nicht erkennen, wieviele Einzelstudien dazu schon durchgeführt worden waren, in denen Husserl sich „in die ungeheuren Weiten der intentionalen Phänomenologie hineingezogen" sah (XVII, 15). Sie ließen demnach endgültigen Abschluß durch ihn selber nicht erwarten. Doch gedachte Husserl eine literarische Ausarbeitung speziell zur formalen Wissenschaftslehre in Kürze vorzulegen[76]. Mit ihr

---

[76] Auch dazu ist es nicht mehr gekommen. Es sei aber auf den engen thematischen Zusammenhang von Husserls *Formale und transzendentale Logik*, die *Analysen zur passiven Synthesis* sowie *Erfahrung und Urteil* hingewiesen. Dazu aufschlußreich auch die Einleitungen der Herausgeber.

sollte eingelöst werden, was ihr Autor ein Jahrzehnt zuvor bereits als Idee und Absicht der transzendentalen Logik umrissen hatte: „Sie will die letzte Wissenschaft sein, die auf letzte Gegebenheiten zurückgeht, nämlich auf diejenigen Gegebenheiten, die in allen anderen, in allen naiven Gegebenheiten schon vorausgesetzt sind. Das ist, sie will … letzte aufklärende Wissenschaft vom theoretischen Leisten und allem Leisten unter Ideen der Vernunft" sein (XI, 208, 255 f.).

Zu dieser ‚letzten' Aufklärung theoretischer Vernunftleistungen und insbesondere der Erkenntnisleistungen der positiven Wissenschaften gehört aber nicht nur die präzisierte und systematische transzendentale Begründung der formalen Logik als solcher, sondern auch die ins einzelne gehende Darlegung der universalen Normierungsfunktion der Logik, welche die reine Vernunft kraft ihrer allgemeinen Formprinzipien auch für alle sachhaltigen Erkenntnisse und für die praktische Wissenschaftsgestaltung ausübt. Denn nur an den reinen Formprinzipien der Vernunft ist zu messen, inwieweit prätendierte Wissenschaft der Idee echter Wissenschaft gemäß ist und ihre Einzelerkenntnisse echte Erkenntnisse, ihre Methoden echte Methoden sind. Husserls Begriff der Echtheit ist gerade durch die logischen Ideen bestimmt; und das Echte ist ihm nichts anderes als das, worauf die Vernunft, und selbst noch in ihrem Verfallsmodus der Unvernunft, letztlich hinaus will (XVII, 25 ff.).

Husserl sah demgemäß 1929 für die in Aussicht genommene Darstellung der transzendentalen Logik noch eine Reihe von Untersuchungen vor, welche die Analysen zur formalen Wissenschaftstheorie durch weitere einer materialen Wissenschaftslehre „ergänzen" sollten. Darin mußte es insbesondere um die Aufdeckung des inneren Zusammenhangs von formaler und materialer Ontologie gehen; um die genauere Klärung des Verhältnisses dieser beiden jeweils in einem anderen Sinne formalen apriorischen Wissenschaften, deren erste, grundlegende und universale Ontologie in ihrer leer-formalen Allgemeinheit und Bezogenheit auf eine mögliche Welt überhaupt die anderen als materiale Ontologien von kategorial bestimmtem weltlichem Seiendem beherrscht. Diese Klärung würde auch erst die phänomenologische Einsicht in die Bestimmbarkeit des Realen durch ideal-apriorische Formen der reinen Vernunft ermöglichen, die mit der üblichen Fragestellung der ‚Anwendung‘ der Logik und Mathematik auf die reale Welt eher erschwert wurde.

Doch war dafür noch eine andere Forschungsperspektive gefordert. Hatte Husserl für die transzendentale Logik, die philosophische „Wissenschaft von der Wissenschaft überhaupt“, stets die Zweiseitigkeit ihrer Problematik betont, sofern auch ihre phänomenologische Analyse sich sowohl auf die sinnkonstituierenden Leistungen und ihre Habitualitäten als auch auf die dadurch erbrachten Ergebnisse zu richten hatte (XVII, 29), so konnte es für die noch ausstehenden Fragen damit sein Bewenden noch nicht haben. Was darüber hinaus dringlich wurde, war eine neuerliche thematische Reflexion auf das Subjekt solchen Konstituierens. Husserl vermochte zwar die transzendentale Logik und durch sie die Phänomenologie generell als Selbstauslegung der transzendentalen Subjektivität zu begreifen, in der richtigen Einsicht, daß diese nur in der Besinnung auf ihre transzendentalen Funktionen ihrer selbst habhaft werden konnte. Doch war in jenen zweiseitig ausgerichteten Analysen bisher noch „in einer gewissen Naivität“ vorgegangen worden, welche fortan durch eine „kritisch auf den Logos ihrer selbst bedachte *wissenschaftliche Selbstbesinnung der transzendentalen Subjektivität*“ (XVII, 241 f.) zu beseitigen war – einer Subjektivität, der alle jene Funktionen doch auch nicht bloß ‚entspringen‘, sondern die für dergleichen Ursprünge sich auch als in bestimmter Weise beschaffen erweisen mußte. Doch kam es in Husserls letzter Publikation anders, als seine Vorausdeutungen erwarten ließen.

## § 2 Phänomenologie in der geschichtlichen Situation der Krise Husserls ‚innere Historie‘

Die einzige Publikation, mit der Husserl nach wiederum mehrjährigem Schweigen 1936 noch einmal an die Öffentlichkeit trat, trug spürbar anderen Charakter als das erwartete Werk. *Die Krisis der europäischen Wissenschaften und die transzendentale Phänomenologie* ließ vielfach sogar von einer nochmaligen Wende in Husserls Phänomenologie sprechen, nämlich der ‚Wende zur Lebenswelt‘. Mit ihr lag dann auch die Auffassung nicht allzu fern, Husserl habe damit seiner Phänomenologie noch einmal ein grundlegend neues Gepräge gegeben.

Nun war für Husserl die Lebenswelt als gemeinsame Umwelt, als Welt unserer Alltagserfahrung, unseres natürlichen Dahinlebens, seit je die Ausgangsbasis seiner Analysen gewesen, ohne allerdings bisher in seinen Veröffentlichungen Thema geworden zu sein[77]. Daß Husserl sie schließlich thematisch aufnahm, geschah also nicht plötzlich und unvermittelt. Auch geschah es weder unter Preisgabe des bis dahin entwickelten phänomenologischen Verfahrens noch unter veränderter Zielsetzung. Vielmehr sollte Husserls Krisis-Werk nichts anderes als die konsequente Ausführung seines transzendentalphänomenologischen Programms werden; eine äußerste Inanspruchnahme und Ausschöpfung derjenigen methodischen Möglichkeiten, welche die Intentionalanalyse enthielt; eine letzte philosophische Anstrengung auf das erste und einzige Ziel hin, die Grundlegung der Wissenschaften durch eine streng wissenschaftliche transzendentale Phänomenologie.

Dennoch blieb – bei aller Stetigkeit des Husserlschen Weges, von der gerade die Untersuchungen im Umkreis der *Krisis* eindrücklich Zeugnis ablegen – unübersehbar Neues, das Husserls letzte Arbeit von allen früheren abhebt.

Neu war fraglos auch die Lebenswelt-Thematik. Aber sie war es weder zuallererst noch in dem vielfach aufgenommenen Sinn, als habe Husserl mit ihr die transzendentale Phänomenologie hinter sich gelassen. Gegen beides spricht bereits, daß die Problematik der Lebenswelt erst im mittleren Teil des Krisis-Werkes aufgenommen wird, dieses als Ganzes ein transzendentalphänomenologisches Werk ist, so unmißverständlich, daß Husserl hier sogar noch einmal um bessere und sichere Wege in seine Philosophie bemüht war.

Das wirklich Neuartige lag vielmehr in der Einbeziehung von *Tradition und Geschichte*, und zwar in die Grundlegung der Phänomenologie selbst. Sie ist um so überraschender, als damit nicht nur eine zuvor nie in Sicht getretene Dimension phänomenologischer Problematik erschlossen wurde, sondern als dies anscheinend auch mit einer Selbstverständlichkeit geschah, daß sie Husserl, der sonst auf ausdrückliche Einführungen selbst marginaler Begriffe und Themen bedacht war, nicht einmal der Erwähnung wert schien. Nimmt man noch

[77] Vgl. besonders IV, 372–377.

hinzu, daß die Frage, wie Geschichte überhaupt ihren Ort in Husserls Unternehmen hat finden können, das von Anfang an im Zeichen dezidierter und noch 1925 erneuerter Absage an Überlieferung und Tradition gestanden hatte (VIII, 327), völlig unerörtert blieb, so konnte das Auftauchen von Geschichte in Husserls Spätphilosophie nachgerade befremden.

Eine mögliche Erklärung läßt sich nur aus dem Gesamtkontext Husserls erschließen, wie er uns bis heute zugänglich ist. Er macht nicht nur Husserls eigentümliche Geschichtsauffassung in der *Krisis* deutlicher, als sie in den Worten dieses ohnehin fragmentarisch gebliebenen Werkes zutage tritt; er bildet auch für die letzten Betrachtungen Husserls in den sie tragenden Gedankengängen insgesamt erst den Zusammenhang, der für ihr Begreifen unerläßliche Voraussetzung ist. Schließlich dürfte er nicht ohne Aufschluß für die Frage sein, was Husserl veranlaßt haben mag, geschichtliche „Besinnungen" – und um diese handelt es sich, nämlich um Versuche „der wirklichen Herstellung des Sinnes selbst" (XVII, 13) – in die *Krisis* aufzunehmen und gar mit ihnen zu beginnen.

Es scheint, daß sich dafür drei Motive namhaft machen lassen, welche, unterschiedlich nach Herkunft wie Inhalt und lange getrennt wirksam, im Krisis-Werk zusammenfinden: Husserls frühes Gewahren einer *Krise der europäischen Kultur* durch die neuzeitliche Wissenschaft und Philosophie; seine wenig später einsetzende ständige, wenngleich zur Gänze in stummer Arbeit gebliebene phänomenologische Auseinandersetzung mit der *Geschichte*; schließlich eine bemerkenswerte, nur scheinbar die Phänomenologie bloß intern betreffende Wandlung der Interpretation des Sinnes der Philosophie, die für Husserl nicht länger reines Sich-ausleben eines theoretischen Interesses allein blieb, sondern die für ihn auch lebensgestaltende und weltverändernde *Praxis* wurde.

Seit den *Logischen Untersuchungen* war Husserls Konzept der phänomenologischen Begründung der Wissenschaften von der Überzeugung getragen gewesen, daß die Wissenschaften in ihrer Positivität nicht bloß der Aufdeckung ihrer verborgenen Voraussetzungen und der Klärung ihrer undurchschauten Grundbegrifflichkeit bedürfen, sondern daß auch eine dergestalt zu leistende Begründung allererst ermögliche, das gemeinschaftliche Telos aller Wissenschaft, die Erkenntnis der Welt, wie sie mit der wissenschaftlichen Methodik reklamiert wurde, in ihrem Wahrheitssinn zu verstehen. Darin war aber von Anbeginn mitgesagt gewesen, daß dieses Sinnverständnis in dem Maße erschwert, ja durch Verlust bedroht sei, wie die methodischen Techniken der Wissenschaft differenzierter, ihre theoretischen Besitztümer reicher und mit ihnen ihre Nutzanwendungen größer wurden. Deutlich registrierte Husserl schon in den *Ideen*, daß bei aller Bewunderungswürdigkeit und hohen lebenspraktischen Zweckdienlichkeit die Fortschritte der Wissenschaft uns an Schätzen der Einsicht nicht bereichert haben: „Die Welt ist durch sie nicht im mindesten verständlicher, sie ist für uns nur nützlicher geworden". Diesem „unerträglich gewordenen Notstand der Vernunft" gelte es, ein Ende zu bereiten „durch klärende, verdeutlichende, letzt-begründende Arbeit" (V, 96 ff.).

Husserls weitere Forschung belegte nicht bloß, in welchem Sinne sie sich als solche Arbeit verstand. Sie ließ auch erkennen, in welchem epochalen, zeitgeschichtlichen Rahmen sie sich bewegte, wo und wie sie sich loziert fand in der Situation der vielzitierten ‚Krisis der neuzeitlichen Wissenschaften', die sich als nichts geringeres denn als eine Krisis der westlichen Welt insgesamt bot[78]. Um ihrer durch Husserl gewahr zu werden, brauchte man jedoch nicht erst auf sein letztes Werk zu warten, welches dieser Situation den Titel entlieh und mit ihm sie zugleich einprägsam signierte. Sieben Jahre zuvor schon hatte Husserl seine *Formale und transzendentale Logik* mit einer Einleitung versehen, die mit ihrem ersten Teil nicht nur dem Gehalt nach, sondern bis in einzelne Wendungen und Formulierungen hinein ebensogut als Einführung in die *Krisis* hätte stehen können.

Diese gewiß nicht zufällige Koinzidenz wirft auf die Krisis-Schrift zweifaches Licht. Fällt es zum einen auf sie als Ganzes, so erscheint es deutlich im Zeichen jener transzendentalen Logik, wie Husserl sie verstand, und die dort 1929 zunächst aufgenommene Untersuchung

---

[78] Das Krisis-Thema findet sich bei Husserl bereits 1913/1914, wenn er z. B. den „unerträglich gewordenen Notstand der Vernunft" in der gegenwärtigen Wissenschaftssituation hervorhebt (V, 96) und ihn bereits in einer Weise zu bedenken gibt, die der späteren auffallend genau entspricht (XVII, 246).

der formalen Logik bietet sich im Rückblick von der *Krisis* her dann als ein vorderhand erst einmal in die allgemeinste Formalwissenschaft vorgetriebener Begründungsversuch der Wissenschaften, der später mit der Thematisierung der Lebenswelt radikalisiert und vertieft wird – wie denn auch diese vornehmlich und ausdrücklich um eben jenes Begründungsversuchs willen in einer charakteristischen Weise von Husserl in der *Krisis* zum Problem gemacht worden ist[79].

Zum zweiten beleuchten die Gemeinsamkeiten der Einführungen Husserls in seine beiden letzten, dem Anschein nach so verschiedenen Werke, daß die in Rede stehende Krise Husserls Denken auch in einer besonderen Weise bewegt hat. Anfangs latent nur, ist sie ihm am Ende zu einem manifesten Problem geworden dergestalt, daß es nicht bloß zu einer gedanklichen Lösung herausforderte, die sich – sollte sie denn ernstlich gelingen – nur dem Bestand gewonnener Resultate zuschlagen ließ, sondern daß die phänomenologische Durchdringung der Krise, so war Husserl überzeugt, auch ihre Beseitigung bewirken könne und daß hier die Phänomenologie zu einem der eigenen historischen Gegenwart dienenden Handeln aufgerufen sei.

Es ist dies der Ort, an dem Husserls Auffassung, daß die transzendentale Phänomenologie „bei naturgemäßer Weite des Begriffes eine Praxis" ist (XVII, 28), in spezifischer Weise zum Tragen kommt. Bereits im Logik-Werk deutlich hervortretend, war sie dort Ausdruck eines gewandelten Verständnisses von Intentionalität und Konstitution, insofern im Urteilen *„ganz ernstlich ein gestaltendes Tun*, ein Handeln, ein praktisch auf Ziele oder Zwecke Gerichtet-sein" vorliegt und wir in der aktiven Bildung von neuen Urteilen aus schon vorgegebenen „ernstlich erzeugend tätig" sind (XVII, 149). Die Betonung des Handlungscharakters aller aktiven Konstitution, des aktiv gestifteten Sinnes als eines Handlungsresultats, sollte hier vor allem auf den Umstand lenken, daß auch das urteilende Prädizieren, und zwar schon in seinen logischen Grundformen, ein höchst voraussetzungsvolles Tun ist. Wie Handeln stets Handeln unter Voraussetzungen ist

---

[79] Dieser enge und von Husserl auch selbst mehrfach betonte Problemzusammenhang zwischen *Formale und transzendentale Logik* und *Krisis* hat bisher auffallend wenig Beachtung gefunden. Eine eingehende Interpretation des späten Logik-Werkes Husserls steht aber noch aus.

und darunter letzthin auch solchen von nicht handlungsmäßiger Art, so sah Husserl auch alle aktive Sinnstiftung und Sinnzuweisung gegründet in einem passiven, vorprädikativen Geschehen, in dem sie die Ursprünge ihrer Genesis wie auch die Vorausbedingungen habituellen Erwerbs und dauernden Besitzes haben.

Was hier noch in enger Begrenzung für das Gebiet des logischen Urteils exponiert worden war, galt indes implizite für alle Urteile – nicht zuletzt auch für das phänomenologische Urteil selbst. Husserl hob zunächst seinen Handlungscharakter als solchen hervor, ehe er sich vorbehaltlos auch seinen Voraussetzungen zuwandte. Aus jenem resultierte für Husserl in letzter Konsequenz die praktische und praktisch notwendige Wirksamkeit der Phänomenologie, aus diesem die Notwendigkeit der Geschichte für die Phänomenologie.

Daß phänomenologische Arbeit Betätigung ist und als diese eine „Art *Praxis*" (XVII, 4 f., 28), hebt zunächst den tiefgreifenden Unterschied nicht auf, der zwischen ihr und allem im wörtlichen und weiteren Sinne technologischen Handeln besteht. Daß sie als theoretische Praxis (VI, 113), sich auswirkend in rein theoretischer Vernunft unter der Idee eines ins Unendliche fortbestehenden theoretischen Interesses, mit der Verfolgung ihrer Erkenntnisziele mittelbar auch technologische Praxis normiert, macht sie nicht selber zu einer Technologie. Diese Differenz verwischen hieße vielmehr die Zweck-Mittel-Relation nicht erkennen, wie sie in beiden Fällen unterschiedlich besteht. Mit ihr wäre andererseits jedoch auch nicht vereinbar, daß die Phänomenologie sich unter den Regeln einer science pour science stehend verstünde (XVII, 28). Da sie Tun ist und als Tun zu wirken in die Lage versetzt, gewinnt sie „durch die Tat" (VI, 17) die Möglichkeit einer grundlegenden Verwandlung des Gesamtsinns der Philosophie. Diese Verwandlung aber ist nötig, wenn durch die Philosophie die Krise in ihren Gründen erkannt und gebannt werden soll.

Die beschwörende Eindringlichkeit in manchen späten Formulierungen Husserls, wie sie etwa in der Apostrophierung der Philosophen als „Funktionäre der Menschheit" besonders hervortritt (VI, 15), hat hier ihre Wurzeln. Sie gründete in Husserls Überzeugung, daß die Philosophie in der Welt und für die Welt etwas auszurichten habe und daß sie vor allem, nur erst durch die transzendentale Phänomenologie in ihr eigenes Telos gelangt, in diesem Auftrag unvertretbar sei: das durch den Verlust der Lebensbedeutsamkeit durch die positiven Wissenschaften drohende Sinndefizit unserer mehr und mehr wissenschaftsimprägnierten Welt und unserer selbst auszugleichen durch Wiedergewinnung des verschütteten Bodens, aus dem die Wissenschaften erwachsen und von dem her sie allein zu verstehen sind – auch in dem, was sie mit diesem Boden selber, nämlich unserer Lebenswelt, tun.

Nicht erst in der *Krisis*, sondern wiederum schon in der *Formalen und transzendentalen Logik* gedachte Husserl auf diese Weise die ursprüngliche Idee der Philosophie zu restituieren, die philosophische Wissenschaft, wie sie bei Platon Richtschnur für ein allseitig gelingendes Leben gewesen war, zu erneuern, „ganz ernstlich" auch und gerade unter den grundlegend gewandelten Bedingungen der modernen Wissenschaft. Denn die Krise der europäischen Wissenschaften erwies sich für Husserl als eine im Kern philosophische Krise, entstanden mit dem Aufkommen des neuzeitlichen Objektivismus: ein restringierter, an einem einseitigen Methodenideal der physikalischen Wissenschaft orientierter Rationalitätsbegriff hatte, und nicht ohne Versagen der traditionellen Subjektivitätsphilosophie, zu einer Verkümmerung jener umfassenden Vernunfttätigkeit geführt, in der für die klassische Antike die Philosophie als allumfassende Wissenschaft bestanden hatte und die für unser Welt- und Selbstverständnis zurückzugewinnen dringend geboten war. Das aber erforderte „radikale Besinnungen für uns, einzeln und in Gemeinschaft die letzten Möglichkeiten und Notwendigkeiten zu suchen, von denen aus wir zu den Wirklichkeiten urteilend, wertend, handelnd Stellung nehmen können (XVII, 4 ff.). Nur so ließen sich letzte Allgemeinheiten, Prinzipien, wirklich gewinnen, auf welche Husserls Ursprungsforschung von Anfang an aus gewesen war. Husserl wußte freilich auch, daß sie für Entscheidungen, wie der Augenblick des Lebens sie verlangt, nicht unmittelbar bestimmend sein konnten. Doch war ihm unzweifelhaft, daß sie sich, einmal zu wirklicher Aneignung durch Einsicht – und das hieß durch phänomenologisch erworbene Evidenz – gekommen, als habituelle Normen, als Willensrichtungen dem Leben einprägen können, innerhalb deren die individuellen Entscheidungen sich regeln[80].

[80] XVII, 5, 109. Mit den mittleren Schriften Husserls tritt die Bedeutung der

Das alles erklärt freilich noch nicht, warum Husserl jene phänomenologische Ursprungsforschung nunmehr dezidiert als geschichtlich
auszurichtende Forschung versteht. Dafür wird vor allem in Rechnung zu stellen sein, daß Geschichte für Husserl längst zum Problem
geworden war, auch noch bevor er die Krisis-Thematik namentlich
aufgegriffen hatte. Nicht zufällig aber fielen Husserls erste geschichts-
phänomenologische Betrachtungen in die Zeit, da ihn die Probleme
der passiven Synthesis das Konzept der Sinnkonstitution neu über-
denken ließen. Die Entdeckung der „Vergangenheit des Ich" führte
Husserl unmittelbar auf die „passive" und „aktive" Geschichte der
Subjektivität und ließ ihn schon 1921 die lapidare Feststellung treffen:
*„Die Geschichte ist das große Faktum des absoluten Seins*; und die
letzten Fragen ... sind eins mit den Fragen nach dem absoluten Sinn
der Geschichte" (VIII, 506). Das bedeutete näherhin die Aufgabe,
die Welt in ihren transzendentalen Gründen so aufzuklären, daß sie
in ihrem Seinssinn, den Husserl zunehmend deutlicher als wesentlich
geschichtlich konstituierten Sinn erfaßte, verstehbar werden konnte.
Gleichbedeutend war damit die phänomenologische Rückfrage nach
der transzendentalen Subjektivität dergestalt, daß diese selber nun
in ihrer Historizität freigelegt und begriffen werden konnte. Denn
„ihr Sein ist geschichtliches Sein" (XV, 386, 392) und mußte es sein,
wenn mundane Geschichte nicht ohne transzendentale Aufklärung
bleiben – oder Husserls Anspruch, eben eine solche zu liefern, aufgegeben werden sollte. Umgekehrt aber war offenkundig, daß eine
geschichtlich verstandene transzendentale Intersubjektivität in ihrer
Funktion, objektive Welt zu konstituieren, dieser Welt wesentlich
keinen anderen Seinssinn als einen geschichtlichen zudenken, daß sie
Objektivität jedweden Sinnes letztlich nur als historisch begriffene
Objektivität stiften kann.

Praxis zunehmend hervor. Daß für Husserl alle Vernunft „zuletzt praktische Vernunft", daß auch Erkennen „ein Handeln aus praktischer Vernunft" und das theoretische Leben ein „Zweig des allgemeinen praktischen Lebens" ist, dessen Wahr-
heitsstreben Husserl so deutlich im Dienste der Praxis stehend verstand, daß er auch
die Evidenz- und Selbstgebungsproblematik schließlich in einem praktischen Interesse verankert sah (VIII, 230, 296, 352; VI, 201, 324), ist im bisher publizierten
Werk Husserls nur als eine Reihe allgemeiner Bemerkungen zu nehmen. Darüber
wird näherer Aufschluß erst zu gewinnen sein, wenn Husserls (nicht unbeträchtli-
cher) Nachlaß zur Ethik publiziert vorliegt.

Husserl hat es sich mit dieser Problematik nicht eben leicht gemacht. Auch scheint sie ihn geradezu bedrängt zu haben, in einer Unablässigkeit, die dem lange verbreiteten Urteil über die vorgebliche Geschichtsfremdheit der Philosophie Husserls jeden Boden entzieht. Indem aber Husserl ein ums andere Mal entweder von der mundanen Geschichte ausging, um sie in der Epoché nach ihrem Seinssinn zu befragen oder die transzendentale Monadengemeinschaft als eine geschichtliche ansetzte, um weltliche Historizität als ihr konstituiertes Gebilde durchschaubar zu machen, arbeitete er sich an einer Problematik ab, die ihn mit jedem Schritt vor neue Hindernisse führte, ohne daß sich Wege für eine befriedigende Lösung auftaten[81].

Das erklärt wohl zum einen, weshalb von Husserls geschichtlichen Untersuchungen so gut wie nichts in seine eigenen Veröffentlichungen gelangt ist. Es läßt aber auch verstehen, daß Husserl in der *Krisis* alle weltliche Objektivität konsequent als geschichtlich bedingte anerkennt, wie er auch die transzendentale Intersubjektivität als ihren Sinnursprung in ihrer unabdingbaren Geschichtlichkeit voraussetzt. Wie weit Husserl darin noch selber einen Begründungsmangel erkannt hat, da die Konstitutionsfrage der Intersubjektivität als einer wesentlich geschichtlichen offen blieb, ist derzeitig kaum eindeutig zu entscheiden. Daß er jedenfalls die Konsequenzen aus dieser Voraussetzung auch für die eigene Philosophie rückhaltlos zu ziehen bereit gewesen ist, macht ihn zum überzeugenden Anwalt jenes Prinzips der Selbstkritik, aus dem die Philosophie lebt.

Nun darf nicht übersehen werden, daß die geschichtlichen Erörterungen am Beginn der *Krisis* charakteristische Besonderheiten zeigen. Die wenigen Ausführungen, die Husserl selber dazu gemacht hat, sind eher geeignet, sie zu verdunkeln als zu erhellen und können sogar dem Mißverständnis Vorschub leisten, als solle nunmehr die Geschichte, jedenfalls die Geschichte der Philosophie und Wissenschaft,

---

[81] Husserl hat seine Untersuchungen zur Geschichte über längere Strecken in einem engen Zusammenhang mit den – weit früher schon aufgenommenen – Analysen der Zeit durchgeführt. Die erheblichen Schwierigkeiten, die er mit der phänomenologischen Klärung der Geschichte hatte, dürften zu einem nicht geringen Teil darauf zurückzuführen sein, daß Husserl die historische Zeit in ihrer spezifischen Struktur anscheinend nicht zu Gesicht kam. Vgl. dazu meine *Phänomenologischen Studien*, a.a.O., S. 187–215.

die Rolle des ersten Wegstücks in die transzendentale Phänomenologie übernehmen; und damit sei die rigorose Ausschaltung der philosophischen Überlieferung rückgängig gemacht, ja vor allem die transzendentale Reduktion zurückgenommen worden.

Dieser Eindruck mag sich im ersten Hinsehen bestätigt finden. Husserl zeichnet in Umrissen die Philosophie als Geschichte jener Spannungen nach, wie sie zwischen dem wissenschaftlichen, mit der Physik Galileis in das Stadium seiner Vollendung gelangten Objektivismus auf der einen Seite und den philosophischen, subjektivitätstheoretischen Versuchen seiner Überwindung auf der anderen Seite seit Descartes bestanden haben. So brachte er scheinbar umstandslos mundane Geschichte ins Spiel, ohne daß indes zuvor transzendentalphänomenologisch nach ihrem Geltungscharakter gefragt worden wäre.

Wollte man jedoch die historischen Partien der *Krisis* als geschichtliche im üblichen Sinne aufnehmen, so böten sie – ungeachtet des ausdrücklichen Verzichts Husserls auf genauere geschichtliche Analyse – nur eine befremdlich willkürliche und tendenziös selegierte Beschreibung historischer Problemanlagen[82]. Dagegen lehrt jedoch nähere Betrachtung, daß Husserls Geschichte hier gar nicht als Stück mundaner Ideengeschichte zu verstehen ist.

„Historisch in einem ungewohnten Sinn" soll sie „der gewöhnlichen Historie ganz fremde Tiefenprobleme" eröffnen. An zwei Beispielen hat Husserl konkreter ausgeführt, was es heißen sollte, die „veräußerlichten" Tatbestände der Geschichte zu durchstoßen und zurückzufragen „nach dem ursprünglichen Sinn", in welchem dereinst die Wissenschaften geworden sind. In dem wichtigen Galilei-Paragraphen und, besonders bemerkenswert, in einem Zusatzmanuskript zur Geometrie (VI, 20–62, 365–386) findet sich erläutert, was Husserl hier als *„innere Historie"* gegen die übliche Geschichte abgesetzt sehen wollte: Sie verlangt nichts anderes als sich zurückzuarbeiten durch die mannigfachen *Sinnschichten* wissenschaftlicher Gebilde – zunächst bis auf ihre „operative" Konstitution aus vorwissenschaftlichen Ge-

---

82 Anders dagegen Husserls philosophiehistorische Vorlesungen in VII. Sie wurden aus dem Aspekt mundaner Geschichte vorgetragen unter dem speziellen Aspekt der Vorgeschichte der Phänomenologie.

gebenheiten, aus denen ihr Ursprungssinn einmal in lebendiger Aktivität erzeugt wurde, dann aber in späteren Sinnbildungen sedimentiert blieb; ferner bis hin zu jenen ursprünglichen Synthesen passiver Vorkonstitution schließlich, in denen auch das der Wissenschaft Vorgegebene aus der vorwissenschaftlichen Erfahrung letzthin gründet.

Husserls innere Historie erweist sich so als das Kernkonzept für die beiden leitenden Ziele Husserls im Umkreis der Krisis-Thematik, nämlich einmal für die Analyse der Lebenswelt als Sinnesfundament der Wissenschaften, um diese, und damit den neuzeitlichen Objektivismus, aus sinngenetischer Explikation in ihrem objektiven Geltungssinn zu verstehen; zum anderen für die phänomenologische Aufklärung der Lebenswelt ihrerseits, nämlich aus ursprünglichen Sinnstiftungen der transzendentalen Subjektivität.

Die genauere Durchführung zeigt überdies, was Husserls innere Historie für seine Phänomenologie im ganzen bedeutet. Für sie ist von kaum zu überschätzender Tragweite, daß diese Art der Historie sich schließlich aus der konsequenten Verfolgung jener konstitutionsanalytischen Verfahren ergibt, wie sie Husserl seit je entwickelt hatte. Husserls innere Historie ist somit, methodisch gesehen, nichts prinzipiell anderes als Intentionalanalyse, weiter fortgetrieben bis zur äußersten Ausschöpfung ihrer Mittel als Intentionalhistorie; und ein tiefer eindringender Rückblick in ihre Anfänge vermöchte die genetisch-konstitutive Analyse früherer Jahre bereits als auf sie angelegt zu finden, lediglich noch im Verborgenen ihrer Möglichkeiten, solange sie nicht auch an geschichtlichen Gegebenheiten erprobt worden war.

Darin ist eingeschlossen, daß Husserls Intentionalhistorie im Krisis-Werk keine Geschichte im mundanen Sinne ist, sondern daß sie, genauer, Geschichte ausschließlich im Rahmen der Epoché ist. Daß Husserl die transzendentale Reduktion in den ersten Teilen der *Krisis* nicht eigens einführt, sondern sie nur beiläufig erwähnt, läßt sie leicht übersehen. Doch könnten anders Husserls ständig wiederkehrende Begriffe wie Sinnbildung, Sinnstiftung, Sinnsedimentierung gar nicht verständlich werden. Auch daß für Husserl Geschichte „von vornherein nichts anderes als die lebendige Bewegung des Miteinander und Ineinander von ursprünglicher Sinnbildung und Sinnsedimentierung" ist (VI, 380), läßt keinen Zweifel daran, daß die innere Historie transzendental-immanente Historie des Weltganzen ist, wie denn auch Husserl mit Bedacht sich ausschließlich auf die sinnkonstitutive Problematik objektiv-wissenschaftlicher Gebilde richtet, während deren Gültigkeit und Wahrheit in transzendental geläufiger Weise ‚dahingestellt' bleibt und zu bloßen ‚Ansprüchen' reduziert ist.

Erst damit läßt sich, und gerade angesichts der bemerkenswerten Kontinuität des Husserlschen Verfahrens, das entscheidend Neue in der *Krisis* präziser fassen. Es tritt jetzt in zweierlei Hinsicht zutage.

Zum einen wird nunmehr – und erstmalig – die genetische Konstitutionsanalyse an eine Gegenständlichkeit gewendet, die nicht mehr nach verschiedenen Fundierungsstufen und Sinnschichten gemäß ihrer Sachkomplexität allein zu untersuchen ist, sondern deren sinnkonstitutive Schichten zugleich auch in mundan geschichtlicher Folge gewordene Schichten sind. Es paßt indessen genauestens in die transzendental-intentionalhistorische Konzeption, daß Husserl dergleichen Folgen wiederum lediglich als Aufeinanderfolgen von Sinnsedimentierungen ins Auge faßt, die zwar auch zeitliche Folgen sind, nicht aber als zeitliche Folgen betrachtet werden. Was sie im Aspekt der natürlichen Einstellungen in datierbarer, chronologisch fixierbarer Zeit zu geschichtlichen Folgen macht, bleibt in Husserls transzendentaler Sinngeschichte der *Krisis* außerhalb des Blickfeldes.

Ein zweites, das im Krisis-Werk erstmalig auftritt und einschneidender noch als die sinngeschichtliche Analyse der objektiven Wissenschaften sich auswirkt, ist die mit dieser einhergehende Betrachtung der neuzeitlichen philosophischen Tradition. Intentionalhistorisch gemeint auch sie, soll sie nicht der weltlichen Philosophiegeschichte, sondern der Rückfrage gelten, was jemals durch alle miteinander kommunizierenden Philosophen hindurch im Dienste fortschreitender Selbstaufhellung und Selbstbestimmung der Vernunft fortgewollt war (VI, 16, 71 f.). So steht sie auch im Einklang mit der „philosophischen Epoché" der *Ideen I* (III, 33), an der Husserl ohne Widerspruch bis zuletzt festhalten konnte[83]. Husserls philosophiegeschichtliche Besinnungen sprengen also nirgends den etablierten Rahmen der transzen-

---

[83] Husserl hatte sie 1913 allerdings noch als rigorose „Ausschaltung" der philosophischen Tradition interpretiert. Der eigentliche Sinn der philosophischen Epoché, die *Thematisierung* des Geltens der Tradition, tritt erst im Krisis-Werk klar hervor.

dentalen Phänomenologie – und sind doch unvergleichlich und fundamental neuartig darin, daß sie nun bei einem Gegebenen einsetzen müssen, das auf die Philosophie nicht von außen zukommt, sondern das *sie selber ist*. Husserl begreift jetzt, „daß wir als Philosophen nach der Zielstellung, die das Wort ‚Philosophie‘ anzeigt, nach Begriffen, Problemen, nach Methoden, *Erben* der Vergangenheit sind" (VI, 16). Dieses Erbe aber wird ihm durchschaubar nur durch alle sinnfällig verschiedenen Gestaltungen der Überlieferung hindurch, da sie sich als vormals je anders aufgenommene und an vergangene Zukunft weitergegebene gemeinsame Erbschaft aus einer ursprünglichen Sinnstiftung erweisen, durch welche die europäische Philosophie auf ihren Weg gelangt ist. So sind wir, was wir sind, „als Erben und Mitträger ... aus einer Urstiftung, die aber zugleich Nachstiftung und Abwandlung der griechischen Urstiftung ist" (VI, 72).

Was Husserl als Notwendigkeit der Geschichte für die Phänomenologie wiederholt hervorgehoben hat, bedeutet also mehr als nur die Notwendigkeit philosophischer Reflexion auf die eigene geschichtliche Situation. Sie bedeutet Unverzichtbarkeit des Rückgangs in die eigenen Sinnesvoraussetzungen und damit des Aufbrechens aller vermeintlichen Selbstverständlichkeiten, denen sich auch der „Selbstdenker", der Phänomenologe als autonomer Philosoph im Willen zur Befreiung von allen Vorurteilen, nicht entziehen kann. Gerade von ihm ist die Einsicht gefordert, daß alle seine Selbstverständlichkeiten „*Vorurteile* sind, ... Unklarheiten aus einer traditionalen Sedimentierung" (VI, 73).

Wenn irgendwo in Husserls Spätphilosophie, so ist es diese Einsicht, welche die Rede von einer ‚Wende‘ rechtfertigen kann. Anders als die Wende zur transzendentalen Phänomenologie, ist sie nicht abermals Wende zu einer völlig neuen Gestalt, wohl aber – innerhalb ihrer – eine radikale Rückbesinnung auf bis dahin ihr selber dunkel und unklar gebliebene eigene Voraussetzungen. Mußte aber nicht diese Rückwendung bis in die Tiefen der eigenen Vergangenheit der transzendentalen Phänomenologie auf deren fundamentale Umwälzung hinauslaufen? War nicht eine Peripetie ihres Gesamtsinnes die unausweichliche Folge, wenn Husserl nicht am Ende ihr Scheitern eingestehen wollte?

## § 3 Lebenswelt
### *Ihr Konzept und ihre Funktion in Husserls Phänomenologie*

Husserls Untersuchung der Lebenswelt nimmt im Krisis-Werk eine denkwürdige Zwischenstellung ein. Wesentlich als Ausgangsbasis für einen nochmals neuen Weg in die transzendentale Phänomenologie gedacht, tritt sie jedoch viel früher schon ins Blickfeld. Nicht zufällig bringt Husserl sie schon in den intentionalhistorischen Ausführungen der Wissenschaft zur Geltung. In ihnen kommt bereits eine der beiden ihr zugedachten Funktionen für die Phänomenologie zu ihrem Recht, nämlich die des ,Bodens‘ der neuzeitlichen objektiven Wissenschaft.

Aus der Art und Weise, in der Husserl diese Wissenschaft sinngenetisch rekonstruiert, geht hervor, wo hier mit der Rückfrage nach der Sinnesherkunft der Wissenschaft angesetzt wird: Indem Husserl die Konstitutionsschritte geometrischer Größen durch Operationen aus vorwissenschaftlichen Raumgestalten aufzeigt, um dann zur stufenweisen Quantifizierung der Natur in der Galilei-Newtonschen Mechanik mit ihrer Erkenntnis „einer neuen Art der Voraussicht und Berechenbarkeit" fortzuschreiten, greift er bis auf gewisse Sinnwandlungen lebensweltlicher Gegebenheiten zurück[84].

Darin wird die bezeichnende Perspektive deutlich, aus der hier die Lebenswelt gesichtet wird. Im unmittelbaren Sinne ist sie Welt unseres schlicht erfahrenden Lebens, in der wir, auch als Wissenschaftler, mit Wissenschaft primär gar nicht befaßt sind. Auch trägt sie in ihrer unaufhebbaren Subjektrelativität und geschichtlich-kulturellen Wandelbarkeit Züge, die sie als Fundament der objektiven Wissenschaft eher in Frage stellen. Doch gehört schon diese Erwägung gar nicht zur lebensweltlichen Erfahrung selber. Sie ist vielmehr das Ergebnis einer ganz bestimmten, zweckorientierten Reflexion, in der auch gar nichts über die Lebenswelt als solche ausgesagt, sondern etwas über die Funktion angedeutet ist, die ihr für den phänomenologisch freizulegenden Aufbau der Wissenschaft zugewiesen werden soll. Es liegt dafür also die Lebenswelt der genetisch-konstitutiven Analyse der Wissenschaft nicht einfach vor Augen, als gelte es lediglich, mit

---

[84] Aufschlußreich dazu vor allem der besonders ausführlich gehaltene ,Galilei-Paragraph‘ VI, 20–60.

unverstelltem Blick sich ihren vorgegebenen Strukturen zu nähern. Vielmehr kann sie als Boden der Wissenschaft erst in einer spezifischen Fragestellung hervortreten und wird außerhalb derselben gar nicht vorfindlich.

Diese Fragestellung ist aber eine spezifisch transzendental-phänomenologische. Auch in ihr haben Leitbegriffe wie Sinnesboden, Sinnursprünge, Sinnwandel, Sinnüberdeckung nicht mundane Bedeutung. Die der Lebenswelt von Husserl zugeschriebene Funktion des ‚Bodens‘ ist – nicht anders als ihre später zum Zuge gebrachte Funktion des ‚Leitfadens‘ für den Rückgang auf die konstituierende Subjektivität – eine *transzendentale Funktion*, der Lebenswelt zugedacht im Rahmen einer Phänomenologie, der es um die transzendentale Sinngenesis der objektiven Wissenschaft zu tun ist.

In dieser Funktion aber stellt die Lebenswelt vor eine denkwürdige Schwierigkeit. Soll sie als Boden der Wissenschaft transzendentalphänomenologisch begreiflich gemacht werden, so fällt ihre Untersuchung in die Epoché. In ihrem Rahmen aber ist die Lebenswelt transzendentales Phänomen einer Welt, die „in ihrer ganzen und vollen Konkretion" (VI, 134) belassen ist, da die transzendentale Reduktion, abgesehen von der einstweiligen Einklammerung ihrer Daseinsthesis, weiter nichts an ihr ausrichten kann. Das besagt aber außer der Beibehaltung aller lebensweltlichen Züge unter anderem, daß die so erscheinende Lebenswelt schon durch Wissenschaft geprägte Welt ist.

Die Problematisierung der Lebenswelt zwecks genetisch-konstitutiver Analyse der Wissenschaften impliziert mithin ein Doppeltes. Zum einen ist sie im präzisen Sinne Husserls eine Thematisierung: Sie hebt vor dem Hintergrund des Phänomens der gesamten Lebenswelt ab, was zum distinkten Gegenstand ausdrücklicher Nachforschung gemacht werden soll und beläßt alle weiteren Bestimmtheiten der Lebenswelt vorläufig im Stadium eines Horizontes bloßer Mitgegebenheiten. Zum anderen aber kann solche Thematisierung nicht einfach von der Lebenswelt aus geschehen. Husserl wußte, daß sie, weil zur Rückfrage, zum Rückgang in die Sinnesursprünge der Wissenschaft bestimmt, ihren Ausgangspunkt nur in der bereits etablierten, in der Epoché mithin als vorgegeben geltenden Wissenschaft haben kann, deren Boden so erst als Boden erfragend und suchend: „Das Verständnis der Anfänge ist voll nur zu gewinnen von der gegebenen Wissenschaft in ihrer heutigen Gestalt aus, in der Rückschau auf ihre Entwicklung. Aber ohne ein Verständnis der *Anfänge* ist diese Entwicklung als *Sinnesentwicklung* stumm" (VI, 59).

Damit gerät Husserls Untersuchung der Lebenswelt bezüglich ihrer Bodenfunktion anscheinend in eine charakteristische Ausweglosigkeit. Die Wissenschaft müßte in ihrem Rückbezug auf die Lebenswelt so analysiert werden, daß sie nicht nur aus ihr hervorgehend, sondern auch als auf sie zurückwirkend durchschaubar wird. Entsprechend wäre die Lebenswelt einerseits Geltungsfundament für die Wissenschaft, andererseits jedoch Welt, die „auch das wissenschaftliche Denkleben in sich faßt", so daß insofern auch die objektive Wissenschaft zur vollen Konkretion der Lebenswelt gehört (VI, 132 ff.). Daß die wissenschaftlichen Ergebnisse „den Charakter von Geltungen für die Lebenswelt haben, als solche ihrem eigenen Bestande sich immerfort zuschlagend", stellte sich für Husserl als „eine Art *Zirkel*" dar, der nichts anderes übrig lasse, als „im ‚*Zickzack*' vor- und zurückzugehen", da hier eines dem anderen „im Wechselspiel" helfen müsse (VI, 59).

In diesem Dilemma sah Husserl eine der Paradoxien in den Beziehungen zwischen Lebenswelt und Wissenschaft, die uns gar „der Bodenlosigkeit unseres ganzen bisherigen Philosophierens" innewerden lasse (VI, 134). Ihm wäre in der Tat nicht zu entkommen – wenn denn die Lebenswelt das Unding einer vor- und außerwissenschaftlichen Welt, die gleichwohl wissenschaftliche Resultate zu ihrem Bestand zählt, sein sollte.

Indessen fällt auf, daß Husserl die Lebenswelt in der einen wie in der anderen Hinsicht ‚gleichzeitig' bestimmt findet. Zugleich Geltungsboden der Wissenschaft und durch sie geprägte Welt zu sein, ohne daß beides miteinander identifizierbar ist, bedeutet in der Tat eine die phänomenologische Analyse belastende Unverträglichkeit, solange sich nicht eine Möglichkeit der Auflösung abzeichnet. Die nicht unbedenkliche Metapher des Bodens verdeckt aber in jenem vermeintlich paradoxen Sowohl-als-Auch, was eine Lösung in der Tat in Aussicht stellt: die geschichtliche Dimension. Das Verhältnis von

Lebenswelt und Wissenschaft hat zwar eine recht verwickelte, aber für die Phänomenologie darum nicht unzugängliche, nämlich intentionalhistorische Struktur. Sie aufzuschließen bedeutet, recht verstanden, für die konstitutive Analyse keine aporetische Aufgabe, sondern ein normales sinngenetisches Problem.

Die spezifische Problematik liegt hier allerdings darin, daß den objektiven Gebilden der Wissenschaft, ihren Begriffen, Urteilen, Theorien, nicht allein aus erbrachten Vorleistungen durch lebensweltliche Konstitution sowie den entsprechenden höherstufigen kategorialen und insbesondere idealisierenden Leistungen Geltungssinn zuwächst, wie es sich etwa im Falle rein logischer und mathematischer Gebilde verhält. Vielmehr hat sich erfahrungswissenschaftliche Objektivität samt allen ihr inhärenten logischen und mathematischen Idealisierungen in der Lebenswelt zu bewähren und bezieht ihre volle Geltung allererst aus solcher Bewährung[85]. Die häufig gebrauchte, auch bei Husserl beiläufig anzutreffende Rede von einer ‚Welt der Wissenschaft‘ verdunkelt leicht, daß die Lebenswelt nicht in der Weise als Sinnesfundament der Wissenschaft thematisiert werden kann, als trüge sie eine auf ihr errichtete und dann sie selbst verdeckende zweite Welt, wie es das Bild des Bodens wiederum leicht suggerieren mag. Vielmehr zeigt hier die Lebenswelt sich sozusagen an zweifachem methodischem Ort, da die aufgrund lebensweltlicher Vorgegebenheiten aktiv konstituierten objektiven Sinnstiftungen auch in ihr selbst Geltung beanspruchen.

Damit hängt zusammen, daß alle experimentellen Vorkehrungen der Wissenschaft sowohl ein Teil wissenschaftlich-theoretischer als auch lebensweltlicher Praxis sind. In jener dienen sie den konstruktiven

---

[85] Husserls Frage nach den Sinnfundamenten der Wissenschaft ist natürlich nicht die Frage der Wissenschaften nach empirischen Bewährungen. Denn für die Phänomenologie gilt es nicht, wissenschaftliche Objektivität auszuweisen, sondern sie „sozusagen zurückzuverstehen" in die Sphäre der transzendentalen Subjektivität (VI, 193). Wohl läßt sich darin die transzendentalphänomenologische Umwendung jener wissenschaftstheoretischen Problematik erblicken. Insofern wird in Husserls in Rede stehendem Dilemma auch die Frage der Unterscheidung von Entdeckungs- und Rechtfertigungszusammenhang wissenschaftlicher Theorien sichtbar. Wie aber diese nicht anders als unter Berücksichtigung der Wissenschaftsgeschichte sich lösen läßt, so geriet auch Husserl, da er die intentional-historische Struktur des Problems nicht klar erkannte, in die erörterte Schwierigkeit.

Entwürfen wissenschaftlicher Hypothesen wie auch deren kritischer Erprobung und empirischer Kontrolle. In dieser bedeuten sie dagegen prinzipiell Neuartiges. Denn was immer mit wissenschaftlichen Geräten, Instrumenten, Apparaten geschieht und verstehbar nur dem Wissenschaftler ist, der sie bedient, bleibt, indem es damit auch in lebensweltliche Bezüge einrückt, fremd zunächst und unbegriffen. In dem Maße jedoch, wie die Handhabung derartig orginaliter lebensweltfremder Objekte reibungslos verläuft, diese für wissenschaftliche Geltungsfundierung, sobald sie als abgeschlossen gilt, funktionslos geworden sind und insbesondere zur technischen Nutzung freigegeben sind, gleichen sie sich den Dingen der schlicht anschaulichen Erfahrung an und werden im Laufe der Zeit zu mehr und mehr vertrauten Dingen alltäglicher Praxis.

Es ist im Grunde dieser Prozeß einer Technisierung der Wissenschaft, der Husserl von „Sinnüberschiebung" und „Sinnüberdeckung" der ursprünglichen Lebenswelt durch die Wissenschaft sprechen läßt. Er bedeutet indessen in gewisser Weise auch eine *wissenschaftliche ‚Konstitution' der Lebenswelt*: Indem ihr nach und nach die Resultate wissenschaftlicher Forschung einverleibt und sie in lebensdienliche Vorgänge und Gegenstände umgesetzt werden, gewinnt die objektive Wissenschaft ihrerseits eine Art ‚Bodenfunktion' für die Lebenswelt insoweit, als sie zur Grundlage für weitere und immer neue Umbildungen lebensweltlicher Erfahrungszusammenhänge wird.

Für Husserls sinngenetische Analyse heißt dies aber, daß sie in dem angestrebten stufenweisen Regreß durch alle wissenschaftlichen Sinnschichten niemals auf eine Lebenswelt stoßen könnte, die sich als ein ein für allemal vorgefügtes Fundament der Wissenschaft, von deren Wandel durch alle Zeiten hindurch unberührt, ermitteln ließe. Die Annahme eines derartig unveränderlichen vorwissenschaftlichen Bodens wäre nichts als eine Fiktion. Auch hier ist in Rechnung zu stellen, was Husserl anderenorts immer wieder betont hat: daß die neuzeitliche Wissenschaft, einmal ins Dasein getreten, ein historischer Vorgang und also sinngenetisch ein transzendental-historisches Phänomen ist.

Das besagt aber für die Lebenswelt nichts Geringeres, als daß sie, sobald sie als Sinnesfundament der Wissenschaft thematisiert wird, von eben diesem Augenblick an aufhört, vorwissenschaftliche Welt zu sein. Es besagt genauer, daß seit dem Aufkommen der neuzeitlichen Physik die Rede von einer vorwissenschaftlichen Lebenswelt nur uneigentliche Rede ist, da sie ihren Sinn allenfalls gewinnt aus dem Umstand, daß ein ihr bereits zugeschlagener Bestand an wissenschaftlichen Erkenntnissen mit ihren lebenspraktischen, technischen Umsetzungen als so fraglos selbstverständlich gilt, daß er im Hinblick auf neue wissenschaftliche Konstruktionen und relativ zu diesen als der Lebenswelt zugehörig begriffen wird. Ein anderes Verständnis von Vorwissenschaftlichkeit der Lebenswelt ließe sich schlechterdings nicht, und nicht einmal historisch, legitimieren. Denn auch Lebenswelt vor der Entstehung der neuzeitlichen Wissenschaft oder in anderen Kulturen, die nicht in deren Wirkungsbereich fallen, ist nicht vorwissenschaftliche Welt; sie böte für diese Charakterisierung gar keinen angemessenen Gesichtspunkt.

Husserls Forderung des Rückgangs in die Sinnesfundamente der Wissenschaft kann deshalb nur als Verlebendigung dereinst getätigter Sinnkonstitution für jeweils bestimmte wissenschaftliche Gebilde eingelöst werden. Sie durch alle Sedimentierungen hindurch zu verfolgen bis hin zur Reaktivierung derjenigen wissenschaftskonstitutiven Vorkehrungen, die in der Welt schlicht anschaulicher Gegebenheiten und alltäglichen praktischen Handelns ursprünglich zu treffen waren, umschreibt also eine sinngeschichtliche Aufgabe, in der zu zeigen ist, wie es zu buchstäblich *gegebener* Zeit zu ganz *bestimmten* Konstitutionen wissenschaftlicher Gebilde gekommen ist. Nur so auch können sie als Sinnverschiebungen lebensweltlicher Gegebenheiten in Erscheinung treten und begriffen werden, die, unbefragt, undurchschaut und mehr und mehr undurchschaubar geworden, die gegenwärtige Krisensituation herbeigeführt haben. Nur so aber auch kann verstehbar werden, daß und wie dabei die Lebenswelt selbst durch die Wissenschaft immerfort so verwandelt und umgebildet wird, daß, was derartige Sinnüberdeckungen durch die Wissenschaft ausmacht, jeweils auch als ein Sinnzuwachs ihrer selbst dank der Wissenschaft anzusehen ist.

Ergibt sich somit, daß die Phänomenologie für die konstitutive Genesis der Wissenschaften nicht von dem je bestimmten geschichtlichen Ort der Wissenschaftsentwicklung absehen kann, von dem aus die Frage nach ihrem lebensweltlichen Sinnesboden zu stellen ist, so erweist sich der Begriff des ‚Bodens‘ als ein transzendental-historischer Begriff. Die *Funktion*, die Husserl der Lebenswelt zur sinnkonstitutiven Aufklärung der objektiven Wissenschaft zuschreibt, ist demgemäß eine nur *sinngeschichtlich zu entfaltende Funktion*. Allein für diese läßt sich die Paradoxie auflösen, vor die Husserl hier sich gestellt sah.

Eine so verstandene intentionalhistorische Analyse der objektiven Wissenschaften hat Husserl nur in wenigen Teilstücken ausgeführt. Auch scheint es, daß ihm dafür die Bedeutung der mundan-geschichtlichen Wissenschaftsentfaltung nur undeutlich gegenwärtig geworden ist, obgleich er, und unabhängig von der Thematik der Krise, auch mit weltlicher Geschichte seit langem befaßt war. Daß von ihr, sieht man von ihrer im doppelten Sinne frag-losen Anerkennung Husserls in der *Krisis* ab, die Untersuchung der Lebenswelt so gut wie unberührt blieb, dürfte indes nicht bloß an den aufgetretenen Schwierigkeiten transzendentalphänomenologischer Begründung der Geschichte gelegen haben. Es erklärt sich wohl zum Teil auch daraus, daß Husserl der Lebenswelt noch eine zweite Funktion zugedacht hat, nämlich die des ‚*Leitfadens*‘ für eine neue Begründung der transzendentalen Phänomenologie.

Über den Zusammenhang beider Funktionen hat Husserl so wenig Zweifel gelassen, daß vielmehr aus ihm ausdrücklich die Perspektive bestimmt wird, in der nunmehr die Lebenswelt ins Auge gefaßt werden soll. Das „vermeintlich bloße Grundlagenproblem der objektiven Wissenschaften“, wie es vom Boden der Lebenswelt aus einer Lösung zugeführt werden soll, hat sich für Husserl bereits „als das eigentliche und universalste Problem“ ergeben (VI, 137), weil nämlich nun auch die Lebenswelt noch konstitutionsanalytisch zu untersuchen ist. Als jener Boden ist sie transzendentalphänomenologisch kein Letztgegebenes, da für sie noch tiefer gelegene – allerdings auch anders gelagerte – Fundamente freizulegen sind. Das aber heißt soviel wie, die Vorgegebenheit der Lebenswelt ihrerseits begreifbar zu machen aus ursprünglichen Sinnstiftungen durch die transzendentale Subjektivität.

Methodisch folgerichtig, begibt sich Husserl dazu sogleich in die transzendentale Epoché, nicht ohne sie nochmals einer eingehenden Analyse zu unterwerfen (VI, 138–155). An ihr fällt auf, daß nun die transzendentale Reduktion auch nicht mehr in mißverständlicher Einseitigkeit als Ausschaltung von Seinsgeltungen, sondern angemessener als Aussetzen ihres Mitvollzugs gefaßt wird. Es gilt in einem ersten reduktiven Schritt den Seinssetzungen der objektiven Wissenschaft. Danach ergibt sich die aufschlußreiche Frage, wie Lebenswelt nun zum Thema gemacht werden muß. Denn offenkundig ist jetzt auch diejenige Perspektive nicht einfach außer Spiel zu setzen, welche die Lebenswelt zum Boden der objektiven Wissenschaft werden läßt. Ihre Boden-Funktion ist nicht einfach auszulöschen, als seien die mit ihrer Hilfe zu gewinnenden Reaktivierungen lebensweltlicher Sinnstiftungen der positiven Wissenschaft einfach beiseite zu lassen. Ohnehin faßt Husserl das Gesamtthema der Lebenswelt nur auf „als ein dienendes, als ein partielles im vollen Thema der objektiven Wissenschaft überhaupt" (VI, 125). So soll denn auch die neu zu exponierende Funktion des Leitfadens keinem anderen als dem umfassenden Zweck einer transzendentalphänomenologischen Begründung von Wissenschaft *und* Lebenswelt dienen. Sie aber verlangt eine veränderte Interessenrichtung des Blicks auf die Lebenswelt.

Husserl hat die Welt bisher durchweg als „alltägliche Lebensumwelt" apostrophiert. Mit der beabsichtigten Vagheit dieser Bezeichnung läßt er eine besondere Vorsicht in der Frage erkennen, was ihre Vorgegebenheit besage. Er findet hier Anlaß, hervorzuheben, daß die Lebenswelt im unreflektierten Verständnis unserer Alltagspraxis nichts durch spezifische Denkleistungen Erbrachtes wie die Wissenschaften, sondern ein diesen sämtlich Vorhergehendes ist – immer schon da, für uns je schon im voraus seiend, ‚Boden' insofern in veränderter Bedeutung, nämlich für alle theoretische und außertheoretische Praxis (VI, 145). Insoweit ist sie auch nichts aktiv Konstituiertes, ist vielmehr Vorausbedingung aller aktiven Konstitution und könnte ihrerseits aus einer solchen hervorgehend wohl schwerlich gedacht werden; erscheint sie doch als vorgängig nicht nur im Bezug auf die wissenschaftlichen Leistungsgebilde, sondern auch bereits auf die Art und Weise, in der in ihr gelebt wird. Wenn Husserl dieses Leben gern als „Hineinleben in die Welt" oder „Dahinleben" bezeichnet, so trifft er damit die problemlose Selbstverständlichkeit, in der wir die Welt erfahren, ohne sie selbst jedoch und ihre Existenz irgend thematisch zu machen. Schärfer noch als „Weltverlorenheit" pointiert, meint solche Selbstverständlichkeit auch nicht einmal bloß Abwesenheit jedweder Reflexion auf die Welt und ihren Zusammenhang mit unserem in ihr sich abspielenden Leben, sondern meint sogar noch die natürliche Vergessenheit unseres Meinens, daß Welt und daß sie so oder so sei. Dergestalt dahinlebend, bemerkt Husserl mit Recht, brauche man gar nicht das Wort ‚vorgegeben', denn es bedürfe keines Hinweises, daß die Welt für uns ständige Wirklichkeit ist (VI, 148).

Als universaler, unthematischer Horizont unseres weltvergessenden, präreflexiven Lebens vorgegeben, kann aber die Lebenswelt nicht auch im selben Sinne der Phänomenologie vorgegeben sein. Indem in ihr jene Vorgegebenheit reflektiert wird, bedeutet sie als ihr Thema nicht mehr Weltvergessenheit im naiven Lebensvollzug, sondern Stornierung desselben zwecks Untersuchung der in ihm vergessenen Welt. Die phänomenologische Analyse kann diese Untersuchung nun in zweierlei Richtung anstreben.

Einerseits mag nach den allgemeinen Strukturen der alltäglich vorgegebenen Lebensumwelt gefragt werden. Die Aufgabe ist dann eine *Ontologie der Lebenswelt*, eine allgemeine Wesenslehre lebensweltlicher Onta in ihren strukturellen Zusammenhängen (VI, 144 f., 176 ff.). Zwar ist die Lebenswelt als Universalfeld aller wirklichen und möglichen Praxis ständigem Wandel unterworfen und im einzelnen durch vielerlei Abhängigkeiten von ihren menschlichen Subjekten in ständiger Veränderung begriffen. Nichtsdestoweniger aber hat sie eine allgemeine Struktur, in die alle Relativitäten eingebunden sind, und die nicht selber relativ ist. So ist sie allemal Welt in Raum und Zeit, Welt materieller Dinge in kausalen Zusammenhängen. Hier ergäbe sich dann die Frage, ob dergleichen bislang unter regional-ontologischen Kategorien untersuchte Gegebenheiten strukturell die gleichen in Lebenswelt und Wissenschaft sind, welche Abweichungen gegebenenfalls bestehen und wie sie zu begreifen sind. Darüber hinaus ist auch die Subjektrelativität der Lebenswelt, die ihr jeweils den Charakter einer Lebensumwelt gibt, als solche eine ihrer strukturellen Invarianten, da auch ihre Zentriertheit im Hier und

Jetzt durch ein leibliches Ich wie ihre Bezogenheit auf ein sozial und kulturell verankertes Subjekt in Raum und Zeit der Geschichte zu ihren Onta gehört (VI, 150).

Husserls Konzeption der lebensweltlichen Ontologie überholt und korrigiert in bestimmter Weise das frühere der regionalen Ontologien aus der Zeit der *Ideen*. Diese erweisen sich nun mit unzuträglichen Voraussetzungen behaftet; entsprach ihre Gliederung nach Regionen doch jener Aufteilung der positiven Wissenschaften, die in ihr schon vorausgesetzt waren, ohne zuvor ihrerseits problematisiert worden zu sein. Nun dagegen legt Husserl noch ein „lebensweltliches Apriori" frei, welches dem materialen Apriori der einzelnen Wesensphären noch voraufliegt und es womöglich grundlegender Korrektur zu unterwerfen fordert. Husserl hat dazu im einzelnen nur wenig ausgeführt. In der *Krisis* genügt es ihm, die Problemstellung einer lebensweltlichen Ontologie angedeutet zu haben, da es ihn vorerst zu einer „sehr viel größeren Aufgabe, und zwar sie selbst mitumspannenden" drängt[86].

Für ihre Lösung wird ein weiterer phänomenologischer Begriff von Vorgegebenheit der Lebenswelt wichtig. Ergab er sich im ersten Sinne aus der Reflexion auf die naiv-unthematische Vorgegebenheit der Lebenswelt unseres alltäglichen Lebens zwecks Gewinnung allgemeiner Strukturmerkmale für eine lebensweltliche Ontologie, so gilt jetzt die Reflexion dem natürlichen Dahinleben unter dem Aspekt eines Geflechts von Beziehungen der Menschen zur Welt und insbesondere solchen intentionaler Art, in denen die lebensweltlichen Onta zur Gegebenheit kommen. Die Normalität natürlichen Hineinlebens in die Welt durchbrechend, thematisiert sie das Wie subjektiver Gegebenheitsweisen der Lebenswelt und hat nunmehr dieses als ihr Vorgegebenes. Husserl verhehlt sich nicht, daß diese Wandlung des Blicks auf die Lebenswelt in einer spezifischen, dem naiven Weltbewußtsein keineswegs zugehörigen Interessenrichtung liegt, ja in einer „totalen Interessenwendung ... durch einen besonderen Willensentschluß" in

---

[86] VI, 145. Als größere Aufgabe sieht Husserl die Grundlegung der transzendentalen Phänomenologie von der Lebenswelt her an. Die Erwähnung der lebensweltlichen Onta bezieht allerdings den geschichtlichen Wandel der Lebenswelt, der als solcher ebenfalls zu ihrer ontologischen Struktur gehört, noch nicht hinreichend ein. Es ist jedoch noch nicht alles Forschungsmaterial Husserls aus dem Umkreis der *Krisis* editorisch erschlossen.

der Absicht, zu erkunden, „*wie* im Wandel relativer Geltungen, subjektiver Erscheinungen, Meinungen", die Welt für uns zustande kommt (VI, 147 ff.).

Damit ist abermals das intentionalanalytische Programm gekennzeichnet, das im Rahmen der Epoché auf die transzendentale Subjektivität führen soll, die für den Seinssinn der Welt aufzukommen hat. Daß Husserl diese Art phänomenologischer Untersuchungen als „eigenartige neue Wissenschaft", nämlich als „Wissenschaft von den letzten Gründen" etikettiert, könnte bedenklich stimmen. Handelt es sich denn nicht lediglich um eine Emphatisierung von längst Begonnenem, um eine bloße Wiederholung von Bekanntem nach bereits geläufiger Methodik? Daß nun der Weg in die transzendentale Phänomenologie von einer Welt aus angetreten werden soll, die zwar als Lebenswelt bisher nicht thematisch geworden war, die jedoch in der bereits etablierten Epoché nicht anders auftreten kann als der früher mit ‚Welt' gemeinte allgemeine Horizont des Seienden, mithin als transzendentales Weltphänomen gegenüber dem transzendentalen Subjekt, veranlaßt doch offenbar keine neue phänomenologische Wissenschaft.

Sieht man indessen im einzelnen zu, wie Husserl nunmehr die Lebenswelt in der Epoché zum Index oder Leitfaden für die Rückfrage nach ihren Gegebenheitsweisen und den ihnen zugehörigen intentionalen Strukturen macht, so fällt mancherlei bisher Unvernommenes auf. Es sei hier nur an zwei Problemen knapp umrissen. Das eine betrifft die Einführung und Auslegung der universalen Epoché, das andere die universale, letztfungierende Subjektivität.

### § 4 Die Paradoxie der Subjektivität: Probleme für die transzendentale Epoché

„Die Epoché vollziehen wir, die neu Philosophierenden, als eine Umstellung aus der nicht zufällig, sondern wesensmäßig vorangehenden Einstellung des natürlichen menschlichen Daseins, also derjenigen Einstellung, welche in ihrer gesamten Geschichtlichkeit in Leben und Wissenschaft niemals unterbrochen war." Was mit der Epoché nunmehr freigelegt werden soll, ist somit die universale Korrelation von

Welt und Bewußtseinsleben der Subjektivität, die in ihren fort-
dauernden Erwerben Welt hat und stets aktiv neu gestaltet (VI, 154).
Indem Husserl noch mehrfach betont, daß das transzendentale Weltphänomen jetzt als Phänomen der Welt im *Wandel* ihrer Gegebenheitsweisen befragt werden soll, unterscheidet er diesen Einstieg in
die transzendentale Phänomenologie scharf gegen frühere und zumal
gegen den ‚Cartesianischen' der *Ideen I*: dieser sei zwar der viel kür-
zere, jedoch mit dem Nachteil behaftet gewesen, daß er wie mit einem
Sprunge schon zum transzendentalen Ego geführt, es aber ohne „vorgängige Explikation" in einer scheinbaren Inhaltsleere gelassen und
dadurch Ratlosigkeit geschaffen habe, was damit gewonnen sein
sollte. Der neue Weg von der Lebenswelt aus soll dagegen nicht
nur diesen Gewinn zu Gesicht bringen, sondern auch eine „Sinnklärung und Sinnumwandlung", derer die transzendentale Reduktion
bedarf (VI, 157 f.).

Sinnumwandlung bedeutet hier freilich nicht, daß Zweck und
Funktion der Reduktion zu modifizieren seien. Denn in aller Ausschließlichkeit bleibt es für Husserl dabei, daß die Welt ein „universaler geistiger Erwerb ...‚ geworden und zugleich fortwerdend als
Einheit einer geistigen Gestalt" ist und als diese Sinngebilde einer
universalen letztfungierenden Subjektivität (VI, 115). Eben diese Subjektivität aber macht nun eine Neuinterpretation der transzendentalen
Reduktion und in gewisser Weise einen Aufschub ihres Vollzugs
unabweisbar. Im bisherigen Rahmen der Epoché anonym geblieben,
da sich ihr Fungieren mit Bezug auf die Lebenswelt der Analyse verdeckt hielt, verlangt sie nunmehr ihre Explikation, und zwar in
jener *Vorgängigkeit*, die sich durchaus diesseits der Reduktion hält.
So ist jetzt auch dem Korrelationsgeflecht von Welt und ihren subjektiven Gegebenheitsweisen in der natürlichen Einstellung genauer nachzugehen, der Husserl vormals allzu rasch zu entkommen gesucht hatte.

Der Grund dafür liegt nicht in einer neuen Höherbewertung der
natürlichen Einstellung, sondern in der Einsicht Husserls, daß hier
neuartige Wesenskorrelationen bestehen, die sich als bisher übersehene
Bestandstücke eines universalen Apriori erweisen. Sie sind vor allem
deshalb zu explizieren, weil sich in ihm anders nicht faßbare Grund-
strukturen von Subjekt und Welt zeigen, die zwar in höherstufige

Korrelationsgeflechte je schon eingegangen, durch vielfältige Sinnüber-
schichtung und dadurch zumeist nicht unbeträchtliche Sinnmodifizie-
rung jedoch in der dort erst einsetzenden konstitutiven Analyse unter-
gegangen sind.

Es sind aber dies Korrelationen, die insgesamt nicht nur als Relationen, sondern als *Relativitäten* strukturiert sind. Sie lassen eine weit-
verzweigte Typik erkennen: Nicht bloß ist die Lebenswelt raum-zeit-
liche Natur mit einem leiblichen Zentrum hier und jetzt, mit der
freien Beweglichkeit des Leibes zum Dort-und-Dann als neugewähl-
tem Hier-und-Jetzt. Sie ist auch geistige Welt und als diese untrennbar
bezogen auf Menschenwesen in kommunikativen Sozietäten, in je
verschiedener, sozialer, politischer, kultureller Hinsicht einander be-
rührend, sich teilweise durchdringend und deckend, mit ihren Leistungen gegenseitig sich fördernd, ergänzend, korrigierend – dies alles
in Zeitordnungen, in relativen Gleichzeitigkeiten und Ungleichzeitig-
keiten zueinander; so nicht nur die bunte Vielfalt, sondern auch den
unaufhörlichen Wandel der Lebenswelt bedingend, der, anders als alle
Veränderung in der Natur, geschichtlicher Wandel ist.

Wenn Husserl dem im einzelnen nachzugehen jetzt als vordringliche
phänomenologische Aufgabe ansieht, damit das Subjekt *vor* allen
transzendentalphänomenologischen Vorkehrungen sich als Menschen-
Ich kennenlerne und zunächst aus den Bezügen zu seiner Lebenswelt
begreife, so ist damit die konstitutive Analyse an ein Problemfeld
verwiesen, das in seinen überaus reichen Beziehungen und dichten
Geflechten an Implikationen, an aktiven und mehr noch an passiven
Konstitutionen zum genuinen Feld ihrer Bewährung werden muß.
Hier wäre denn auch genauer noch aufzuklären, was Husserl schon
1922 konstatierte als innigste „Einheit der Zweieinigkeit" von Ego
und Alterego, da nämlich für mein Ich das andere Ich nicht nur
überhaupt ein Jemand ist „unbestimmt vorgestellt als Subjekt eines
Bewußtseins oder nach einzelnem seines Lebens zufällig erfaßt",
sondern dessen „Gesamtleben ... ‚mit' zu dem meinen und das meine
zu dem seinen" gehört (XIV, 219). Dieses Gesamtleben also, das
Husserl hier auch von vornherein in all seinen sozialen Konstituenten
nach Zeitkindschaft und Geschichte, nach weltlicher Kommunikation
und Sprache durch Konvention, „Vorfahrens- und Mitfahrenstradi-

tion" umrissen hatte, erweist sich jetzt als der legitime Ort, an dem die Konstitutionsfrage der Intersubjektivität aufzunehmen und der volle Einsatz genetischer Analyse geboten ist[87].

Fragen dieser Art sind allerdings nicht transzendentale Fragen, in denen das Subjekt sich phänomenologisch genauer erkunden und allererst in Erfahrung bringen kann, was es, im Verband mit anderen, zum Sein der Welt und gerade auch zu ihrem vorgängigen, ihm als Einzelwesen je schon vorgegebenen Seinssinn selber beiträgt. Wohl mag es dergleichen Ermittlungen zurückweisen, sie als für sein lebensweltliches Dasein irrelevant beiseite schieben. Sein unverkürztes Recht, dergestalt in schlichter Positivität leben zu wollen, mindert indessen nicht das Recht der philosophischen Rückfrage in die in ihm verborgenen Gründe seines Weltlebens. Insbesondere tangiert es nicht die Notwendigkeit, für die Rückfrage nach derartigen Gründen einen reflektiven Standort jenseits der natürlichen Einstellung zu suchen, wenn die Frage nach Sinn und Sinnursprüngen des Seins der Welt wie auch seiner selbst sinnvoll gestellt werden soll.

Dieser Standort ist für Husserl nach wie vor allein durch die phänomenologische Reduktion zu gewinnen. „Eingangstor" (VI, 260) zum Feld jener transzendentalen Erfahrung, deren genetische Analyse auf die gesuchten Ursprünge führen soll, ist sie nunmehr an bestimmter, vorbereiteter Stelle anzusetzen, nämlich in der – und als diese bereits untersuchten – Lebenswelt. Das bedeutet also für das Subjekt, daß es die Reduktion von seiner konkreten Lebenswirklichkeit aus vollziehe, um so in Selbstreflexion auf diese Vorkehrung allererst sich als transzendentales Subjekt zu entdecken. Dieses Sich-entdecken ist nicht ein Kenntnis-gewinnen wie von etwas Fremdem, sondern Gewahren dessen, was das Subjekt ist und je schon war, nur in einer ihm bis dahin unerkannten *Anonymität*. Indem es mit dem Vollzug der Reduktion diese aber preisgibt, erkennt es darin sich als transzen-

---

[87] Husserl hatte die statische Analyse der Intersubjektivität in den *Cartesianischen Meditationen* im „Auftreten" des anderen in meinem Erfahrungsfeld angesetzt, indessen sie rechtmäßig in der passiven kommunikativen Genesis hätte begonnen werden müssen. Aus ihr konnte auch erst, wie Husserl freilich erst später sah, verständlich werden, daß der andere und daß er gerade so für mich „auftreten" kann, wie er es tut.

dentales Subjekt. Da es sich aber zuvor allein als menschliches Wesen wußte, liegt in diesem Sich-erkennen eine Identifikation seiner selbst als menschliches und als transzendentales Subjekt. Diese ist somit ein selbstidentifizierender Vorgang aufgrund einer Ich-Spaltung, welche indes nicht beseitigt und ausgelöscht, auch nicht nach dem Modell sonstiger identifizierender Synthesis getilgt wird, sondern in dem das Subjekt, und zwar im Vollzug eines Willensentschlusses, sich reflektiv erkennt als das eine wie das andere Ich dergestalt, daß es sich dabei in zwei unterschiedlichen Weisen personalen Lebens erfährt.

Was aber verhielte sich hier anders als zuvor? Das Ego, einstmals ein ursprünglich reines, transzendentales, notwendiges Ego, subjektives Zentrum eines in sich abgeschlossenen Bewußtseinsfeldes, in dem es unter anderen reinen Phänomenen auch seine zufällige Existenz als Mensch finden sollte – nunmehr ein Menschen-Ich in seinem gesamten weltlichen Leben, das, spät erst, sich als transzendentales Ich zu begreifen in die Lage versetzt wird; vormals ein transmundanes Ego, das angeblich kraft seiner reinen Bewußtseinsfunktionen allein sich und andere als menschliches Ich in der Welt konstituierte – nun dagegen ein zunächst weltliches Ich, ursprünglich ein Glied lebensweltlicher Gemeinschaften in Kommunikation mit anderen seinesgleichen, das indes mit der Reduktion auch sich als Teil einer transzendentalen Monadengemeinschaft soll verstehen können –: substantieller Wandel der transzendentalen Phänomenologie oder Wechsel ihrer Zugangsperspektive nur, konvertierbar und ohne sonderliche Bedeutung für dasjenige, was in ihr vor Augen gebracht werden soll?

Husserl ist, strenggenommen, diese Alternative im Krisis-Werk entglitten. Wohl gelangte er an sie heran, indem er bei seinem Weg in die Epoché von der Lebenswelt aus einige „paradoxe Unverständlichkeiten" auftauchen sah (VI, 178 ff.). Entspringend aus der „beständigen Spannung zwischen der Macht der Selbstverständlichkeiten der natürlichen objektiven Einstellung ... und der sich ihr gegenübersetzenden Einstellung", der Epoché, wurde Husserl jedoch ihre Auflösung insoweit nicht strittig, wie er sich des möglichen Übergangs von der einen in die andere Einstellung sicher wußte und lediglich meinte, ihn nur noch einmal genauer erläutern zu müssen. Der „Paradoxie der Subjektivität" aber, Naht- und Wundstelle aller anderen

Schwierigkeiten, hat Husserl in einem weiterhin undeutlich schwebenden Zugleich menschlich-weltlicher und transzendental-extramundaner Subjektgemeinschaft die eben erst wahrgenommene Schärfe sogleich wieder genommen. Denn Husserl beschrieb hier jenes Zugleich als ein weithin unanalysiert belassenes Sowohl-als-Auch und beließ es, früher Dargelegtes teilweise wiederholend, im wesentlichen dabei, daß wir als fungierende, „letztlich-leistende" gemeinschaftliche Subjekte nicht nur die objektive Welt, sondern auch unser menschliches Sein in seinem Seinssinn konstituieren, indem wir uns in objektivierender Selbstapperzeption als Menschen in der Welt erfassen (VI, 182 ff.).

Erst mit der genaueren analytischen Klärung solcher Selbstverweltlichung aber hätte jene Paradoxie der Subjektivität als solche deutlich hervortreten und auch die Frage der Sinnwandlung und Sinnklärung der transzendentalen Reduktion präzise in Angriff genommen werden können. Denn nicht, daß das Subjekt sich einerseits als empirisches, andererseits als transzendentales versteht, macht schon das Paradoxon aus; vielmehr liegt es darin, daß es nach Husserl als transzendentales ein konstituierendes und als menschliches lediglich ein konstituiertes Subjekt sein soll.

Indessen war im Grunde schon durch Husserl selbst erwiesen, daß das transzendentale Subjekt gar nicht konstituierend sein könnte ohne Mitwirkung dessen von ihm, was angeblich nur dem Konstituierten zugeschlagen werden sollte. Denn vielfältige Analysen hatten allenthalben gezeigt, daß leibliche Funktionen und Verhaltensweisen wie Bewegung, Kinästhese, Empfindung, sinnliche Wahrnehmung bereits Bedingungen der Möglichkeit aller transzendentalen Konstitution sind und deshalb nicht etwas sein können, das sich in seinem Sein ‚erst' aus einer verweltlichenden Selbstapperzeption des reinen transzendentalen Ego ergeben könnte.

Husserl ist dieser denkwürdige Zusammenhang von empirischem und transzendentalem Subjekt auch nicht verschlossen geblieben. Schon früher war der anfängliche unhaltbare Dualismus zwischen einem absolut notwendigen transzendentalen Ego und seiner bloß zufälligen menschlichen Existenz der Einsicht gewichen, daß das transzendentale Ich „im ‚Ich-Menschen' *enthalten*" und eben deshalb in ihm zu entdecken sei (VIII, 413; VI, 268). Demnach läßt sich die

Selbstidentifikation des Subjekts als ein zweifaches Reflexionsverhältnis verstehen: Indem das Menschen-Ich mit dem Vollzug der Epoché sich als transzendentales Ich erkennt, vermag es durch Rückspiegelung dieser Erkenntnis sich auch als Menschenwesen neu in Erfahrung zu bringen und so die Identität seines Selbst in der Einsicht zu gewinnen, „daß ich, das naiv gewesene Ich, nichts anderes war als das transzendentale im Modus naiver Verschlossenheit", daß aber hinwiederum auch zu mir als Menschen-Ich untrennbar eine konstituierende Gegenseite gehört und damit erst meine „volle Konkretion (sich) herstellt" (VI, 214)[88].

Mit dieser Einsicht schien allerdings die Sinnklärung der transzendentalen Reduktion nicht eben leichter geworden zu sein. Mußte sie nicht eher überhaupt undurchführbar erscheinen, da sich das nun in seiner vollen Konkretion erkannte Subjekt der Epoché gar nicht fügte? Wie sollte und konnte der Weg *dieses* Subjekts in die transzendentale Phänomenologie dann noch aussehen?

Husserl hat den ersten Schritt zu ihrer Ermöglichung bereits darin getan, daß er die Epoché endlich aus der Fehldeutung der ,Einklammerung' und ,Ausschaltung' befreite, von der er inzwischen überdies eingesehen haben mochte, daß gerade sie ihn vormals zu der verfehlten Auffassung des Subjekts und seiner Doppelung geführt hatte (VI, 155). Als ,In-Frage-stellen', als positiv genommenes Befragen aber bot die Reduktion nunmehr in der Tat die Möglichkeit, daß ich, der ich mich zunächst als Mensch in der Welt soweit verstehe, wie mir die lebensweltlichen Implikationen meines Menschseins einsichtig werden, zur transzendentalen Reduktion mich im freien Willensentschluß finden kann und damit zu einer Weise der Vergegenständlichung der Welt und meiner selbst, daß mir die Frage nach dem Sinn subjektiven Seins und seiner transzendentalen Ursprünge zu einer sinnvollen Frage werden kann. Die Reduktion vollziehend, werde ich reflektiv freilich

---

[88] Einige weitere Aufschlüsse dazu bietet Husserls letzter – nicht nur wegen seiner deutlicheren Orientierung an lebensweltlichen und geschichtlichen Einzelheiten – wohl bester Weg in die transzendentale Phänomenologie am Ende des Krisis-Werkes (VI, 194–276). Er hat bisher allerdings kaum Beachtung in der Auseinandersetzung mit Husserl gefunden. Für einen Interpretationsversuch vgl. meine *Phänomenologischen Studien*, a.a.O., S. 115–138.

dessen inne, daß diese Möglichkeit keine menschliche Möglichkeit ist, auch wenn sie ohne mein vorgängiges Menschsein keine Möglichkeit wäre. Es muß also, indem ich sie in Freiheit realisiere, mein transzendentales Ego bereits zum Einsatz gekommen sein, welches nur „in der Menschlichkeit mir verdeckt" war und mir erst in transzendentaler Forschung enthüllt werden kann (VI, 268). Was dann in ihr erkannt wird, ist füglich nicht ein in sich abgeschlossener Bezirk reiner Transzendentalität; sondern jede transzendentale Einsicht bereichert, wie Husserl nun sieht, auch die Erkenntnis des Menschen-Ich, des meinen wie des anderen (VI, 214, 210).

Insofern wird nun auch der Schritt in die Epoché ein philosophisch notwendiger Schritt, wenn ich mich in der gesamten Fülle meiner Möglichkeiten soll begreifen können. Denn ein Subjekt, das sich als philosophierendes in seinem Selbstverständnis lediglich auf seine menschliche Existenz in der Welt beschränken wollte, bliebe in Wahrheit hinter sich selbst zurück. Es würde sich seiner Möglichkeit begeben, sich als ein Gültiges denkendes, Gültigkeit nach Sinn und Ursprung befragendes Subjekt zu verstehen. Denn Gültigkeitsfragen sind keine Fragen eines nur in seiner menschlichen Endlichkeit verstandenen Wesens. Sie sind transzendentale, alles Menschliche in seiner Endlichkeit transzendierende Fragen. Daß sie sich mir in meiner Endlichkeit stellen, bedeutet nicht, daß sie Fragen aus meinem endlichen Leben sind. Daß ich sie gleichwohl stelle – und wo und wann anders könnte dies geschehen als in meinem endlichen Menschenleben? – heißt nicht auch, daß ich, nur Menschenwesen, sie stellen könnte. Wie sollte ich als dieses für sie gerüstet sein, da sie ihrem Sinne nach mein weltliches Leben wie das eines jeden anderen übersteigen? In ihnen meldet sich vielmehr jenes andere, weltüberhobene Ich in mir, das ohne derartige Fragen freilich stumm bleibt.

Dieses Ich zu Wort kommen zu lassen, ihm diejenige Ausführlichkeit zu gewähren, die für die Einsicht in sein transzendentales Fungieren nötig ist, bedarf es nun nach dem prinzipiellen Anspruch der Husserlschen Phänomenologie jener eingehenden Analysen, die methodisch von Anfang an unter dem Leitthema der Konstitution gestanden haben und die nun, angesichts der schließlich erkannten unauflöslichen Verschränkung von empirischem und transzendentalem

Subjekt, das Problem seiner Selbstkonstitution auf neue Weise dringlich werden lassen.

Husserl hat in einer zur Stunde noch schwer zu überblickenden Vielfalt seiner Forschungsmanuskripte auch dazu bis zuletzt das ihm Mögliche getan – wohl auch ahnend, daß er mit dieser Problematik, die er lange schon als „von ausnehmender Schwierigkeit" empfand, an Grenzen des eigenen Schaffens, vielleicht aber auch an prinzipielle Grenzen der transzendentalen Phänomenologie stoßen würde.

Husserl hat diese Grenzen, mühsam genug, weiter und weiter auch dort hinauszuschieben versucht, wo er sich das unverrückbare Endziel seiner Untersuchung gesetzt hatte: in jenen absoluten Gründen aller transzendentalen Konstitution, welche die letzten wie zugleich die ersten sein würden – letzte für uns erreichbare, an sich aber erste Gründe, *Anfänge*, aus denen alles für uns Seiende in seinem Sinn entspringend sollte verstanden werden können. Denn wie unvollkommen, unvollendet und am Ende vielleicht unvollendbar auch immer, hatte die Phänomenologie allemal Erste Philosophie zu werden, und sei es auch nur in dem Sinne, daß sie als erste wirklich auf den Weg, und zwar den verläßlichen Weg einer strengen philosophischen Wissenschaft, gebracht wurde.

Abschnitt D

## TRANSZENDENTALE PHÄNOMENOLOGIE ALS ERSTE PHILOSOPHIE

Kapitel I

### HUSSERLS KONSTITUTIVER IDEALISMUS

*§ 1 Transzendentale Phänomenologie als neuer Cartesianismus?*

Wenn Husserl sich für seine transzendentale Phänomenologie zum Ziel gesetzt hatte, eine Philosophie der Anfänge zu liefern und mit Hilfe einer neuartigen philosophischen Methode zu den vormals nie erreichten absoluten Ursprüngen von Subjekt und Welt zurückzufinden, so verstand er damit seine Philosophie selbst als einen Anfang. Weil ohne Vorgänger in der Tradition, mußte dieser Anfang allererst gesetzt und bestimmt werden. Er mußte aber ferner selbstkritisch gerechtfertigt werden.

Setzung und Bestimmung ihres Anfangs verweisen auf bestimmte Beziehungen zwischen Husserl und Descartes[89]. Daß Descartes den *„einzigen Ansatz eines wahren Anfangs"* gefunden habe (VIII, 328), ist ein Urteil, das Husserl zeit seines Lebens aufrechterhalten hat. Genauer entfaltet, dokumentiert es seine Nähe wie seine Distanz zu Descartes zugleich.

Es war nicht nur der genius loci, der Husserl seine Vorträge an der Sorbonne 1929 mit der Bemerkung beginnen ließ, daß das Studium der *Meditationes de Prima Philosophia* des Descartes „ganz direkt . . . in die Neugestaltung der werdenden Phänomenologie eingegriffen" und auf ihre neue Form der Transzendentalphilosophie eingewirkt habe, so daß man diese „fast . . . einen neuen Cartesianismus" nennen könne (I, 3, 43). Der kleine, doch deutliche Vorbehalt Husserls zeigt

---

[89] Die Frage der Rechtfertigung gehört, da sie dank der Rückbezogenheit der transzendentalen Phänomenologie auf sich selbst ihrerseits mit phänomenologischen Mitteln zu erörtern ist, in den Rahmen der Phänomenologie als Erster Philosophie. Dazu hier S. 232–242.

in den verschiedenen Phasen seiner Philosophie nicht nur in seiner eigenen Beurteilung unterschiedliches Gewicht. Auch hat es sich jeweils nach dem spezifischen Problemaspekt Husserls einige Male verlagert, um schließlich doch nach Maß und Ort die alte Ausgangslage zu wahren.

Husserls rückhaltlose Anerkennung galt dem Begründer der neuzeitlichen Subjektivitätsphilosophie in ihrer Entdeckung des ego cogito als dem zweifelsfreien Erkenntnisboden, auf dem ein radikaler Neubau der Philosophie und der in ihr gegründeten Wissenschaften geschaffen werden sollte – fest genug in seinem Fundament, um auch die künftige Entwicklung für immer zu tragen. Dieser Zielsetzung des Descartes wie dem Beginn ihrer systematischen Verfolgung im ego-cogito-cogitatum maß Husserl „Ewigkeitsbedeutung" zu. Damit war jedoch vereinbar, daß Husserl den Cartesischen Ausgangspunkt der Radikalisierung bedürftig fand und durch sie zu jenen „Umbildungen und Neubildungen" gelangte, die nicht eine Fortentwicklung der Cartesischen Philosophie, sondern eine transzendentale Phänomenologie entstehen ließen, welche in dem Maße, wie sie eigener Methodik und Problematik folgte, deutlich werden ließ, was sie von Descartes trennte[90].

Schon hinsichtlich der gemeinsamen Ausgangsposition im ego cogito hat Husserl den Anschein völliger Übereinstimmung von Anfang an fernzuhalten gesucht: In Descartes' Ego, das ganz als weltliches Ego, als Teil der Welt verstanden war, sah Husserl jene transzendentale Wendung verfehlt, welche die von Descartes aufgenommene Problematik allein beherrschbar machte. Die transzendentale Reduktion war unabdingbar schon für eine angemessene Fragestellung nach dem Sein der Welt, die an einem Ort innerhalb der Welt schlechterdings nicht zu gewinnen war.

Auch hatte Descartes' Ego als oberstes Prinzip fungiert, aus dem die Gewißheit der Welt – nicht ohne fragwürdige Zusatzannahmen – hergeleitet werden sollte. Abgesehen davon mußte aber für Husserl

---

[90] Eine eingehende Darstellung der Beziehungen zwischen Husserl und Descartes ist nicht dieses Ortes, so wenig wie die Verhandlung der Frage, ob Husserl Descartes allenthalben historisch sachgemäß interpretiert hat. Vielmehr geht es hier lediglich um jene Beziehungen aus der Sicht Husserls.

ein derartiges Vorgehen bereits als ein deduktives verfehlt sein. Seine Phänomenologie kennt keine Prämissen für Deduktionen. Sie kennt nur Gegebenheiten für Deskriptionen. Auch nach der transzendentalen Wende kann sie deduktive Prozeduren nicht zulassen.

In ihrem Abweis aber bringt sich eine weitere Differenz zwischen Husserl und Descartes zur Geltung: „Deduzieren ist nicht erklären ..., sondern bedarf der Erklärung. Das einzig wirkliche Erklären ist, transzendental verständlich machen", denn „es gilt nicht, Objektivität zu sichern, sondern sie zu verstehen" (VI, 193) – zu verstehen in transzendentaler Sinnauslegung, Sinnklärung. Sinn von Sein jedoch läßt sich nicht ableiten. Er läßt sich nur aufzeigen, enthüllen, explizieren. Demgemäß kann das transzendentale Ego auch nicht prinzipientheoretisch in Ansatz gebracht werden. Seine apodiktische Evidenz ist nicht schon Resultat für weitere Schlußfolgerungen, so daß von ihm bloß auszugehen wäre; vielmehr bedarf es selber als Feld seiner cogitationes der Analyse, damit herausgefunden werden kann, was es mit dem Glauben, Meinen, Setzen von Objektivität und Wirklichkeit der Welt auf sich habe.

So geht es für Husserl auch gar nicht darum, die Existenz der Welt zu beweisen, sondern ausschließlich darum, begreiflich zu machen, was den Sinn ihres Existenzglaubens ausmacht. Husserls Verfahren kann demzufolge auch keine Zweifelsmethode, sondern muß im Gegenteil Analyse des durch Zweifel und Skepsis gewöhnlich gar nicht gebrochenen fortwährenden Setzens von Sein und der Klärung seines Sinnes sein.

Demnach steht die Phänomenologie Husserls schon mit ihrer Grundfragestellung in einem anderen Problemhorizont als Descartes, und entsprechend verlangt sie ein anderes Vorgehen für ihre Lösung. Wie konnte es trotzdem geschehen, daß Husserl bis zuletzt Anlaß fand, sich ‚cartesianistischer‘ Mißdeutungen seiner Philosophie energisch zu erwehren (VI, 193)? Sollte aber andererseits nicht sein eigenes Wort vom Cartesianismus des 20. Jahrhunderts, auch wenn die transzendentale Phänomenologie nur „fast" ein solcher sein sollte, sachliche Berechtigung haben?

Daß Husserl trotz unübersehbarer Unterschiede in Fragestellung und Verfahren in irritierende Nähe zu Descartes geraten konnte, lag vor allem an erheblichen, sogar befremdlichen Konfundierungen, mit denen er selbst seine Darstellung der transzendentalen Reduktion belastete. Denn konnte Husserl zwar Descartes entgegnen, daß in seiner Zweifelsmethode noch nichts von transzendentaler Reduktion geahnt sei, so vermochte er doch lange Zeit den Einwand schwerlich zu entkräften, daß in seinem Reduktionsverfahren zuviel vom Cartesischen Zweifel gesteckt habe, als daß hier sogleich die sachgegebene Differenz hätte deutlich werden können, zumal die anfangs gewiß auch nicht zufällig gehäufte Anleihe Cartesianischer Termini Mißverständnisse begünstigte. Husserl hat auf diese Weise – und gerade in dem Augenblick, als er mit der Einführung der transzendentalen Reduktion den Ansatz des Descartes bereits unterlaufen hatte – den falschen Eindruck erwecken können, als seien Cartesischer Zweifel und Husserlsche Epoché nur gradweise, etwa in der Radikalität des Fragens, verschieden[91]. Dagegen half auch wenig, daß Husserl niemals ohne Einschränkungen und Vorbehalte, stets auch die Modifizierungen betonend, die sein Vorgehen nötig machte, auf Descartes zurückgriff. Trat zwar bei Husserl in praxi unverkennbar hervor, was ihn von seinem französischen Vorgänger schied, so blieb doch in ihrer Beschreibung nicht selten vage und ungenau, was beide trennte.

Indessen wäre für Husserl leicht die notwendige Klarheit herbeizuführen gewesen, hätte er in seine Untersuchungen wenigstens umrißhaft einbezogen, was auch ohne Descartes durchaus in sie gehörte, nämlich eine phänomenologische Analyse des Zweifels[92]. Hier einmal

---

[91] Vgl. dazu z. B. die bedenkliche Vermengung III, 54. Indem Husserl die transzendentale Reduktion anfänglich als Ausschaltung der Welt, als „Ansetzung ihres möglichen Nichtseins", präsentierte (III, 104), das reine Bewußtsein als „Residuum der Weltvernichtung" in den Rang einer res cogitans erhob und es überdies mit Evidenzen ausstattete, die erst später kritischer Durchdringung wichen, schien Husserl 1913 der transzendentalen Phänomenologie in der Tat Bestandteile der Cartesischen Metaphysik einverleibt zu haben, was zu folgenschweren Mißdeutungen führen mußte. Zur späteren Selbstkritik Husserls am Cartesischen Weg in die transzendentale Phänomenologie vgl. bes. VIII, 432, 457, 499 ff. Zu Husserls ,Cartesianismus' hier Abschn. C, Kap. I, § 3.

[92] Eine solche Analyse hat Husserl bezeichnenderweise für die transzendentale Reduktion ausführlich durchzuführen versucht (VIII), indessen der Zweifel – abgesehen von seiner gelegentlichen Betrachtung unter anderem Aspekt (z. B. XI, 33–39) – nicht die entsprechende Behandlung erfahren hat. Auch im folgenden Text kann sie hier nicht nachgeholt, sondern nur umrissen werden.

abgesehen davon, daß Zweifeln kein schlichter Akt ist, sofern es verschiedenartige Momente des Unterscheidens und Vergleichens enthält, ist es noetisch als eine der ‚Modalisierungen' von Seinssetzung charakterisiert, in denen Husserl Abwandlungen der schlichten Urdoxa sieht. Seine Noesis läßt sich spezifisch als Setzung in fragender Vermutlichkeit, im Modus eines offen Ob-so-seins oder Ob-anders-seins charakterisieren. Indem aber Zweifeln so auf ein vermeintlich Wirkliches geht, daß sein Ob dessen Wirklichkeitsanspruch gilt, setzt es den Unterschied von Gegebenheit und Wirklichkeit mit, und zwar in der Weise, daß es mit ihm nur thetisch setzt, was es unthetisch schon voraussetzt. Zweifeln ist kritisches Fragen nach einem Wirklichen und kann zwar prinzipiell jedem Wirklichen gelten, nicht aber allem Wirklichen oder der Wirklichkeit der Welt. Ein Zweifel an der Existenz der Welt im ganzen würde sich selbst aufheben – müßte er doch nicht nur die Gegebenheit der Welt, sondern auch die Welt selbst als von jener unterschieden nehmen, womit Gegebenheit und Wirklichkeit der Welt kollidieren würden.

Abgesehen von der absurden Konsequenz, die dann speziell angesichts der apodiktischen Zweifellosigkeit der cogitationes und ihrer cogitata zur Unbezweifelbarkeit der Welt führen würde, ergibt sich daraus für die transzendentale Phänomenologie, daß sie über keinerlei Maßnahme der Befragung der Welt verfügen könnte, sollte diese auch nur entfernt einem Zweifelsverfahren ähnlich sein.

Daß aber der Zweifel des Descartes und die transzendentale Reduktion Husserls in der Tat *sinnverschieden* sind, erhellt im Grunde schon aus der unterschiedlichen Grundfragestellung: Wurde für Descartes die Welt zum Problem im Sinne skeptischer Frage nach ihrem Sein oder möglichen Nichtsein, so wurde sie für Husserl zum Phänomen zwecks transzendentaler Rückfrage nach dem Sinn ihres Seins. Daß in Husserls Epoché alle Seinssetzungen nebst allen impliziten Seinsmeinungen inhibiert werden und die Welt dahingestellt bleibt, hat bei Husserl keinen skeptischen, sondern den positiven Sinn, daß die Welt in ihrem Bestand nicht angetastet, auch nicht einmal vorübergehend der methodischen Fiktion des Umsturzes unterworfen wird, sondern daß sie so gerade zum Gegenstand, zum noematischen Korrelat des transzendentalen Bewußtseins, wird.

Genau darin liegt aber das entscheidend Neue der Husserlschen Phänomenologie auch und gerade gegenüber Descartes. Husserl hat es indessen selber verdeckt, indem er seine kritischen Bedenken gegen Descartes vor allem gegen den Mangel an Radikalität des Zweifelsversuchs richtete – dabei anscheinend dessen gar nicht gewärtig, daß ein noch so radikaler und sogar in der methodischen Fiktion eines genius malignus scheinbar das Äußerste wagender Zweifel seinem Sinne nach stets im Rahmen der natürlichen Einstellung bleibt. Nicht also mangelnde Rigorosität und Konsequenz des Zweifelns war es, die Descartes das transzendentale Ego Husserls verborgen hielten, sondern der Umstand, daß ein Zweifeln als bloße Modalisierung des Weltglaubens schlechterdings untauglich ist, diesen Glauben außer Kraft zu setzen. Während jedoch Husserl so argumentiert, als habe Descartes lediglich seine eigene Entdeckung des transzendentalen Ego nicht entdeckt, ließ er den falschen und im Grunde widersinnigen Schein aufkommen, als ob die transzendentale Reduktion tatsächlich eine Art Zweifel, nur ins Transzendentale ‚gewendet‘, sei.

Indem Husserl diesem Schein selber zunächst erlag, steuerte er seine transzendentale Phänomenologie nicht nur auf eine bedenkliche Substantialisierung des reinen Bewußtseins zu, die in eine phänomenologische Metaphysik zweier Cartesischer *res* zu münden drohte; er verschob überdies auch länger als nötig die Einsicht, daß auch sein weiteres intentionalanalytisches Verfahren zu Ergebnissen führte, die von denen des Descartes wesentlich abweichen mußten. Das betraf vor allem Unterschiede in den Begründungs- und Rechtfertigungsnormen der Erkenntnis. Hatte Descartes ein Gewißheitskriterium durch seine Gottesbeweise abgestützt, um evidente Einsicht im Sinne der clara et distincta perceptio als unumstößlich wahre Einsicht zu fassen, so war dagegen Husserls Evidenzprinzip völlig anderen Sinnes und führte zu dem Resultat, daß Evidenz nicht nur kein Wahrheitskriterium abgeben kann, sondern daß sie in Vollständigkeit auch gar nicht erreicht werden kann. Husserls Intentionalanalyse brachte insbesondere schließlich auch die gebotene Unterscheidung von adäquater und apodiktischer Evidenz zutage. Sie wurde entscheidend – und grundlegend bedeutsam für Husserls Forschung überhaupt – im Bereich eben jenes Ego, das Descartes verborgen geblieben war. Husserls

Einsicht, daß die transzendentale Selbsterfahrung des Ego adäquate Erfahrung nur ist in der lebendigen Selbstgegenwart, während darüber hinaus nur ein unbestimmter Horizont präsumtiver möglicher Erfahrung reicht, und daß so zwar die Existenz des Ego absolut zweifelsfrei ist, nicht aber das, was seine Existenz näher bestimmt (I, 55, 62), dürfte wohl am deutlichsten zeigen, wie weit Husserl sich von Descartes entfernt hatte[93].

So mußte, was Descartes aufgrund evidenter, unumstößlicher Prämissen ebenso unerschütterlich beweisen wollte, in Husserls Konstitutionsanalyse dem Ergebnis weichen, daß Endgültigkeit und Unumstößlichkeit der Einsicht weder für das Ego noch für die Welt jemals zu erreichen sind, daß vielmehr jedwedes Wissen und Erkennen prinzipiell vorläufig bleibt. Und diese transzendentalphänomenologische Erkenntnis war nichts weniger als eine bloß transzendental gewendete Erfahrungserkenntnis, als sei sie dementsprechend nur empirisch begründet. Vielmehr hatten Husserls Analysen die grundsätzliche Vorläufigkeit aller Erkenntnis in ihren transzendentalen Bedingungen aufgewiesen, indem sie sich als im Wesen des universalen Apriori der Korrelation von Subjekt und Welt gelegene hinreichende Bedingungen der Unmöglichkeit endgültigen Wissens gezeigt hatten.

Damit mußte endlich auch der Schein eines transzendentalen Cartesianismus schwinden, den Husserl anfangs selber über seine Phänomenologie gebreitet hatte. Was hinter ihm zutage trat, war ein transzendentaler Idealismus, in dem Husserl das Cartesische Motiv seiner leitenden Problemstellung ebensowenig verleugnen konnte und wollte, wie er indessen schon mit seiner transzendental-analytischen Methodik sich von Descartes gelöst und seiner Philosophie mehr und mehr eigenständige Konturen gegeben hatte.

93 Husserl sah schließlich (VIII, 397 f.), daß die apodiktische Zweifellosigkeit des transzendentalen Ego restringiert werden mußte. Schien sie sich anfänglich für den gesamten Bereich des ego-cogito-cogitatum zu ergeben, solange Bewußtseinsimmanenz lediglich gegen dingliche Transzendenz gesetzt worden war und für jene zudem adäquate Selbstgebung Husserl möglich schien, so brachte die genetisch-konstitutive Analyse als eines ihrer wichtigsten Resultate, daß die Apodiktizität des Ego lediglich auf „seine apriorische Strukturform" und auf einen „apodiktischen Kern", nämlich das Ego im unmittelbaren Jetzt seines Lebens, zu beschränken war, indessen schon für sein vergangenes Leben Evidenz nicht mehr in Anspruch genommen werden konnte.

Mit dem Ziel der Neubegründung der reinen Logik und Erkenntnistheorie hatte Husserl seine Phänomenologie auf den Weg gebracht. Ihr Gelingen war ihm wesentlich eine Sache der Methode, die sich in strenger Neutralität gegen philosophische Positionen halten sollte. Auch nach der transzendentalen Wende hielt Husserl dafür, daß in seiner Phänomenologie über Sein und Nichtsein der Welt nichts präjudiziert und somit keinerlei Metaphysik und Ontologie vorausgesetzt würde. Doch hatte er sogleich als „metaphysische Abzweckung" der Erkenntniskritik eine „Wissenschaft vom Seienden im absoluten Sinn" ins Auge gefaßt, und von der wissenschaftlichen Strenge seiner zunächst als Erkenntnistheorie prätendierten Phänomenologie sollte abhängen, ob eine dergestalt als „Sinnwissenschaft" verstandene Metaphysik möglich würde (II, 23, 32, 45).

War damit über das Verhältnis von Erkenntnistheorie und Metaphysik im Prinzip entschieden und der Primat der ersteren mit dem schwerlich abzuweisenden Argument behauptet, daß auch Seinsfragen nicht anders als durch Erkenntnis entschieden werden und zumal wissenschaftlich nur nach vorhergegangener Erkenntniskritik entschieden werden können, so war damit über die Metaphysik doch solange nichts ausgemacht, wie nicht die Erkenntniskritik selbst eine bestimmte Gestalt gewonnen hatte. Da aber andererseits Erkenntniskritik nicht umhin kann, auch über Sein und Seiendes zu urteilen, wird mit ihrem Ansatz immer auch eine Dimension metaphysischen Fragens eröffnet, die auf bestimmte Antworten vorausdeutet. Husserl hat dies dahingehend erkannt, daß er zwar reine Erkenntnisfragen an erster Stelle stehen sah, weil dies der naturgemäße Gang der transzendentalen Phänomenologie forderte, daß aber die Erkenntnistheorie „nicht etwa eine ‚bloße' Erkenntnistheorie, eine ‚bloße' Wissenschaftstheorie" sein könne, weil sie alles umspanne, was an wesensmäßigen Allgemeinheiten und Besonderheiten zwischen Subjektivität und Objektivität spielt (VIII, 26). Bezugsbasis für die Metaphysik ist somit nicht eine Erkenntnistheorie ‚bloß' als diese, sondern eine universale und radikale transzendentale Philosophie, welche das Fundament für beides ist, weil aus ihrem Studium der transzendentalen Subjektivität auch das Erkennen als spezifische Weise des Bezugs zu Sein und Seiendem erst begriffen werden muß.

Universale und radikale transzendentale Philosophie aber ist für Husserl notwendig transzendentale Phänomenologie. Denn nur sie eröffnet mit ihrer einzigartigen Maßnahme, der transzendentalen Reduktion, einen wirklich universalen Horizont des Fragens. Nur sie auch verheißt mit ihrem methodischen Rüstzeug der konstitutiven Analyse diejenige Radikalität des Rückfragens in letzte Gründe von Erkennen und Sein, die nur um den Preis eines reflektiven Zirkels noch zu unterlaufen wären und insofern, aber auch nur insofern, absolute Gründe sind.

Gesetzt für den Augenblick, diese Gründe lägen hier schon in jener Ursprungsklarheit offen, wie Husserl sie für alle Erkenntnis und auch diejenige der Phänomenologie selbst gefordert hat, so sind sie jedenfalls Gründe eines transzendentalen Leistens, einer subjektiven Aktivität, die, speziell als erkennende, Sein nicht einfach abbildend, im Bewußtsein es spiegelnd, erreicht, sondern es sinnstiftend konstituiert.

Die damit verbundene Absage Husserls an jede realistische Metaphysik war indessen nicht die Konsequenz aus seiner Konstitutionstheorie, als sei es diese gewesen, die sie im voraus erzwungen habe. Schon früh in den *Ideen I*, in denen von Konstitution als von Bewußtseinsleistung und Sinnstiftung noch nirgends die Rede war, hatte Husserl konstatiert, daß alle realen Einheiten Einheiten des Sinnes, das Realität und Welt Titel für gewisse gültige Sinneinheiten sind, weil sie nicht anders denn als diese gegeben sind. Die strenge Bindung an das Gegebene oder auch an den Sinn des Gemeinten in natürlicher, unverstellter Rede war es, die Husserl erstmalig Gegebenheitsweisen thematisieren ließ und ihn auf jenes Konzept von Konstitution führte, das zunächst im Sinne von ‚Darstellung‘ und ‚Bekundung‘ des Seienden noch kaum den Anteil des Subjekts erkennen ließ, den Husserl später als ‚Sinnstiftung‘ ausmachen und mit ‚Seinskonstitution‘ in eins setzen würde. Doch schloß die transzendentale Wende realistische Grundannahmen bereits von Anfang an aus. Husserl konnte mit Recht behaupten, daß seine Phänomenologie eo ipso „*transzendentaler Idealismus*" (I, 118) und daß schon mit der phänomenologischen Reduktion die Marschroute auf ihn festgelegt gewesen sei, wie denn seine Phänomenologie letztlich überhaupt nichts anderes sein sollte als „die erste streng wissenschaftliche Gestalt dieses Idealismus" (VIII, 181).

Dem widersprach nicht, daß Husserl seine Philosophie nicht dazu bestimmt fand, das historische Problem des Idealismus zu behandeln oder überhaupt in die üblichen Verhandlungen zwischen Idealismus und Realismus einzugreifen, da sie vielmehr eine in sich gegründete und absolut eigenständige, ja „die einzige absolut eigenständige Wissenschaft" sei (V, 152). Die transzendentale Phänomenologie mußte also vor einer verengten Aufnahme bewahrt bleiben, als handle es sich bei ihr lediglich um einen transzendentalen Idealismus in Fortführung traditioneller Prägungen. Doch hat Husserl zu keinem Zeitpunkt davon Abstand genommen, daß er, eher umgekehrt, den transzendentalen Idealismus als Phänomenologie durchgeführt habe.

Einem transzendentalen phänomenologischen Idealismus aber mußte nicht nur „absolute Realität genau so viel wie ein rundes Viereck" gelten. Für ihn war auf der anderen Seite auch ein subjektiver Idealismus, der etwa nach dem Muster Berkeleys die Welt für subjektiven Schein hielt, nicht weniger indiskutabel. Als ein derartiger Phänomenalismus wäre Husserls Philosophie nicht zuletzt deshalb gröblich mißdeutet, weil in ihr die reale Welt gerade nicht geleugnet oder auch nur umgedeutet, sondern in ihrer Realität belassen und begriffen werden sollte. Eben dafür aber durften „nicht von oben her Einfälle gewagt", sondern mußten Auskünfte „in handanlegender Arbeit" gesucht werden (V, 84; IX, 301). Sie aber führte schließlich zu einer Position Husserls, die er selber als transzendentalen *phänomenologischen Idealismus*, später auch als *konstitutiven Idealismus* charakterisiert hat.

Husserl wies darin weiterhin jeden bloßen Phänomenalismus – und handelte es sich selbst um einen transzendentalen kantischer Provenienz – dezidiert ab. Ein Rückzug auf bloße Erscheinungen des Seins, auch wenn hinter ihm die Möglichkeit einer Welt von Dingen an sich offen gehalten wurde, schien ihm erkenntniskritisch so wenig zulässig, daß ihm vielmehr der Hiatus von Sein an sich und Erscheinung zu einem Leitthema wurde. Doch konnte Husserl diesen Hiatus seinerseits nur als einen phänomenalen, obzwar in transzendentaler

Perspektive, zulassen; und zwangsläufig lief seine weitere Klärung auf eine transzendentale Mediatisierung dergestalt hinaus, daß er sich analytisch nurmehr als Differenz zweier verschiedener, subjektiv erstellter Konstitutionssysteme erwies.

Indem Husserl andererseits immer wieder auf den Widersinn eines philosophischen Realismus hinwies, der sich zu einem Sein außerhalb eines jeden Bewußtseins verstand, dabei aber offenkundig die eigenen Voraussetzungen seines vorgeblichen Wissens von einem Sein an sich negierte, präsentierte sich der transzendentalphänomenologische Idealismus als die überlegene, weil reflektiertere Position. Dafür aber mußte er, da er das Philosophieren als Sachwalter des natürlichen Bewußtseins gegen sich hatte, nicht nur diese Gegnerschaft erklären, sondern auch Realität und Sein selber so aufklären, daß die Kraft realistischer Gegenargumente gebrochen wurde.

Husserl ist sich dieses Gelingens bemerkenswert sicher gewesen und hat sogar gemeint, daß sein Idealismus, da er nicht als Siegespreis im dialektischen Streit zu erringen sei, „durch keine argumentierenden Einwände" aus den traditionellen Kontroversen um Idealismus und Realismus betroffen würde (I, 118; V, 151). Daraus sprach indessen weder verstiegenes Selbstbewußtsein noch übergroßes Zutrauen in die Kraft eigener Überzeugung. Vielmehr würden dergleichen Einwände seine Phänomenologie insofern nicht tangieren können, als sie, weil argumentierende, sozusagen bereits zu hoch angesiedelt waren, da sie die eigenen Prämissen unbedacht und somit in Unklarheiten beließen, die folglich sie selber belasteten.

Ein transzendentaler Idealismus, der gegen derartige Mängel immun sein sollte, ließ sich demnach nur als transzendentale Phänomenologie durchführen und näherhin als eine solche, deren Herzstück Methode war – genauer, analytische und speziell konstitutionsanalytische Methode. Was Husserl dazu im einzelnen entwickelt, ausgeführt, immer wieder neu erprobt, auch korrigiert hat, und was zumal durch die genetische Konstitutionsanalyse in größerer Tiefenschärfe als zuvor gesichtet wurde, hatte stets dem Rätsel gegolten, wie das Bewußtsein sich auf Transzendentes richten kann und damit etwas, das es übersteigt, zu erreichen vermag. Die spürbar gewandelte Terminologie der Spätzeit – statt Bewußtsein transzendentale Subjektivität; statt

Bewußtseinserlebnisse intentionale Leistungen und intentionales Leben; methodisch nicht mehr statische Strukturanalyse, sondern genetische Konstitutionsanalyse mit Horizontintentionalität, aktiver und passiver Synthesis – konnte und sollte nicht verdrängen, daß es Husserl zuerst und zuletzt um jenes Rätsel zu tun war, welches das Rätsel eines jeden Idealismus wie Realismus gleichermaßen geblieben war.

Husserls Versuch, dieses Rätsel durch Phänomenologie zu lösen, gründete letzthin in der Auffassung, daß die Phänomenologie nicht bloß aufzudecken habe, wie die Beziehungen zwischen Bewußtsein und transzendenter Realität prinzipiell beschaffen sind, sondern daß sie auch einsichtig zu machen habe und vermöge, wie diese Beziehung als möglich zu begreifen ist. Zumal dasjenige, was Husserl als genetische Konstitution von Realität und Transzendenz vielfältig untersucht hat, galt ihm schließlich nicht nur als Aufweis, daß es und wie es Realität und Transzendentes gibt, sondern auch als Erklärung dafür, daß es sie und wie es sie geben kann. Sie war Erklärung in dem einmal gesetzten transzendentalen Rahmen, der jeder Rechtsfrage, die hinsichtlich Bewußtsein und Sein, Subjektivität und Objektivität zu stellen ist, Sinn und Weg der Ausweisung nur aus der jeweiligen Bewußtseinsintentionalität selber vorzeichnet, denn es gibt in ihr „keine erdenkliche Stelle, wo das Bewußtseinsleben durchstoßen und zu durchstoßen wäre und wir auf eine Transzendenz kämen, die anderen Sinn haben könnte als den einer in der Bewußtseinssubjektivität selbst auftretenden intentionalen Einheit" (XVII, 208). Daß alle diese Einheiten aus intersubjektiver Sinnstiftung hervorgehen und in langer Einzel- und Gemeinschaftsgenesis konstituierte Einheiten sind, ist, in methodischer Konkretion, Husserls prinzipielle Antwort auf jene Rechtsfragen. In ihr sah er zugleich den Erweis des transzendentalphänomenologischen *Idealismus,* der somit *die Phänomenologie selbst,* nämlich „in wirklicher Arbeit durchgeführte Sinnesauslegung" ist, „systematische Enthüllung der konstituierenden Intentionalität" (I, 119).

Das bedeutet zugleich, daß Husserl seinen Idealismus erweisen und präzisieren konnte nur in dem Maße, wie er das, was ihm ,Konstitution' hieß, klarzulegen und in seinen Konsequenzen auszuschöpfen vermochte. Als Schlüsselbegriff seiner Phänomenologie hat der Begriff der Konstitution fungiert, seit ihm die Intentionalität des Bewußtseins zu einem transzendentalen Problem geworden war. Konstitutive Analyse war für ihn schließlich zum entscheidenden Charakteristikum seines Vorgehens geworden, die damit auch seine Phänomenologie als transzendentalen Idealismus bestimmend prägte. Schlüsselbegriff aber war er endlich auch darin, daß die konstitutive Phänomenologie philosophische Wissenschaft der ‚Ursprünge‘ und ‚Anfänge‘ zu sein prätendierte: Erste Philosophie – allerdings in einem bezeichnenden und unabweislichen Doppelsinn, in dem sich allererst ihre Prätention als strenge philosophische Wissenschaft erfüllen konnte.

Kapitel II

## HUSSERLS ERSTE PHILOSOPHIE – LETZTBEGRÜNDUNG, SELBSTBEGRÜNDUNG, SELBSTVERANTWORTUNG

Husserls transzendentalphänomenologische Forschung hat sich von Anfang an in einem charakteristischen Spannungsfeld bewegt. Galt sie zum einen der immer wieder beschworenen handanlegenden Arbeit an konkreten Sachanalysen, so lag sie zum anderen in der nie aussetzenden Selbstreflexion auf das eigene Tun. Gegenstandsbezogene Phänomenanalyse und selbstbezogene Phänomenologieanalyse bildeten so die beiden Dimensionen, in denen die Phänomenologie vorangebracht werden mußte. Waren in der ersteren Gegenständlichkeit, Wirklichkeit, Objektivität und Wahrheit mit phänomenologischen Mitteln begreiflich zu machen, so war in der letzteren solche Begreiflichkeit zu sichern durch den Nachweis der Angemessenheit und der Rechtmäßigkeit der gewählten Mittel. Beides aber war nur mit den Mitteln der Phänomenologie selbst zu leisten. Husserls transzendentale Phänomenologie schloß von vornherein den Anspruch auf Selbstbegründung ein.

Husserl hat diesen Sachverhalt im Laufe der Zeit in verschiedenen Wendungen umschrieben, ohne daß der damit gegebene Doppelcharakter seiner Phänomenologie stets klar hervorgetreten wäre. Erst von ihm her konnten jedoch manche ihrer zunächst leicht mißverständlichen Kennzeichnungen wie ,strenge Wissenschaft', voraussetzungslose Philosophie', ,Wissenschaft aus absoluter Begründung' ihren unzweideutigen Sinn gewinnen. Galten sie mithin nicht bloß im Hinblick auf das, was in dieser Philosophie erreicht werden sollte, sondern auch bezüglich der prinzipiellen Gestaltung ihrer selbst und somit auf zwei verschiedenen kategorialen Ebenen phänomenologischer Argumentation, so durfte Husserls Philosophie aber nicht bloß eine neu beginnende Philosophie hin zu ,Anfängen' sein, sie mußte auch eine Philosophie des Anfangens sein (VII, 6). Gegenüber der aristotelischen wie der Cartesianischen Prima Philosophia verstand Husserl seine Phänomenologie in diesem radikalisierten zweifachen Sinn als Erste Philosophie (VII, 197).

Nicht nur beiläufig sprach Husserl, als er 1923 die Problematik der Ersten Philosophie systematisch aufnahm, von seiner Philosophie der ‚Anfänge' in einem doppelten Sinn auch dieses Plurals. Auf mehrere Anläufe seiner transzendentalen Phänomenologie zurückblickend, die er von unterschiedlichen Ausgangspositionen her erprobt hatte, sah er auch die in ihnen vorgeblich erreichten ‚Anfänge' ebenfalls in deutlicher Verschiedenheit. Dennoch boten sie sich ihm in einem tieferen inneren Zusammenhang, so daß er von einer stufenweisen Erweiterung der Idee der Ersten Philosophie seit dem Durchbruch seines transzendentalen Gedankens sprach und sie in den *Ideen I* „sozusagen nur in einer ersten, noch unvollkommenen Approximation" erblickte (VII, 6).

Nun hatte Husserl 1913 die transzendentale Phänomenologie als Erste Philosophie dahingehend bestimmt, daß er für sie „vollkommenste Voraussetzungslosigkeit" und in Beziehung auf sich selbst „absolute reflektive Einsicht" forderte, um damit die größtmögliche Klarheit über sich selbst und die Prinzipien ihrer Methode zu erlangen, wie es dem eigenen Wesen der Phänomenologie entsprach (III, 121). Doch waren hier nach seinem späteren Verständnis jene beiden Bestimmungsstücke seiner Ersten Philosophie nur erst in einem verkürzten Sinn begriffen gewesen. Die Fortentwicklung der intentionalen Analyse zur konstitutiven, genetischen Analyse in den zwanziger Jahren ließ Husserl erkennen, daß sein Anfang 1913 weder in dem einen noch in dem anderen Sinne ein wirklich zu rechtfertigender Anfang gewesen und daß vor allem die damals schon geforderte Selbsteinsicht eher Teil seines künftig auszuführenden Programms geblieben als den eigenen Forderungen gemäß schon realisiert worden war.

Dagegen hatte die transzendentale Reduktion bereits jenes Feld der reinen Subjektivität freigelegt, in dem als dem phänomenologischen *fundamentum absolutum et inconcussum* die gesuchten ‚Anfänge', nämlich aller Seinssetzung und Seinsstiftung, bereits prinzipiell angetroffen werden konnten, so daß anscheinend nicht diese Anfänge selber weiterer Nachfrage bedurften, sondern nur die Art und Weise, wie sie Anfänge sind und wie in diesem Feld das Subjekt als Ursprung und Anfang aller Sinngebung und Seinsgeltung fungiert. Darauf sollte dann die phänomenologische Analyse in dem Maße genauere Antwort geben können, wie sie sich verbessern, präzisieren, differenzieren ließ. Die Zugänglichkeit zu dieser Art ‚Anfängen' schien also prinzipiell gesichert, ja nachgerade nur ein technisches Problem für das analytische Instrumentarium zu sein.

So konzentrierte Husserl seine Reflexion zur Rechtfertigung des von ihm gewählten Anfangs der Phänomenologie zunächst auf die transzendentale Reduktion, die den Zugang zum Feld der absoluten Ursprünge ermöglichte. Schien mit ihr, die sie die Welt im ganzen in Frage stellen hieß, in der Tat das äußerste an Radikalität und Vorurteilslosigkeit philosophischen Fragens erreicht, so entbehrte sie doch offensichtlich so lange philosophischer Notwendigkeit, wie sie nicht einsichtig begründet war. Als Sache unserer *„vollkommenen Freiheit"* hatte Husserl sie denn auch kurzerhand eingeführt (III, 54). Lag darin jedoch eher eine kurzschlüssige Abwehr der Begründungsfrage als ihre Erörterung, so war in den *Ideen I* die anfangende Phänomenologie gewiß nicht auch schon als Philosophie des Anfangs in Gang gebracht worden.

Husserl ist sich dieses Mangels in seiner transzendentalphänomenologischen Erstpublikation bald bewußt geworden. Zwar blieb es beim Vollzug der Reduktion als einer „freien Tat der Urteilsenthaltung", eines „willentlichen Sichlösens" (VIII, 98) vom ursprünglichen Interesse am Sein der Welt. Gerade deshalb aber mußte nach dem Warum gefragt werden.

Die Frage nach dem Motiv für die transzendentale Reduktion aber führte in scheinbar ausweglose Schwierigkeiten. Ihre Erörterung durchzieht die ganze Theorie der Reduktion, mit der Husserl die systematische Behandlung seiner Ersten Philosophie in den zwanziger Jahren begann (VIII). Indem er aber die Frage des Motivs mit der anderen der Durchführbarkeit der transzendentalen Reduktion unbemerkt konfundierte und für beide nicht wahrnahm, daß ihre aporetische Struktur zur Hauptsache aus der mißlichen Aufspaltung des Subjekts in ein konstituierendes, reines transzendentales Ich und ein lediglich konstituiertes Menschen-Ich resultierte, geriet die Frage der Begründung der transzendentalen Reduktion in verfehlter Schärfe an falsche Stelle, und Husserl konnte zu einem befriedigenden Ergebnis nicht gelangen[94]. Auch wurde an ihre Lösungsversuche über längere Zeit die Aufmerksamkeit so sehr gebunden, daß eine andere zwingende Frage zur Selbstbegründungsproblematik zunächst gar nicht in Husserls Gesichtskreis fiel: ob denn die mehrfach erwogene „absolute Situation" des anfangenden Phänomenologen (VIII, 28) tatsächlich eine von nichtphänomenologischen Bedingungen völlig gelöste Situation war, oder ob sie nicht am Ende auf Voraussetzungen beruhte, in denen – allem rein deskriptiven Vorhaben zum Trotz – doch bereits ein bestimmter Vorbegriff von Philosophie impliziert war.

Wie sich gezeigt hat, konnte Husserl auch hier später zu schärferer, kritischer Sicht auf sein Unternehmen gelangen. Mit ihr verschwand auch der Schein einer Voraussetzungslosigkeit, der gerade als nicht durchschauter Schein sein diesbezügliches Postulat für die transzendentale Phänomenologie zunächst unerfüllt gelassen hatte.

Er beeinträchtigte allerdings nicht die Rolle der transzendentalen Reduktion als einer ersten Maßnahme, die transzendentale Phänomenologie überhaupt auf den Weg zu bringen. Überdies ermöglichte sie, daß in dem von ihr eröffneten Feld der transzendentalen Phänomene die Analyse so angesetzt werden konnte, daß mit ihrer Vervollkommnung und Verfeinerung schließlich genau auch Husserls Selbsteinsicht in eben jene Voraussetzungen, für die er anfangs noch blind gewesen war, zwingend wurde.

Das unmittelbare Ansinnen Husserls jedoch, letzte, fundamentale und absolute Gegebenheiten aufzusuchen, und zwar von der Art, daß sie spezifisch als Quellen und Ursprünge der Sinnkonstitution in der transzendentalen Subjektivität in Erscheinung treten, wirft im prätendierten Rahmen einer phänomenologischen Ersten Philosophie zwei Fragen auf.

Zum einen stellt sich hier das Problem, wieweit Husserls Konzept der transzendentalen Konstitution selber phänomenologisch durchsichtig ist. Denn ist Konstitution zwar transzendentale Produktion, aber nicht Kreation, so muß sie offenbar an etwas gebunden sein, über das die konstituierende Subjektivität auch als „letztlich leistende" letztlich dennoch nicht verfügt. Daran schließt sich die weitere Frage,

---

94 Zur Frage des Motivs der Reduktion vgl. bes. VIII, 79, 473, 499; V, 146 ff.

ob denn dergestalt ein Letztes, als was immer es in der Analyse zugänglich werden mag, tatsächlich so zu phänomenologischer Gegebenheit gebracht werden kann, wie es Husserls Norm vollkommener Einsicht und Ursprungsklarheit verlangt. Von der Antwort auf diese beiden Fragen dürfte abhängen, ob Husserls Anspruch der Letztbegründung wenigstens in dieser Hinsicht erfüllbar ist und wie weit hier von absoluter Begründung, jedenfalls durch die Phänomenologie in der Dimension der gesuchten Anfänge aller Sinnstiftung und Seinssetzung, gesprochen werden darf.

Da Husserls Ursprungsanalysen insbesondere in ihrer späten genetisch-konstitutiven Durchbildung im Zeichen von Problemen standen, denen kein transzendentaler Regreß je auszuweichen vermag, kann es nun mit ihren Ergebnissen, zumal unter Husserls spezifischem Absolutheitspostulat, zum besten nicht stehen. Denn abgesehen von dem schon erwähnten Umstand, daß Eindeutigkeit und methodische Kontrolle einer regressiven Untersuchung generell nicht ohne Fragwürdigkeiten bleiben, ist Husserls konstitutionsanalytischer Regreß zudem mit seiner eigenen Forderung evidenter Selbstgebung über Gebühr belastet; soll diese doch nicht nur für die transzendentalen Fertigprodukte nach erfolgter Konstitution, sondern ebenso auch für die einzelnen analytischen Schritte und nicht minder schließlich für ihr Endresultat, die transzendentalen Ursprünge aller Sinnkonstitution, gelten.

Nun war Husserl, indem er über verschiedene Stufen und Schichten aktiver und passiver Synthesis in letzte Tiefen der Sinnkonstitution einzudringen suchte, schließlich zur ursprünglichen Zeitlichkeit des Bewußtseins gelangt. Als ursprünglich hatte sie sich darin bereits gezeigt, daß in der Einigung der drei Phasen der Urgegenwart, Retention und Protention ein Urgesetz der transzendentalen Genesis auszumachen gewesen war dergestalt, daß nach ihm die transzendentale Subjektivität ihr konkretes Werden als intentionales Leben in dem Maße gewinnt, wie sich im Laufe zunächst passiver, sodann aktiver genetischer Konstitution Ich und Gegenstand im streng wechselseitigen Bezug aussondern. Husserls Forderung vollkommener Einsicht mußte demnach hier darauf gehen, evident zu machen, daß und wie das „Zeitbewußtsein die Urstätte der Konstitution" (XI, 128) ist, wie also aus der ursprünglichen Zeitlichkeit objektive Gegenstandskonstitution und subjektive Selbstkonstitution als zwei Momente eines und desselben genetischen Prozesses begriffen werden können.

Zeitliche Einigung war allerdings, wie Husserl deutlich sah, als solche nur formal, Einigung bloß abstrakter Momente und konnte als diese nicht ursprüngliche Genesis im Stufenbau der Konstitution sein ohne ein Etwas, das für sie zur Einigung da war. Indem Husserl sich zu ihm zurücktastete, machte er es als „urimpressionales Datum" aus. Für die Gegenstandskonstitution erwies es sich als genetischer Vorgänger jener Empfindungsdaten, welche in der früheren Strukturanalyse der Akte als sensuelle Hyle hervorgetreten waren. Als Material anfänglicher, ursprünglich zeitigender Synthesis konnte dieses Datum allerdings noch nicht in Opposition zu einer noetischen Formung stehend gedacht werden wie die Hyle in den ,fertigen' Akten. Vielmehr mußte es als noch jedweder Differenzierbarkeit nach Stoff und Form voraufliegend angenommen werden.

Mit dem urimpressionalen Datum aber gelangte die phänomenologische Analyse Husserls an eine unüberwindliche Grenze. Datum eines wie immer zu denkenden Feldes diffuser sinnlicher Vorgegebenheiten, führte es dazu, daß die transzendentale Phänomenologie ein Vorgegebenes anzuerkennen hatte, das der leistenden Subjektivität prinzipiell entzogen ist. Als nur ,da' und nichts weiter, bildet das urimpressionale Datum ein Faktum für Husserls konstitutive Phänomenologie, das hingenommen werden muß als etwas, auf das sie zuletzt angewiesen bleibt und das nicht selber mehr konstitutionsgenetisch erklärt werden kann.

Insofern in der Tat ein absolut Letztes, hinter das phänomenologisch zurückzufragen zu wollen nach seinem Woraus und Woher schlechterdings nicht mehr sinnvoll wäre, entspricht zwar das urimpressionale Datum in der ihm zugewiesenen Funktion für die ursprüngliche Zeitigung Husserls Ansinnen des Rückgangs in die absoluten Anfänge aller Konstitution. Doch läßt es genau darum Husserls maßgebliche Forderung auf absolute Begründung zwangsläufig unerfüllt: Es entzieht sich evidenter Selbstgebung. Nicht zufällig aber oder durch faktische Mängel des konstitutionsanalytischen Verfahrens bleibt der Phänomenologie Husserls hier die Erfüllung ihrer eigenen Norm verwehrt. Daß sie hier auf die postulierte Ursprungsklarheit Verzicht leisten muß, ist vielmehr selber evident einsehbar und ist nach ihrer methodischen Grundanlage sogar apodiktisch evident. Das erhellt bereits aus dem Sachverhalt, daß alle Husserlschen Begriffe, unbeschadet ihres deskriptiven Gehalts, Begriffe einer phänomenologischen Theorie sind, die selber ihren Sinn erst aus höherstufigen prädikativen Konstitutionen gewinnen.

Es ist dies wohl eine der Einsichten, zu denen Husserl schließlich selber gelangt ist: daß die transzendentalen Ursprünge aller Konstitution phänomenologisch nicht einzuholen sind[95]. Schon im Logik-Werk hatte sie sich angedeutet, wenn Husserl über jenes phänomenologische ‚Sehen‘, das seit Anbeginn Grundnorm und Maßstab seiner Arbeit gewesen war, hinausgelangte. Wohl sollte es weiterhin verbindlich bleiben – betätigt und geübt als eine Methode, wie sie auch „im praktischen Leben der Vernünftig-Kluge befolgt, wo es ihm ernstlich darauf ankommt, ‚herauszubekommen, wie die Sachen wirklich sind‘. „Das ist der Anfang aller Weisheit", aber, hatte Husserl sogleich hinzugefügt, „nicht ihr Ende" (XVII, 246). Ihr Ende als Weisheit der Phänomenologie hatte demgemäß auch nicht mehr in irgendwelchen letzten, absoluten, in vollkommener Selbstgebung auffindbaren Gegebenheiten zu liegen, sondern in einer *letzten Kritik*, nämlich „einer *Kritik derjenigen Evidenzen*, die die *Phänomenologie der ersten selbst noch naiven Stufe geradehin vollzieht*". Husserl gesteht, daß er dies spät erst erkannt habe, und daß mithin die transzendentale Kritik

---

[95] Schon in seinen frühen, unter dem Ziel der Klärung zeitlicher Objektivität stehenden Zeitanalysen von 1905 war Husserl aus den Zeit konstituierenden Bewußtseinsfluß als auf das *„aller* Konstitution vorausliegende Bewußtsein" gestoßen, welches auf dergleichen letzte transzendentale Ursprünge verwies. Als nicht selber zeitlich zu denken, sollte es als „absolute Subjektivität" aufgefaßt werden (X, 73 ff.). Husserl hat bis zuletzt in immer neuen Anläufen versucht, das Problem der so verstandenen absoluten Subjektivität phänomenologisch zu bezwingen. Die dafür besonders wichtigen und für die Interpretation der Husserlschen Subjektivitätstheorie wie auch seiner ‚Ersten‘ Philosophie maßgeblichen Zeitanalysen aus der Arbeit nach dem Ideen-Werk sind seit langem für die Publikation in Vorbereitung, liegen jedoch noch nicht vor, so daß hier ein verbindliches Urteil dazu nicht möglich ist.

der phänomenologischen Erkenntnis selbst die an sich erste Erkenntniskritik zu sein habe (XVII, 255).

Bedeutete diese aber soviel wie vorbehaltloses Eindringen in die eigenen Sinnesvoraussetzungen, in die Begriffe, Urteile und Verfahrensweisen, in die Normierungen und Zielsetzungen der transzendentalen Phänomenologie, so lag darin auch diejenige letztbegründende Philosophie des Anfangs, die der Husserlschen Idee der Selbstbegründung und erst damit auch dem Ziel seiner Ersten Philosophie im vollen Sinne entsprach. Husserl hat diese Selbstkritik, wie auch die schon früher vorgenommene apodiktische Kritik der transzendentalen Erfahrung, nicht mehr wirklich durchführen können[96]. Nur in einer Hinsicht findet sie sich deutlicher abgezeichnet, da ihr bezeichnenderweise die konstitutive Analyse selber, obwohl noch auf jener „naiven Stufe" durchgeführt, Bahn gebrochen hatte. Vorangetrieben bis zur intentionalhistorischen Aufschlüsselung des Gegebenen, bewirkte sie den Einbruch in lange mitgeführte Selbstverständlichkeiten der Phänomenologie an einer Stelle, an der nun auch mit dem, was Husserl als Sinneserbschaft seines Beginnens erkannt hatte, jener Vorbegriff von Philosophie deutlicher hervortrat, der sich schließlich und endlich als das in Wahrheit Erste seiner transzendentalen Phänomenologie erweisen sollte.

Allerdings hatte es Husserl unter dem Titel der inneren Historie nicht einfach darum gehen können, seiner Phänomenologie eine philosophiegeschichtliche Tradition zurückzugewinnen, von der er sich anfangs allzu eilfertig losgesagt hatte und die als nachträgliche Rekonstruktion am Ende zur bloßen Vorgeschichte der Phänomenologie geraten wäre. Daß Husserl den Beginn der Philosophie bei Platon fand und mehrmals sogar davon sprach, Platons Idee der Philosophie restituieren zu wollen, konnte im Rahmen der Epoché nicht ihre historische Rekonstruktion, sondern sollte ihre sinngenetische Reakti-

---

[96] Eine Ankündigung dazu (XVII, 295) bezüglich einer Vorlesung vom Wintersemester 1922/23 dürfte den Anforderungen einer derartigen Kritik nicht entsprochen haben, da Husserl um jene Zeit nach eigenem Bekunden noch auf der „naiven Stufe" stand. Möglicherweise hatte er sich diese Kritik für jenes systematische Werk vorgenommen, das er nicht mehr auszuführen vermochte.

vierung bedeuten. Warum aber diese? Was konnte sie der Phänomenologie einbringen, die Erste Philosophie zu werden prätendierte?

Husserls Antwort darauf führte auf einen Begriff, der auffälligerweise in dem Maße Bedeutung gewann, wie sein Anspruch auf voraussetzungslose Forschung in den Hintergrund trat – auf den Begriff der *Rechtfertigung*. Denn bedeutete Erste Philosophie nach wie vor soviel wie letztbegründende Philosophie, und zwar so, daß sie ihre Selbstbegründung einschloß, hatte sich aber Husserls Philosophie dieses Anspruchs als geschichtlich bedingt erwiesen, so hatte sie ihr Erstes nunmehr in der Rechtfertigung dieses ihres Anspruchs zu suchen, auch unabhängig davon, wie weit er sich in ihr und durch sie erfüllen ließ.

Schon 1923 hatte Husserl die Geschichte der Philosophie nicht als mehr oder weniger zufällige Abfolge von philosophischen Systemen und Theorien, sondern als vielgestaltige „Einheit der Motivation" (VII, 142) gesehen. Als fortwirkend durch alle Jahrhunderte und das Streben aller wahren Philosophie bestimmend fand Husserl das Motiv, ein absolut Erstes, schlechthin Fundamentales zu erreichen. Seit Anbeginn verborgenes Telos auch aller Wissenschaft, konnte es jedoch nur in der Philosophie radikal gefaßt und verfolgt werden. Denn sie und allein sie ist, seit sie im frühgriechischen Denken zeitlich begann, von einem Interesse geleitet, das zwar auch in der Wissenschaft wirksam ist, in ihr jedoch von praktischen Zielsetzungen überdeckt wird: Philosophie ist „systematische Auswirkung eines von allen sonstigen Abzweckungen befreiten theoretischen Interesses, des Interesses an der Wahrheit rein um der Wahrheit willen" (VII, 203, 288 ff.). Darin hatte Husserl den Kern seines Vorbegriffs von Philosophie freigelegt. Doch hatte er ihn zugleich als Kern aller wahren Philosophie enthüllt. Die ‚erste' Aufgabe der transzendentalen Phänomenologie, sich als Erste Philosophie angesichts so vieler unter diesem Attribut angetretener Philosophien der Vergangenheit zu legitimieren, lief also darauf hinaus, ihre Notwendigkeit zu erweisen: Was machte sie zur unverzichtbaren Gestalt philosophischen Denkens? Teilte sie ihren Bezug auf Wahrheit um nichts anderes als um der Wahrheit willen mit vielen philosophischen Theorien der Tradition, so mußte für den Erweis ihrer Notwendigkeit anderes hinzukommen.

Es lag für Husserl zum einen darin, daß in der transzendentalen Phänomenologie Wahrheit nicht nur in jenem approximativen Prozeß angestrebt wird, der einzig ihrer regulativen Idee gemäß ist, sondern insbesondere darin, daß sie Wahrheit als diese Idee aufklärt und in ihrem Sinn bestimmt. Transzendentale Reduktion und Konstitutionsanalyse boten sich von daher als die nach Radikalität des Fragens und Tiefe des Eindringens nicht mehr überbietbaren Mittel, Wahrheit nicht bloß aufzuweisen, sondern sie allererst in den Tiefen ihrer Problematik sichtbar werden zu lassen.

Was Husserl so im Laufe der Entwicklung seiner Phänomenologie wieder und wieder als Aufklärung des Wahrheitssinnes vor Augen gestanden hatte, enthüllte sich zuletzt als mehr und anderes denn nur als eine selbstgesetzte philosophische Aufgabe unter spezifischem Problemaspekt. Zunehmend deutlicher wurde sie ihm zu einer Sache des *philosophischen Lebens*. In ihm ist solche Philosophie aber „keine theoretische Liebhaberei der Menschheit". Denn philosophisches Leben ist erkennendes Leben aus einer Einstellung, welcher eine letzte Verantwortung entspringt, die dieses Leben als ein Leben aus absoluter Selbstverantwortung führen läßt (VIII, 25, 197, 324). Nicht zufällig hat Husserl in kritischer Besinnung auf den Sinn seiner Ersten Philosophie selbst deren Idee als letztbegründende philosophische Wissenschaft schließlich an die *Selbstverantwortung* gebunden. Mehrfach hat er sogar absolute Rechtfertigung mit Selbstverantwortung gleichgesetzt, auch ihre Zusammengehörigkeit aus dem egologischen Ansatz seiner Transzendentalphänomenologie heraus dargelegt, der einzig mich selbst für alle Wahrheit und Wirklichkeit, die für mich gelten soll, verantwortlich sein läßt (VII, 333). Es geht also spezifisch um die Selbstverantwortung für das Erkennen und seine Wahrheit, die den Philosophen unter das Gebot allseitiger Rechenschaftsablage für jede seiner Feststellungen und jeden seiner begründenden Schritte stellt. Darum kann Husserl absolute Selbstverantwortung mit Selbstbegründung identifizieren, ohne den Einwand des Ausbrechens aus einer unlöslichen theoretischen Problematik in eine ethisch-normative Haltung gewärtigen zu müssen.

So war Philosophie für Husserl Erste Philosophie, sofern sie durch nichts anderes geleitet ist als durch die Idee der Wahrheit. So war ihm transzendentale Phänomenologie Erste Philosophie, sofern sie geleitet ist durch die Idee der Selbstverantwortung für die Sinnklärung von Wahrheit. Daß sie damit auch die Regelung kritisch-verantwortlicher Praxis des personalen Einzelsubjekts sowie der menschlichen Gemeinschaften zu bewirken vermöge, war Husserl gewiß. Diese Wirkung hing ihm allein davon ab, ob Philosophie als transzendentale Phänomenologie wirklich getan, ob sie selbst zur Praxis des Philosophen wird. Daß allein transzendentalphänomenologische Praxis diesem Zweck diene, war Husserls persönliche Überzeugung. Ob sie für eine absolute Rechtfertigung seiner Philosophie einstehen kann, mag fragwürdig sein. Nichts Fragwürdiges aber ist in seinem philosophischen Leben, das sich, solange es währte, bezeugt hat durch die Tat der Phänomenologie.

# SACHREGISTER

Ich (s. a. Ego)  38, 75, 96 ff., 104 f.,
127 ff., 131 ff., 138 ff., 145 ff., 155,
159 f., 163, 165, 168 f., 173, 208,
213, 215 f., 234
– aktives, als Aktzentrum, Erlebniszentrum  127, 130, 160
– konstituierendes  146 f.
– latentes  140
– patentes  140
– personales  135, 155, 172
– reines  105, 127 ff., 133 ff., 143,
146 f., 233
-spaltung  127
– transzendentales  127, 129, 132,
135 f., 138, 142 f., 146 f., 155,
213 ff., 233
Idealismus  228 f.
– konstitutiver  228
– transzendentaler (phänomenologischer)  139 A., 225, 227 ff.
Idealität  21
Ideation (Ideierung)  81, 84, 87, 134
Identifizierung, Synthesen der  44 ff.,
49, 68, 83 f., 107, 111, 117, 120 ff.,
130, 152, 160 f., 169
Identität (des Ich, des Subjektes)
111, 129 f., 164, 173
immanent, Immanenz (s. a. Bewußtseinsimmanenz)  40, 65, 77, 86,
94, 142, 152
– transzendentale  62, 78, 95
Implikat(e), Implikation  105, 159,
169, 171, 211, 215
Inhibierung (s. a. Enthaltung)  75 f.,
88, 108, 131, 139
Intention  30, 44 ff., 71 f., 82, 158,
159 A.
– aktuelle  101
– bloß meinende (s. a. Leerintention)  43
Intentionalanalyse (s. a. intentionale
Analyse)  78, 86, 105, 224

intentionale Beziehung, Intentionalität  30, 35, 38, 40, 60 f., 63, 90,
95, 101, 106, 109 f., 116, 128,
160 f., 167 f., 190, 231
Intersubjektivität  147, 149 ff., 212
– transzendentale  137, 147 f.,
193 f.
Intuition  45 A., 87

Kategorien  87 A.
Bedeutungs-  178
Gegenstands-  178
– regionale  87
Kinästhesen  120
Konstitution  41 A., 63, 84, 86, 101,
103, 114 ff., 120, 122 ff., 136,
152 f., 156, 162, 164 f., 168 f.,
172, 190, 216 f., 227, 237 f.
– aktive  160 ff., 164, 168, 236
– passive  176, 236
-sanalyse (s. a. genetische Analyse)
33, 105, 115, 139, 155, 157 f.,
162, 169, 197, 202, 225, 227,
229 f., 241
– transzendentale  118, 146, 149 f.,
160, 214, 235
– zeitliche  156, 164 A.
Korrelation  36 A.
-sanalyse, noetisch-noematische
110, 114
-sapriori  38, 101
-sgefüge, noetisch-noematisches
106 f.
Krise  190 f., 205
– der europäischen Kultur (der
westlichen Welt)  188 f.
– philosophische  192
– der europäischen Wissenschaften
192
Kritik (s. a. Erkenntniskritik)
– apodiktische der transzendentalen Erfahrung  239

247

248

Philosophie
- phänomenologische (der Subjektivität) 33, 36
- Erste 231 ff., 239 f., 242
- wissenschaftliche (s. a. strenge Wissenschaft) 54
Potentialität 104 f., 156, 159, 162
Psychologismus, logischer 15 f., 22, 24, 26, 51
Praxis 188, 190 f., 193 A., 203, 206 f., 242
- lebensweltliche 202
- technologische 191
- wissenschaftlich-theoretische 202
primordial, Primordialsphäre 145, 152
protentional, Protentionen 102, 157 A., 164

Reaktivierung 163, 170 f.
Realismus 229 f.
Rechtfertigung (der Phänomenologie) 56 A., 67 A., 219 A., 240
Reduktion(en) 64 f., 70 A., 72, 76, 88 f., 112, 139, 144, 210, 212, 215, 234 f.,
- eidetische 87 f., 135
- erkenntnistheoretische 65
- phänomenologische, transzendentale 37 A., 65, 69 ff., 81, 87 f., 91 f., 95, 98, 105 f., 108 f., 112, 116, 124, 127, 131 ff., 139, 143 f., 148, 195, 197, 200, 206, 210, 214 f., 220 ff., 227 f., 233 ff., 241
Reflexion 21, 53, 62, 73, 95 ff., 102 A., 105, 129
- erkenntniskritische 60
- natürliche 72 f., 139
Region (s. a. regionale Ontologie) 87 A., 124

Retention, retentional 102 f., 164, 166

Schein 110, 123
- transzendentaler 125
Sedimentierung, Sedimentordnung (s. a. Sinnsedimente) 166, 183, 198, 204
Seelenleben, Seelisches 142 f.
Eigen- 141, 143
Fremd- 141, 143
Sehen, phänomenologisches 29 ff., 141
Sein 117 f., 123, 138
- absolutes 76
- intentionales 77
- transzendentes 100, 108, 118
-sglaube, -smeinung 71 ff., 76, 95, 108, 114
-smodus/i 25, 73, 88, 109 ff., 117, 119, 123
-sphänomen 108, 112 A.
-ssetzung 71, 79, 121, 123 f., 233, 236
-ssinn 77, 79, 87 f., 109 f., 112, 129, 146 f.
Selbstapperzeption 146, 150, 214
Selbstbegründung 56, 175, 232, 239, 241
Selbstgebung 43, 46, 120 ff., 160, 168, 225 A., 236 f.
Selbstgegebenheit 29 f., 42 f., 45 ff., 68, 161
Selbstidentifikation 130, 215
Selbstkonstitution 142 f., 147, 150, 172, 237
Selbstreflexion 129, 132, 232
Selbstverantwortung 241 f.
Setzung (s. a. Seinssetzung) 111, 121, 123, 168
Sinn (s. a. Noema) 21 f., 25, 41, 48, 107, 110, 118, 123, 170, 176, 223

# HUSSERLIANA

## Edmund Husserls Gesammelte Werke